幼儿园
班本化生态课程的理论与实践

黄　静　潘禹辰◎著

河海大学出版社
HOHAI UNIVERSITY PRESS
·南京·

图书在版编目(CIP)数据

幼儿园班本化生态课程的理论与实践 / 黄静，潘禹辰著. — 南京：河海大学出版社，2023.12
ISBN 978-7-5630-8586-6

Ⅰ. ①幼… Ⅱ. ①黄… ②潘… Ⅲ. ①学前教育—教学研究 Ⅳ. ①G612

中国国家版本馆 CIP 数据核字(2023)第 241349 号

书　　名/幼儿园班本化生态课程的理论与实践
YOU'ERYUAN BANBENHUA SHENGTAI KECHENG DE LILUN YU SHIJIAN
书　　号/ISBN 978-7-5630-8586-6
责任编辑/杜文渊
特约编辑/王　敏
特约校对/李　浪　杜彩平
装帧设计/徐娟娟
出版发行/河海大学出版社
地　　址/南京市西康路 1 号(邮编:210098)
电　　话/(025)83737852(总编室)　(025)83722833(营销部)
经　　销/江苏省新华发行集团有限公司
排　　版/南京月叶图文制作有限公司
印　　刷/广东虎彩云印刷有限公司
开　　本/787 毫米×1092 毫米　1/16
印　　张/18.75
字　　数/320 千字
版　　次/2023 年 12 月第 1 版
印　　次/2023 年 12 月第 1 次印刷
定　　价/98.00 元

序

儿童是学前教育的出发点，对儿童认识、理解得越深，教育越有可能接近科学性和适切性。以往教师中心、课堂中心、知识中心的教育往往忽视甚至无视儿童。学前教育改革的核心任务就是要找回儿童，找回规律，找回常识。幼儿园课程应该坚持以儿童为本，关注每一个儿童，关注儿童发展的每一个方面。不断深化课程变革，就是要真正让儿童在活动中运用多种感官与周围环境发生相互作用，让儿童在行动中学习，并获得相互联系的学习经验。幼儿园课程建设就是要为儿童的发展营造良好的生态环境。幼儿园课程的园本化建设、班本化实践就是让课程真正回归儿童、促进发展的积极探索。

张家港市金港中心幼儿园黄静、潘禹辰等著的《幼儿园班本化生态课程的理论与实践》一书，系统梳理了中西方儿童观的演变和发展，揭示了现代儿童观的核心立场和本质内涵。从生态的视角考察了幼儿园课程，关注幼儿园中各个层面间的众多联系，尤其是建构了人与自然、人与社会和人与自我的课程基本关系构架，并将这一构架纳入课程生态系统之中，作为课程展开的基本脉络，并由此生发贴近儿童、基于儿童生活、充满有机联系的课程内容，让课程真正具有生态感和生长力。该课程构建了人与自然、人与社会和人与自我三维目标体系，为儿童的全面发展绘就了蓝图。该课程对课程资源的挖掘，课程内容的选择，课程实施的保障和课程评价的组织都提出相应的主张，体现了《幼儿园工作规程》《幼儿园教育指导纲要》《3～6岁儿童学习与发展指南》的基本思想。作者以具体、生动的案例，对小中大三个年龄班的连续性观察和分析，分别从人与自然、人与社会和人与自我三个层面展现班本化的幼儿园生态课程的实践样貌，体现了不同年龄班之间课程的联系和递进关系，体现了课程实施进程中，不同领域经验之间的连续和交融，也体现了幼儿园课程在班级微观生态中的现实展开过程。

我曾经去过张家港市金港中心幼儿园，对该园课程的原来的状态有一个大致的了解。《幼儿园班本化生态课程的理论与实践》一书让我感到该幼儿园的课程建设已经有了质的飞跃，无论是理论思考还是实践探索都已经达到了新的层次。幼儿园课程建设是一个长期的过程，需要依靠教师全面和系统的专业素养，需要长期坚持不懈的思考和探索。班本化课程的研究是一项很重要也是很艰巨的工作。它要求研究者加强对班级微观生态的深入观察和分析，既遵循特定年龄段儿童发展的一般规律，又关注每一个具体的儿童，真正做到关注全体与关注个别相结合，将儿童发展与班级特定的空间、资源、规则、教师专业条件及家长参与水平等因素有机结合起来，真正形成一个班级课程生发的生态机制。希望张家港市金港中心幼儿园再接再厉，坚持学前教育高质量发展的总要求，深入观察课程游戏化的精神，在班本化生态课程研究领域取得新的更大的成果。

虞永平

2023 年 10 月 23 日

前 言

随着人们对儿童发展的日益重视以及学前教育学学科的自身进步，学前教育在整个学校教育体系中的地位逐步提升。当前，教育工作者对学前教育做出了诸多有益探索，公众对学前教育的认识也不断深入。一种学前教育(研究)的生态转向进入视野，为思考学前教育在教育全程中的定位，以及幼儿应当从中获得什么，提供了新的思路。

本书基于生态学的视角，结合当前学前教育研究中的班本课程和课程游戏化理念，就“幼儿园班本化生态课程的理论与实践”进行探究，并以张家港市金港中心幼儿园作为实验园所，将课程设计转化为实践。

张家港市金港中心幼儿园开办于2003年，是一所公办幼儿园，隶属于张家港保税区金港街道。

早在2005年，园所就进行了国家级子课题“生态体验下幼儿园环境教育途径的研究和实验”的探索之路。历年来，幼儿园抓住了历史赐予的机遇，在引用、借鉴和学习的基础上，探访生态教育的脚步，追随生态教育的踪迹，挖掘生态教育的内涵，在原有的“生态体验”特色基础上深入挖掘、积极反思。

在地方文化与学校文化的交融中，园本课程经历了三个阶段：第一个阶段，以渗透式五大领域为核心，开展教学活动；第二个阶段，融入生态体验特色课程、节日课程、班本微课程，园本课程开始呈现多元化。课程游戏化项目的实施不仅是幼儿园课程建设的过程，更是落实《3～6岁儿童学习与发展指南》的过程，同时更为迫切地呼唤我们切实以儿童为本对幼儿园课程有一个整体构建。幼儿园课程架构直接关系着园所师幼生命发展的样态；为此，本着“让生命自然盛开”的园训，努力优化园本课程，着力打造以“从生态体验开始，为生命成长奠基”为核心理念的第三个阶段——三重生态理念下的“生态体验课程”的建构与实施。

基于前期的尝试探索与经验积累，我们将幼儿园班本化生态课程的诸多想法与收获进行凝练，继而形成了本书。本书由黄静、潘禹辰、郁霞、卢贤、王建琴等人合作撰写。前四章分别就价值论、本体论、认识论、方法论等方面为课程设想奠定理论基础；第五章从课程目标、课程内容、课程实施、课程评价四个方面整体设计课程；第六、七、八章具体探讨、设计并记录分析了在金港中心幼儿园开展的三个课程案例。

但愿本书能为同样在学前教育领域奋斗的各位同仁们提供一些经验，也欢迎您与我们交流！

黄静　潘禹辰

2023年8月22日

目　录

第一章

价值论追求：幼儿身心全面和谐发展

胡适曾指出："你要看一个国家的文明，只消考察三件事：第一，看他们怎样待小孩子；第二，看他们怎样待女人；第三，看他们怎样利用闲暇的时间。"

第一节　儿童观的历史考察

儿童观是人们对儿童的总的看法和基本观点。从一个时代或一个文化中的儿童观那里，我们可以大致看到处于该时代的人类或处于该文化的种族其自我意识发育到了何种程度①。

一、西方儿童观的演进

（一）古代西方的儿童观

远古时期，"人"的观念十分薄弱甚至并不存在，儿童作为氏族或父母的公共财产，可被任意处置②。据记载，原始部落流行着杀婴、弃婴的现象，真诚哀悼病死的孩子的母亲，却在杀死新生儿的时候面不改色，而在原始社会的经济、迷信因素的驱使下，这种现象或许有其必然性③。一直到古典时期，儿童仍被埋没在黑暗之中。在被认为相当文明的古希腊，斯巴达体弱畸形的孩子会被命令丢弃

① 刘晓东．儿童教育新论（第二版）[M]．南京：江苏教育出版社，2008：1.

② 杨小微，罗丽．儿童观演进与儿童哲学教育的未来[J]．华中师范大学学报（人文社会科学版），2023，62（2）：154-164.

③ 列维-布留尔．原始思维[M]．丁由，译．北京：商务印书馆，1981：335.

到深穴中，因为这一未被自然赋予健康体质的生命对他本人和社会都是无益处的；早期罗马的《十二铜表法》中，父亲有权利立即灭绝畸形和残废的儿童，并对其子女有终身的支配权①。

在儿童的教养上，原始人迫切地希望儿童尽快掌握成人的生产劳动，其对儿童的关心与重视都只是把儿童看作"小大人"——氏族部落的未来成员。古希腊教育以培养可能的最好的公民为目的，无论是斯巴达的战士，还是力求身体、心智、趣味三方面发展的雅典人，他们均追求的是全社会的而非个人的利益，儿童在本质上仍被视为缩小的成人②。

当然，我们也应关注到，古希腊、罗马时期的不少思想家已经开始了关于儿童生活与教育的有益探索。柏拉图告诫道，游戏是为今后生活和工作进行训练的最佳方式；亚里士多德指出，要以法律禁止杀婴，并首次尝试对儿童的发展进行年龄分期；普鲁塔克认为孩子的心是一颗需要点燃的火种，真正的教育不该是强制的，"在学习和劳动之余，要使孩子们有所娱乐"；昆体良相信儿童具有天生的学习能力，看到了儿童本身动力在教育中的重要性③。

随着基督教在欧洲占据统治地位，进入中世纪后，"原罪说"与"预成论"将儿童再次推入黑暗之中。对于带着原罪来到世间的儿童，惩罚他们是必须的，"不可不管教孩童，你用杖打他，他必不至于死。你要用杖打他，就可以救他的灵魂免下阴间"(出自《圣经》)。"原罪说"同样影响了美洲大陆，在当时美洲小学的教科书中，"A = 在亚当的堕落中，我们大家都有罪"被用于字母教学④。在宗教蒙昧主义的统治下，自然科学发展停滞，一种沿袭自古代的"预成论"认为，当妇女受孕时，一个极小的、完全成形的人就被植于精子或卵子中，所以儿童与成人不应有重要区别，这意味着儿童身心发展的阶段性被否认⑤。

文艺复兴与宗教改革推动着古代社会向近代转型，对"人"的重新审视导出了"儿童是自由而具有发展可能性的存在"这一儿童观，伊拉斯谟、蒙田、夸美纽

---

① 克伯雷.外国教育史料[M].任宝祥，任钟印，译.武汉：华中师范大学出版社，1991：2，29.

② 克伯雷.外国教育史料[M].任宝祥，任钟印，译.武汉：华中师范大学出版社，1991：8-9.

③ 劳伦斯.现代教育的起源和发展[M].纪晓林，译.北京：北京语言学院出版社，1992：8，10，19-20，22-23.

④ 中央教育科学研究所比较教育研究室.简明国际教育百科全书·人的发展[M].北京：教育科学出版社，1989：142.

⑤ 杨汉麟，周采.外国幼儿教育史[M].南宁：广西教育出版社，1993：56-59.

斯等都是该时期的代表人物[①]。但是，承认儿童的自由与兴趣的同时，把儿童视为附属品、带着原罪的观念并未消除，鞭挞、体罚的教育习俗也依然存在，这是学术理论形态与普遍民众形态的儿童观的发展的不同步[②]。

（二）近代西方的儿童观

伴随着资产阶级革命推翻封建专制统治，一场划时代的革命也在儿童观上展开。在英国，洛克的“白板说”否定了“原罪说”，主张把儿童“看成是一张白纸或一块蜡，是可以随心所欲地做成什么式样的”[③]，他强调要给儿童自由，看到了体罚的局限性与消极作用，其思想反映了人性解放的现实。从根本上转变了以成人社会的要求看待儿童的观念，把儿童从社会的偏见和双亲的束缚中解放出来的，是法国思想家卢梭[④]。“每件东西在离开造物主之手时都挺好的，可是到了人的手中就会退化。”[⑤]卢梭的性善论观点再次抨击了“原罪说”，他的“消极教育”主张早期教育要避免儿童沾染罪恶。与洛克不同的是，卢梭的自然教育思想在本质上是一种内发论的观点，倡导顺应儿童自然、保持儿童自然状态的教育，充分尊重儿童的发现天性。这场“哥白尼式的革命”将“儿童”从宽泛的“人”中分离出来，让“儿童期”成为一个与“成人期”有着不同价值的独特时期。受其影响，德国掀起了一场“泛爱派”教育思潮，在巴泽多创办的泛爱学校中，“学生都打扮得像儿童，而不像当时所盛行的小大人”[⑥]。

卢梭对儿童的发现促进了19世纪儿童观的进一步发展。瑞士思想家裴斯泰洛齐继承了卢梭的自然教育论，认为教育者“不是去妨碍本性的所有各种力量，而只是遵循各自的法则使之得到发展”[⑦]。继亚里士多德、夸美纽斯、卢梭对儿童心理的探讨后，裴斯泰洛齐首次明确提出“教育心理学化”的思想，他的《育子日记》以其儿子为观察对象，是历史上最早以客观态度观察研究婴幼儿的文献之一[⑧]。随后，赫尔巴特提出了“主知主义的观念心理学”强调作为科学的教育要以心理学为基础；福禄贝尔创办了世界上第一所幼儿园，在这“儿童的花园”

① 汤佳，周红安，杨汉麟．西方儿童观的历史演进[J]．合肥师范学院学报，2011，29(4)：34-38．
② 筑波大学教育学研究会．现代教育学基础[M]．钟启泉，译．上海：上海教育出版社，1986：25．
③ 洛克．教育漫话[M]．傅任敢，译．北京：教育科学出版社，1999：94．
④ 虞永平．幼儿教育观新论[M]．北京：人民教育出版社，2006：15．
⑤ 卢梭．爱弥儿[M]．叶红婷，译．北京：台海出版社，2016：6．
⑥ 布鲁柏克．教育问题史[M]．吴元训，译．合肥：安徽教育出版社，1991：209．
⑦ 佐藤正夫．教学论原理[M]．钟启泉，译．北京：人民教育出版社，1996：16．
⑧ 杨汉麟，周采．外国幼儿教育史[M]．南宁：广西教育出版社，1993：137．

中，幼儿的发展是“园丁(教师)”培植“花草树木(幼儿)”的过程[①]，他倡导自我活动、连续发展，重视游戏，并为儿童创制了一套玩具“恩物”，意为上帝恩赐的礼物。

19世纪末，心理学独立后不久，儿童心理学便诞生了。德国生理学家和试验心理学家普莱尔在1882年出版的《儿童心理》标志着科学的儿童心理学的建立，是心理学史上第一部用观察和试验方法研究儿童心理发展的比较系统的科学著作[②]。自此，西方社会普遍关注儿童的身心发展，出现了如格赛尔、弗洛伊德、皮亚杰等一批儿童心理学家。

(三) 现当代西方的儿童观

20世纪初，新教育运动和进步主义教育运动充分体现了“儿童中心”的儿童观。美国教育家杜威对儿童观的阐释，为西方现代儿童观奠定了理论基础[③]。杜威的教育主张把儿童置于教育的中心，“儿童变成了太阳，而教育的一切措施则围绕着他们转动”[④]，提出了“儿童、经验、活动”的新三中心。杜威认为，“儿童期只是枉费时间”是不正确的观念，儿童较长的生长时期为他们进行更为复杂和高深的学习提供了可能，越高等的动物，其幼稚期越长[⑤]。在欧洲，意大利教育家蒙台梭利总结了自然教育思想，集当时先进学科之大成，并结合自己在“儿童之家”的观察和研究，主张儿童心理发展是天赋能力在适宜环境中的自然表现，具有敏感期和阶段性，是在“工作”而非“游戏”中实现发展，她明确指出，“童年构成了人一生中最重要的一部分”[⑥][⑦]。

然而，20世纪30年代后期，要素主义、永恒主义等新传统教育流派对进步主义教育提出批评，在世界各国经济政治的竞争之中，儿童观和儿童教育深受国家与社会发展的影响，儿童的个性与自由又在以提高教育质量为目的的改革中被牺牲了。不过，新主知主义教育并非简单回归传统，它也具有时代的进步性，只是其中对严格管教、教师地位等的强调，在纠正进步主义中某些观点偏差的同

---

① 福禄培尔.人的教育[M].孙祖复，译.北京：人民教育出版社，1991：10.
② 周红安.中西儿童观的历史演进及其在教育维度中的比较[D].武汉：华中师范大学，2003：34.
③ 单中惠.西方现代儿童观发展初探[J].清华大学教育研究，2003，24(4)：17-21.
④ 赵祥麟，王承绪.杜威教育论著选[M].上海：华东师范大学出版社，1981：32.
⑤ 周红安.中西儿童观的历史演进及其在教育维度中的比较[D].武汉：华中师范大学，2003：42.
⑥ 霍力岩.试论蒙台梭利的儿童观[J].比较教育研究，2000(6)：51-56.
⑦ 蒙台梭利.童年的秘密[M].马荣根，译.北京：人民教育出版社，1990：17.

时也容易走向另一个极端。

儿童观于争鸣中不断发展，在经历了严重危及人类与发展的两次世界大战后，儿童的基本人权受到了国际社会的关注[①]。1945年联合国成立，人权是其三大工作支柱之一。在第一个关于人权问题的国际文件《世界人权宣言》第25条中指出："母亲和儿童有权享受特别照顾和协助。一切儿童，无论婚生或非婚生，都应享受同样的社会保护。"为了进一步落实有关儿童的各项权利，联合国大会于1959年通过的《儿童权利宣言》明确了儿童应当享有的在生存、发展、教育、游戏、保护等方面的各项权利，不过，这尚未从法律上保障儿童的权利。直到1979年，联合国大会开始起草《儿童权利公约》（联合国将这一年定为"国际儿童年"），历时十年，终于在1989年得以通过，该公约对儿童独立人格、权利、主体性和参与性的尊重，使之成为儿童观发展史上的一个新里程碑[②]。自此，西方儿童观逐渐走向成熟、民主、科学、法制完善的阶段。

二、我国儿童观的演进

中西方历史发展有其共性，所以我国儿童观的演进逻辑也与西方有着大致相同的脉络，甚至在近代以来，我国儿童观的变化深受西方思想的影响。

（一）我国传统的儿童观

在我国传统文化中的儿童，概而言之，是纲常伦理中的儿童，是在成人本位的世界中被忽略的儿童，是传宗接代和光耀门庭的工具[③]。也就是说，一方面，子女为父母所有，是受父母（基本上是父亲）支配的"奴隶"，人们或是把儿童看成缩小的成人，或是对儿童的天真无知嗤之以鼻；另一方面，父母又会把子女看成是"小祖宗"，以追求生命的延续与不朽。此外，男尊女卑的性别歧视在古代乃至当今社会中也是非常明显的一种现象。但是，慈幼思想在我国古代业已出现，如"故人不独亲其亲，不独子其子，使老有所终，壮有所用，幼有所长"（《礼记·礼运》）；"幼吾幼，以及人之幼"（《孟子·梁惠王上》）；"保息之道，莫先于慈幼"（《古今图书集成·选举典》）[④]……不过，结合当时的儿童观来看，慈幼的出发点并不

---

① 陆克俭.发现与解放——中国近代儿童观研究[D].武汉：华中师范大学，2007：13.

② 李季湄.《儿童权利公约》和幼教改革[J].学前教育研究，1996(3)：15-17.

③ 刘晓东.儿童教育新论（第二版）[M].南京：江苏教育出版社，2008：56-59.

④ 中国学前教育史编写组.中国学前教育史资料选（全一册）[M].第2版.北京：人民教育出版社，2002：3,8,21.

是儿童本身，而是以成人的期望和国家的需要为目的。总的来说，我国传统的儿童观没有看到儿童本身，只是将其作为工具和附属品。

进入近代社会，我国的儿童观是直到中国的大门“被打开”才开始有了一些实质性的变化。朝廷官员、学者和留洋学生目睹着西方社会的儿童生活，西方传教士和外国学者也在中国不断宣传其儿童观，由此启迪了中国传统的儿童观[①]。在“中学为体，西学为用”的思想指导下，改良派对儿童教育进行了积极的思考，以“人生百年，立于幼学”道出了幼儿教育的重要性。梁启超认为，中西方在识字率与发明创造上的差距，根源在于幼学，封建旧教育妄施扑教、进退逆行、强令记忆，摧残着儿童的身心健康，违背了儿童的发展规律，也扼杀了儿童的天赋悟性[②]。在西方思想的浸润与国人自己的反省中，新的儿童观正在孕育。

(二) 20世纪以来我国的儿童观

在我国，儿童真正“被发现”是在新文化运动之后，这得益于思想的解放。高举“民主”“科学”两面旗帜，先进知识分子批判旧礼教、旧道德，也将儿童从旧文化中拯救出来。在很长一段时间里，“儿童本位”的儿童观在中国大地上生根发芽。鲁迅是这些先进国人中的代表，他在《我们现在怎样做父亲》一文中指出：“往昔的欧人对于孩子的误解，是以为成人的预备；中国人的误解，是以为缩小的成人……所以一切设施，都应该以孩子为本位……长者须是指导者协商者，却不该是命令者。”与此同时，伴随着西方先进儿童观的涌入，尤其是杜威来华访学，也为我国的童心热潮造势。一时之间，儿童文学的地位得以提高，一众教育家对儿童早期发展展开探讨，这些进步不断冲击着“儿童是小大人”的观念，试图解释儿童的心理特点，并以此为基础构想幼儿教育。

中华人民共和国成立初期，由于“以苏联为师”和“左倾”思想的影响，经国人本土化探索而形成的相对进步的儿童观遭到了强烈的批判与否定，总的来说，这段时间内的儿童观是社会本位的[③]。在国家框架下，儿童不再是小大人，而是社会主义事业的接班人和建设者，这是相较于传统观念的先进之处。然而，“成人化”的儿童观仍然存在，国家层面曾对幼儿园小学化的倾向进行了多次纠正，比

---

① 陆克俭. 发现与解放——中国近代儿童观研究[D]. 武汉：华中师范大学，2007：24.

② 程禹文. 论梁启超关于儿童教育的教育思想[J]. 教育理论与实践，1998(1)：12-15.

③ 陈乐乐. 新中国70年儿童观的历史考察与反思[J]. 南京师大学报(社会科学版)，2019(3)：41-49.

如，指出了某些幼儿园读本违反了“幼儿不进行识字教育”的规定①。这种异化在“文革”期间尤为明显，儿童不仅被要求学习更多知识，还成了“革命者”，激进的教育思想在一定程度上扭曲了儿童的生活，对儿童的看法实际上又重回了“小大人”。幼儿园中原本属于儿童的种种气息也都消散殆尽，不顾幼儿身体需求而取消“三餐两点”，不启发幼儿进行智力活动，德育和美育则以政治教育为全部内容与目的②。

改革开放之际，儿童终于又重新“被发现”了。在国家对全体幼儿整体发展的重视下，相关法律法规的出台，为研究者积极探索儿童身心发展规律提供了客观背景，也引导大众回归对儿童的正确认识。1981 年颁发的《幼儿园教育纲要（试行草案）》就明确指出了三到六岁幼儿在机体组织和器官、注意、记忆、思维、语言、情感等具体的身体和心理方面的年龄特点，从而提出了这一阶段幼儿教育的具体任务，并将游戏作为解决“幼儿参与成人社会实践的需求与其经验和能力有限”这一主要矛盾的最佳活动形式③。一种强调尊重儿童、以儿童为本，突出“个性”和成长的现代儿童观念正在不断生长④。儿童作为“独立的人”的地位在随后的学前教育政策中得到了更为明确的肯定（如，1989 年的《幼儿园工作规程（试行）》和《幼儿园管理条例》），对于个人本位和社会本位的二元对立也逐渐在马克思主义思想的引导下开始消解⑤。同时，我国也积极响应国际上对保障儿童权利的号召，在《儿童权利公约》生效的同年成为第 105 个签约国，并在往后的三十余年里在中国语境下不断探讨儿童人权问题。

“儿童本位论”在新世纪的进一步深化，体现在儿童具有与成人同样的地位，在教育中“解放儿童”，更体现在解除成人自身与其在儿童教育中的“自我中心主义”倾向，站在儿童立场，向儿童学习④。自此，人们真正认识到：童年不只是为成人生活做准备，而是一个人一生中有着独特价值的发展时期。

总之，由于受到政治、社会、文化等多方面的影响，中西方的儿童观都是在反复的曲折中不断变化与发展，也曾出现过倒退与黑暗，现今对儿童逐渐形成了较

① 中国学前教育研究会.中华人民共和国幼儿教育重要文献汇编[M].北京：北京师范大学出版社，1999：60.

② 唐淑，钟昭华.中国学前教育史[M].北京：人民教育出版社，1993：321.

③ 中国学前教育研究会.中华人民共和国幼儿教育重要文献汇编[M].北京：北京师范大学出版社，1999：168-171.

④ 陈乐乐.新中国 70 年儿童观的历史考察与反思[J].南京师大学报（社会科学版），2019(3)：41-49.

⑤ 蒋雅俊.改革开放 40 年学前教育政策中的儿童观变迁[J].学前教育研究，2019(3)：12-20.

为现代化的认识，而这种探索也仍在进行中。当下的问题是，世界范围内，军事、经济、科技、政治、文化和社会激烈竞争与高度勾连背景下，如何切实、全面地落实《儿童权利公约》中所规定的各项儿童权利？

第二节　儿童生态观的当代诉求

整体而言，较之古代与近代儿童观，尽管现代儿童观有了较大的进步与发展，并取得了较为一致的若干共识，但就实质而言，其总体上仍然是“现有社会关系与政治秩序的维护或再生产”。因此，需要站在人类自我发展的立场来重新审视与系统反思。

一、现代儿童观：关于儿童的几点共识

从性质上界定的现代儿童观，是以尊重儿童的天性为核心，一般认为其肇始于 18 世纪①。学界对现代儿童观内涵的解读①②③，可以总结为以下几个方面。

第一，儿童是人，其生命与成人具有同等价值，具有一切基本人权。成人与儿童之间的身心差距是客观事实而非价值的差距，他们平等地拥有着作为人的尊严。以成人为中心和衡量标准来看待儿童与自己的差距，甚至将成人作为完美形象来对儿童提出不切实际的要求，都是让儿童与成人的地位失衡的荒唐做法。儿童是自然的人也是社会的人，是一个主动的、完整的有机体，既有人类的共同特征，又有个体的个别特性。

第二，儿童(就)是儿童。“人”是“儿童”的上位概念，回归到“儿童”的特殊性上来，就是指儿童是不同于成人的人，无论是身体还是心理上，儿童都是不完善的。一方面，儿童期有其独立存在的价值，不能被其他任何发展阶段所替代，是个体一生的起始，不只是为成人期做准备的；另一方面，应承认儿童的独特地位，既不可对其肆意贬低也不宜将其盲目拔高。

第三，儿童的成长是儿童自身“内在自然”的展开。儿童的未成熟状态是其

---

① 张娜，陈佑清．现代儿童观及其对学前教育课程设计的意义[J]．全球教育展望，2013(3)：91-98.

② 刘晓东．儿童教育新论(第二版)[M]．南京：江苏教育出版社，2008：75.

③ 王昕雄．从西方儿童观的演变看当代教育问题[J]．外国中小学教育，2008(4)：5-8.

本真状态，是值得肯定的一种内在生长力量。这说明，要充分认识儿童具有发展的潜能，要尊重儿童的自然天性与兴趣。但是，“尊重儿童”并非“儿童崇拜”，过分强调儿童发展力量的“自由发展”与强迫儿童尽快成熟的观点都是不正确的，放养式或一切以直接经验为取向的观点恰恰脱离了儿童发展的实际。儿童的身心发展有自身的规律，具有连续性、阶段性、不平衡性等特点，要尊重这种可能看似缓慢且低效的自然节奏，成人要在了解儿童之自然发展的基础上给予其一定自由和适合的帮助与引导。儿童的发展在个体与外部世界的各种相互作用中产生，是一种全方位不断的整合的发展。

第四，要重视儿童的能动活动与内在精神生活。儿童的天赋潜能需要经由外界环境而激发，这需要通过活动让儿童与环境产生相互作用，从而得到发展。同时，这种活动应是来源于儿童本能冲动的自发、自愿的活动，切忌成人的强迫与控制。就内在精神世界和文化生活而言，不应将成人文化无条件地强加给儿童，要承认儿童具有自己对世界的看法，真正地把儿童看作儿童，尊重并珍视儿童的内在精神生活，理解并参与儿童的外在文化活动，在这一过程中，成人应当向儿童学习，走向儿童立场。

第五，儿童是在一定的文化场中作为一个整体来发展的。儿童的生理、心理、社会性等发展是儿童发展的不同侧面，儿童真正的发展应是整合了这所有方面的，在教育中体现为德智体美劳等方面的和谐关系。儿童是社会存在，其整体发展会受到家庭、学校、社会的多方影响，所以需要一种有利于其成长发展的环境与文化氛围。

现代儿童观沉淀了百余年的先进教育思想，是对传统儿童观的全面革新，使人们对儿童的认识开启了新的阶段。然而，将对儿童的看法正确、适当地转化为实际的对待儿童的行为，并非易事。有时候，人们为了凸显儿童与成人不同、童年是有别于成年的阶段，常常会在这种区别对待中压缩儿童的生活空间，给予儿童一些过度的关注与约束，或是让儿童在与成人生活的分离中逐渐被边缘化①。

二、后现代儿童观：对儿童认识的若干反思

理性批判和自由创造的精神是现代性的基本特征，后现代主义孕育于现代

① 丁道勇．儿童观与教育[J]．教育发展研究，2015(15)：26-32．

性之中，是对现代性的发展与超越[①]。后现代思维致力于将熟悉的东西陌生化，清楚的东西模糊化，简单的东西复杂化[②]。在儿童观上，由现代性到后现代话语的转向，是“对进化式的、儿童发展理论与实践这种殖民化的生物权力的批判以及对由工具式的理性主体所构成的主体化的批判”[③]。通过对比现代性与后现代主义的典型差异，可以窥知后现代儿童观对现代儿童观的超越。

首先，现代性拥护简单性、寻找普遍性，而后现代主义接受复杂性、强调情境性[④]。在后现代视角下，每个儿童都具有独特的个性、能力、兴趣和需要，应当尊重不同的儿童，以及每个儿童在成长中的变化。后现代儿童观主张放弃对儿童共性及其发展的普遍规律的追求，认为对儿童和儿童期的看法是在特定社会历史文化下的产物，所谓儿童观是某个当下的理解，并不存在某种真正的理解。对于儿童是什么以及儿童应该是什么，每个人都会建构起自己的理解[⑤]，包括儿童也会以不同的方式看待自己。在儿童观演进的过程中，“小大人”“小皇帝”“祖国的花朵”等隐喻无不体现出儿童观的社会建构性，从而不断塑造着儿童的社会存在[⑥]。

其次，后现代主义倡导多元性和丰富性。在特定历史中，被认为与观念中儿童形象不符的儿童，是社会建构的结果，是社会话语建立、夸大了“不寻常”儿童的特征[⑦]。应当对来自不同国家、民族和文化背景的儿童群体具有更高的包容性，接受个体发展的多样性。每一个儿童的独特性和差异性所带来的复杂景观为儿童的发展提供了契机，这是值得被珍视的，更是教育的前提条件，甚至亦是儿童教育的追求。

最后，后现代主义强调开放性和不确定性，重视平等和对话。在儿童的发展上，要抛开对某一种“完美儿童”的目标追求，旨在让每一个儿童构建出自己的本

① 张世英．“后现代主义”对“现代性”的批判与超越[J]．北京大学学报（哲学社会科学版），2007（1）：43-48．

② 王治河．论后现代主义的三种形态[J]．国外社会科学，1995（1）：41-47．

③ KENNEDY D. Becoming Child, Becoming Other: Childhood as Signifier [M]// MULLER A. Childhood in English Renaissance. Trier: Wissenschaftlicher Verlag Trier, 2013: 146.

④ 多尔，王红宇．后现代思想与后现代课程观[J]．全球教育展望，2001（2）：42-45．

⑤ 达尔伯格，莫斯，彭斯，等．超越早期教育保育质量——后现代视角[M]．朱家雄，王峥，等译．上海：华东师范大学出版社，2006：50．

⑥ 贾云．论儿童观的范式转型——社会建构主义视野中的儿童观[J]．南京师大学报（社会科学版），2009（2）：96-100．

⑦ 景时．融合教育后现代差异观的阐释与批判[J]．中国特殊教育，2021（4）：14-19+50．

表 6-13 “探究‘小鸡从哪里来’”课程的小班活动安排

（具体活动设计 P103）

“生蛋&熟蛋?” “这颗蛋受精了吗?”	“孵蛋行动大讨论”	“孵蛋进行时” “小小蛋儿把门开”
“告别蛋宝宝”	“你好，小鸡” “拓印小鸡”	

表 6-14 “探究‘小鸡从哪里来’”课程的中班活动安排

（具体活动设计 P104）

“小鸡从哪里来” “聘个饲养顾问”	“小鸡的家”	“斗鸡” “我陪小鸡同成长”	“公鸡和母鸡” “小鸡大调查” “小鸡王国”

表 6-15 “探究‘小鸡从哪里来’”课程的大班活动安排

（具体活动设计 P105）

“小鸡‘越狱’了” “搬新家” “老鹰捉小鸡” “蛋儿美食记”	“小鸡的便便” “堆肥”	“我来照顾你” “寻找蛋宝宝” “下蛋咯”	“我和小鸡的故事”

表 7-10 “不一样的幼儿园生活”课程的小班活动安排

（具体活动设计 P188）

“逛逛幼儿园”	“幼儿园里的树” “我的标记” “我的超人老师”	“点点爱上幼儿园” “我会擦椅子” “我会上厕所” “我爱我的幼儿园”

表 7-11 “不一样的幼儿园生活”课程的中班活动安排

（具体活动设计 P189）

“中班的我” “胆小先生”	“别说我小” “我是班级小主人” “认识病毒” “春游计划”	“生日是什么” “过生日”

表 7-12 “不一样的幼儿园生活”课程的大班活动安排

（具体活动设计 P190）

“我的一日计划” “我是小小值日生” “我现在很棒”	“我的入园路线图” “游戏规则我知道” “幼儿园的树”	“毕业歌” “参观小学” “红领巾”

表 8-5 “不能说的秘密”课程的小班活动安排

（具体活动设计 P244）

“我有六个宝” “头发肩膀膝盖脚” “小手的秘密”	“小威向前冲” “男孩，女孩”	“情绪小怪兽” “不要随便摸我” “不跟陌生人走”

表 8-6 “不能说的秘密”课程的中班活动安排

（具体活动设计 P244）

“皮肤国的大麻烦” “有趣的指纹” “身体哪些部位能动”	“我喜欢的运动” “能干的我” “会动的身体”	“保护牙齿” “食物旅行记”

表 8-7 “不能说的秘密”课程的大班活动安排

（具体活动设计 P245）

“人体呼吸” “我的消化系统” “小豆豆的旅行”	“高高兴兴少生气” “小阿力的大学校” “我的情绪我做主”	“薇薇的秘密” “尊重隐私 保守秘密”

质，形成特殊的个体，有时甚至要容忍儿童的“片面发展”。儿童既不是“白板”也不是“太阳”，在成人与儿童的关系上，要消解权威、瓦解中心。成人不是用以衡量儿童发展的坐标，童年也不是成年的缺陷性存在，“生成—儿童”的概念解构了成人与儿童间的二元对立，“童年所象征的主体是流动的、混含不清的、多元的、乐于改变的，是不断地被构成、解构和重构的”①。

后现代主义赋予了儿童更多的可能性，是对现代儿童观中某些观点的超越与发展。基于两种不同的认识论视角，并非要对这些儿童观进行是非对错的判断或做出唯一的选择，而是为人们看待儿童提供了多维路径，从而能够更好地理解儿童及其发展的一些现实问题。

三、儿童生态观：基于生态学视角的再审视

从现代到后现代，对儿童的认识已经有了长足的进步，并且在不断更新中，一种基于生态学视角对儿童观的重新审视，孕育在后现代观点之中。关于生态学视角的儿童教育之阐释，我们将在第二章中具体展开，这里先提出基于生态学视角认识儿童的几点启示。

首先，在对童年的理解上，要“把人生作为一个整体来关照，把童年作为人的整体自然人性的一部分来理解”②。反观过去对儿童观达成的共识与若干反思，儿童已然从成人概念中独立出来，无论是遵循其自然生长，还是多样构建独特的儿童个体形象，都凸显了儿童地位的不断上升。然而，当今社会的孩子却也存在着诸多令教师、父母，甚至旁人看来头疼不已的问题。比如，过度依赖成人、自主能力较差，过于自我，心理承受能力较差，沉迷电子产品，缺乏奋斗意识……为什么成人似乎已经很重视“儿童”了，问题还是层出不穷？这很可能是因为过分拔高儿童地位所造成的“失衡”。当长辈们围着孩子团团转时，他们以爱为名替孩子完成着本该或本可以由儿童承担的任务，这反映了一种对“儿童是弱势群体”的偏颇理解。于是，孩子们失去了发展能力的机会，甚至形成了不良的习惯与性格。但是，反对这种做法也并不等同于把童年视为成年的准备期，而是要意识到一个人从出生到死亡是一个自然的过程，每个阶段都有其需要经历的事情，而每

① 罗瑶．西方童年研究的后现代转向及其教育学反思[J]．河北师范大学学报（教育科学版），2022，24（6）：56-64．

② 仲建维．今日教育与儿童的精神世界[J]．全球教育展望，2006，35（1）：20-24．

个人又有各自独特的生命体验，应当从完整人生的角度去看待童年，每个人都有童年，每个人也都曾是儿童。

其次，在对儿童发展过程的理解上，要知道儿童身处于一个由家庭、社会、文化、自然等多因素构成的生态系统中，是具有认识和实践能力的生态主体。因此，儿童的发展必然会直接或间接地受到他人或他物的影响，这些生态因子只有在达到适切的平衡状态时，才能充分发挥积极作用。当这些因子在儿童发展中没有为其提供足够支持或做出过剩的输出时，它们都会成为限制因子。同时，也应当认识到，儿童具有一定的能动性来适应这些因子或主动创造条件对其限制性进行转化。现代视角中的儿童是一群人，而后现代主义更把儿童看作一个个人，生态学则追求这两种观点的平衡。儿童是个体性存在和整体性存在的统一，要为儿童提供具有开放性的生态环境和充分自由、安全的生态氛围，不去刻意安排孩子的童年，他们才会在动态生成中真正拥有童年及童年所应具有的丰富性、复杂性和不确定性。

最后，在对儿童发展目标的理解上，要把儿童的发展看成一个整体，追求其身心的全面和谐发展。要尤其关注儿童发展目标的融合性、差异性、渐进性。儿童需要在多领域的认识活动和实践活动中获得德智体美劳等多方位的发展，养成良好的意志品质，获得可持续发展的能力。而后现代主义希望容忍儿童的片面发展，应当是在成为“完整的人”的基础上塑造“独特的个人”，体现为发展结果上的个体差异。同时，儿童的发展是一个循序渐进的过程，某一个发展目标的达成过程可以有层级地被划分成多个阶段，在持续性的发展中，每个儿童会形成自己的发展轨迹，这也是发展过程的差异性体现。

总之，在不同的时代与文化背景之中，人们对儿童的认识曾存在并也将继续产生各种不同的看法，这些儿童观的历史变迁提醒着人们：要对儿童这一身份以及儿童的发展具有基本的科学认识，并始终抱有足够的开放性和包容性，期待每一个儿童的独特成长。

第二章

本体论视角：教育生态学

事物（或事件）与活动（或实践）的存在方式从来都不是孤立的和隔离的，而是相互关联的和有层次的，更是系统的和生态的，概莫能外。

第一节　教育生态

“当生态学发展到人和自然普遍的相互作用问题的研究层次时，就已经具有了哲学的性质和资格，它已经形成了人们认识世界的理论视野与思维方式，具有了世界观、道德观和价值观的性质。”①

一、教育生态学的研究缘起

生态学是研究有机体与其周围环境之间关系的科学。系统科学推动了生态学的研究，并为其提供了方法支持。从以整体性、层次性、动态性、最优化为特征的系统论、控制论、信息论，走向强调开放性、非线性、不确定性的自组织理论，这是一种从现代主义到后现代主义的转向。在生态学研究以及运用生态学的视角进行跨领域研究时，都需要系统科学的思维方式与方法。

教育生态学是研究教育与其生态环境之间关系的科学。如表 2-1 所示，教育系统如同生命系统和社会系统一样，遵循着“生态学原则”（生态方法论与和谐价值观），这或许也是教育生态学研究的合理性与必要性所在。

① 佘正荣.生态智慧论[M].北京：中国社会科学出版社，1996：41.

表 2-1 生态学原则①

	生命的	社会的	教育的
整体性	生命的重要特性是有机性，本质是内在的关联。生态系统中的所有成员是以一个网状的关系而使彼此相互关联，所有的生命历程皆相互依赖	团体中的所有成员是以一个网状的关系而使彼此相互关联，在这个关系中，所有的历程都是相互作用的	教育的本性在于其生命性。教育中的所有成员呈网状关联，个体成功与教育集体和社会发展相关
持续性	生态系统中每一个物种的长期生存须仰赖有限的资源基础	团体的长期生存须仰赖有限的物质资源基础、共享的才能和思想以及持续的目的	生命是不断生长的，学生由低年级向高年级持续发展仰赖教师高频度的、有目的的教育教学活动
动态平衡性	生态系统中成员之间的相互依赖包含在连续的循环中交换物质和能量，这些生态的循环有如回馈的环线	团体中成员之间的相互依赖包含在连续的循环中交换能量和信息，这些生态的循环有如回馈的螺旋线	师生间的相互依赖包含在连续的循环中交换思想、知识、情感和智慧，他们在循环中提高
能量流	太阳能由绿色植物的光合作用转换成为化学能，驱动了所有的生态循环	人类的能量、经验和信念转化为意义和知识，驱动了有目标的团体	师生长期稳定的精神交流、行为影响和方法选择，驱动了有目的的教育群体
合作关系	生态系统里所有的成员皆参与了微妙的竞争及合作的相互作用，其中包含无数的合作形式	团体中的成员皆参与了竞争及合作的交互作用，其中包含无数的合作形式	在和谐的价值理念下，网状连接的教育成员参与竞争与合作。在合作的前提下，差异导致竞争，竞争促进发展
适应性	成功的发展必须善于拓展资源生态位和需求生态位，以改造和适应环境。只开拓而不适应则缺乏发展的稳度和柔度；只适应而不开拓则缺乏发展的速度和力度	在有如回馈线路的功能中，生态的循环倾向于将自己保持在弹性的状态下，具有弹性的团体对于波动有柔性反馈，在目标的控制下，他们得到革新和发展	教育所培养的人在适应社会发展需要的同时改造了社会，社会与人在相互适应时得以共同发展
多样性	生态系统的稳定度主要依赖其关系网络的复杂程度，即生态系统的多样化	系统必须以多元化的结构和多样性的产品为基础，以分散风险，增强稳定性	教育对象的多样性取决于其生理结构、心理文化结构与社会关系的多样性，由此决定多样化的教育方式和结果的合理性

① 刘贵华，朱小蔓. 试论生态学对于教育研究的适切性[J]. 教育研究，2007(7)：3-7.

续表

	生命的	社会的	教育的
共同演进	生态系统中的大多数物种由于创造和相互适应的交互作用而进行共同的演化。富有创造性地向着新奇的事物延伸是生命的基本特质	团体中的多数成员由于创造和相互适应的交互作用而进行共同的演化。富有创造性地向着新奇的事物延伸是生命的基本特质，这也显示在发展和学习的历程中	团体中的多数成员由于创造和相互适应的交互作用而进行共同的演化。变化是生命体任务，富有创造性地向着新奇的事物延伸是生命的基本特质，也是教育的诉求

具体而言，教育生态学的研究缘起于将生态学运用于人类行为的研究，其最为典型的研究成果是关于学生发展的。较早的研究有，巴克等人观察了儿童的行为，以及环境对个体行为的影响（实际上，他们在自然状态下的观察研究，也是体现着生态学思想的研究方法），他们在由物理环境和行为程序构成的行为环境中分析个体行为，并在针对学校规模与学生行为的关系的一系列研究中总结出了“人手短缺理论”，即人手短缺的情境更能促使个人参与并维护行为环境[①]。关于物理环境，许多研究集中探讨了座位、设备布置、颜色、噪音、群聚、隐蔽性等问题[②]。这些研究都将学习者置于某种生态环境中，实际上揭示了人与他人或物之间的关系，体现了系统思维的整体性原则。

正如教育学与心理学的紧密关系，旨在于真实环境中研究人的心理与行为的生态心理学为教育生态学提供了许多理论支撑，如，巴克的行为—背景理论、吉布森的知觉生态理论、布朗芬布伦纳的生态系统理论（发展生态学理论）、奈斯的生态自我理论等。其中，布朗芬布伦纳的生态系统理论颇具代表性。布朗芬布伦纳从四个由内而外嵌套的层次上详细描述了影响个体发展的环境因素。微观系统——个体活动和交往的直接环境，一般是家庭和学校，其中个体间的关系是双向交互的，也会受第三方影响，比如，良好的婚姻状态会促进父母与孩子的关系。中间系统——各微观系统之间的联系，只有产生较强的积极联系才能促进发展最优化，比如，父母与孩子之间充满爱与安全的关系会促进学校同伴间和谐关系的建立。外层系统——儿童并未直接参与但对他们产生影响的系统，比如父母的工作，经由其所形成的教育方式会间接影响儿童。宏观系统——存在

① BARKER R G. Ecological Psychology: Concepts and Methods for Studying the Environment of Human Behavior[M]. Stanford: Stanford University Press, 1969.

② 范国睿.美英教育生态学研究述评[J].华东师范大学学报(教育科学版)，1995(2)：83-89.

于以上三个系统中的文化、亚文化和社会环境，决定着要教会儿童什么以及儿童要达到什么目标。另外还有一个历时系统，是把时间作为研究个体成长中心理变化的参照，由于外部因素或个体因素引起的环境变化（称为生态转变）体现了人生的过渡点，正常（如升学、结婚）和非正常的（如家庭变故）的生态转变会出现在人的一生中并对个体发展产生影响。

二、教育生态研究中的几组重要概念

对于教育生态学的研究对象，无论是持关系论（教育与生态环境的关系）还是系统论（教育生态系统）的观点，都不可避免地要认识教育生态环境①。学界一般认为，教育生态环境包括自然生态环境、社会生态环境、规范（或精神、文化）生态环境②③，而若从再具体的层面上说，还可以更微观地分析以学校、课堂、教师、学生等为单位的生态环境。为此，需要从多个维度来考察教育生态，以发现各生态因子之间的关系。

（一）各级各类的教育生态系统

在整个教育行业中，不同类型、层次的教育，如学前教育、初等教育、中等教育、高等教育等，各司其职，构成了一个具有层次性和系统性的完整教育生态系统。而从每一个层次意义上说，各类教育、各级学校自身也构成生态系统，同类学校的生态位受其地理位置、资源分布、自身实力等因素的影响，从而在形成适合自己的生态位或寻求更具发展性的生态位的过程中，产生竞争，不断调整整个生态系统的新平衡状态。

此外，还存在着外部生态系统与内部生态系统的和谐关系④。一方面，教育与经济、政治、文化等诸多社会因素构成了复杂的外部大系统，这意味着教育的目的、制度、功能及其实现都会受到外界的影响，从而引发教育改革。另一方面，教师、学生、管理、科研、后勤五个要素构成了教育的内部生态环境，彰显着一个教育系统内部的核心竞争力，要避免“缺位”、防止“错位”，提高复杂关系的协同性。

---

① 邓小泉，杜成宪．教育生态学研究二十年[J]．教育理论与实践，2009(13)：12-16．

② 吴鼎福．教育生态学刍议[J]．南京师大学报(社会科学版)，1988(3)：33-36+7．

③ 伍孝江．学校环境与教育生态[J]．教育理论与实践，1994(1)：51-52．

④ 李景春．生态位理论视域中的教育生态系统及其发展[J]．教育科学，2006(3)：26-29．

（二）教育的三类生态环境

自然生态环境、社会生态环境、规范（或精神、文化）生态环境是各级各类教育组织都具有的三种教育生态环境。自然生态环境大到一个国家（或地区）、城市的地域气候，小至学校中的一个景观，为教育生态环境提供了物质基础；社会生态环境通常是教育的外部生态环境，通过教育经费、教育目的、教育观念等具体形式影响教育环境；规范（或精神、文化）生态环境体现在外部社会舆论形成和教育组织中的风气养成上，塑造着教育价值观以及教育者和受教育者的精神生活。

这三类教育生态环境存在交互作用，比如，自然风貌会形成不同地区的教育文化特色，进而塑造着人们对教育的看法。在一个学校中，教学设施与技术人员的配比、全校人员与学校空间资源的配比、师生配比、课程分布等，都属于这三类生态环境之间的平衡问题。

（三）个体生态与群体生态

教育的个体生态集中反映在家庭教育以及学校教育中的因材施教上[①]。随着《中华人民共和国家庭教育促进法》的颁布，家庭教育的责任主体、主要任务和方法等得以明确，家庭生态因子是影响个体生态的最主要因素。教育的群体生态从不同层次上说，可以是学校的、班级的，或是班级中的非正式小群体[②]。不同的群体将体现各自共有的面貌特征，自然、社会、规范（或精神、文化）生态环境也会在群体中发挥交互作用。

一些对课堂物理环境的研究实际上就是在探讨班级这个生态空间环境中的个体生态与群体生态的适应问题。当个体处于群体之中，便存在着生态位的问题，狭义上说，也就是学生在班级中所处的位置，这会受到学生个体知识、能力、性格等主观因素，以及教师、同伴评价等客观因素的影响，从而使每个学生在集体中扮演不同的角色。

第二节　学前教育生态

就学生个体发展而言，学前教育可谓是其所要“经历”的整个教育行业生态

① 吴鼎福.教育生态学刍议[J].南京师大学报(社会科学版)，1988(3)：33-36+7.

② 魏国孝.教育生态环境与学校环境[J].宁夏社会科学，2005(2)：159-160.

系统中最前端的一个教育生态系统，该教育生态系统自有其本身的特殊性。

一、学前教育需要关注生态

学前教育作为终身学习的“社会化”开端，对于人的一生的发展具有重要的奠基意义。然而，学前教育却是我国教育体系中最为薄弱的一环，尤其是在落后地区(可能没有幼儿园，或是在小学中附设学前班)，对学前教育认识不足，从而导致学前教育没有在儿童发展中发挥应有的作用。

许多西方国家将学前教育同中小学教育视为一个连贯的整体，统一制定课程标准，明确了学前教育于整个教育体系中在各课程上应当承担的职责。在我国，义务教育与高中教育的课程制定尚未实现一体化，更不必说纳入学前教育。这就使得幼儿园教师与家长都难以确定幼儿的发展目标，以及究竟要发展到怎样的程度，又加之人才竞争日益激烈的时代背景，学前教育出现了较为严重的“小学化”倾向，主要体现为教育内容和教育形式的“小学化”。

一方面，幼儿园教师对学前教育的特殊性不够重视，或是他们尽管知道幼儿教育应是游戏化、重体验的，却还是在面对棘手的纪律问题和无从下手的活动设计时走向了让幼儿服从安排、掌握所谓他们应该学会的知识尤其是学科知识的歧途。另一方面，家长们越来越不甘让自己的孩子输在起跑线上，为了孩子能在步入小学后尽快适应其学习生活，或是在班上借成绩“一鸣惊人”，打响入学后的第一枪，争先恐后地为孩子们安排各种幼小衔接类课程，这类课程以更好适应小学生活为名，实则是前移了小学阶段的(学科)知识教育。

正是在这种背景下，太多的儿童声称自己没有童年，因为他们不曾真正拥有过自己的孩童时光。学前教育的困境既要求其闭环被打破，又不可以盲目地将学前教育归附于小学教育。

从生态学的视角来考察学前教育中的这些问题，可以发现，某些问题或许不是真正的问题，而某些问题则是在学前教育语境中忽视了各生态因子间的平衡而产生的。儿童观与教育观是造成这些问题的重要原因，也是最难克服的障碍。

不同于其他教育阶段希望学习者获得不同程度的成功那样，学前教育则应着眼于幼儿当下的幸福与快乐，关注的是幼儿成长的过程与一生的发展[①]。整体的视角、长远的眼光，或许在学前教育阶段中是极其重要的。由此，学前教育

---

① 程秀兰.幼儿教育本质的规定性及其意义[J].学前教育研究，2014(9)：3-13.

活动的不可控性以及幼儿发展的多样性都是常态，教师在活动中可以少一些刻意设计，要相信幼儿的创造力以及幼儿之间的感染力，家长们也不必担心还未到来的小学生活，而是应重视对幼儿一生具有重要意义的某些意志品质、良好习惯、情感体验等的引导，这些才是应该打好的基础，也是获得未来更好发展的必需品。但是，也应避免将小学一年级作为一个绝对标准来衡量每一个幼儿的发展。避免“小学化”倾向并不意味着幼儿不可以在进入小学前了解小学的教育内容。当幼儿在某一方面出现兴趣甚至天赋时，家长应当给予其足够的空间，不应为了迎合发展的阶段性而扼杀了幼儿的潜能，这是由儿童的个体差异所产生的。

因此，学前教育应具有足够的开放性、包容性、多样性、不确定性等，这或许正是与幼儿相处的魅力所在。

二、学前教育生态的特征

正如学前教育在整个教育体系中占据着起始性的特殊地位，其所呈现的学前教育生态也具有独特性。

（一）师幼关系的特殊性

幼儿园教师与其他学段教师，以及幼儿与其他年龄的学习者，都有着很大的区别，双方形成的师幼关系较之师生关系也有不同之处。

一方面，幼儿园教师要善于通过观察来评估幼儿的行为表现，善于发现幼儿的需求，积极为幼儿营造安全健康的环境与氛围，积极促进幼儿的互动关系，这要求教师具备更多的实践智慧。

另一方面，幼儿由于身心的不成熟，对自然世界和人际交往都缺乏经验，在身处新环境（如幼儿园）或面对新的人物关系（如教师）时可能无法及时或合理地表达自己的需求。因此，出现“命令与服从”关系的风险很大，良好师幼关系的形成存在着许多潜在困难。在此过程中，教师可能要先主动地让幼儿感受到爱与安全，但并不在这段关系中始终掌控全局，而是要发挥好引导者的身份，更多地激发幼儿表现其主体性，教师最终应当回归为一个“陪伴者”，凭借其智慧成为幼儿发展的隐形推手。

（二）教育活动的体验性与随机性

幼儿园的活动通常会受到幼儿生活的灵感启迪，有时是因势利导的即时教育，有时则是通过对某个事件的复盘，经重新组织后成为活动素材。存在于来园、晨检、晨间活动、早餐、集体活动、盥洗、如厕、游戏活动、午餐、散步、离园等幼儿园日常生活的偶然事件中的教育，具有随机性和生活化的特点，自然也就更具多样性。

既然活动源自幼儿本身，那么这些活动对幼儿来说必然是可体验的，这也符合当前教育对回归生活的追求。幼儿的“游戏天性”决定了幼儿园活动的“游戏性”，玩中学的过程会让幼儿生成属于自己的独特体验，以直观的操作与感受得到领悟。所以，学前教育活动并不（只）是知识教育，没有固定的教材作为蓝本，是真正需要由教师，在某种程度上实际是幼儿，去开发课程的，并且幼儿园的一日生活皆是教育。

（三）幼儿发展的融合性与内隐性

幼儿发展目标的多样化可以说是世界各国幼教界的共识。比如，加拿大提出要帮助幼儿在身体、社会性、情感、认知上得到和谐发展；阿根廷提出要发展幼儿的体力，促进幼儿的心理、智力、情感、自制力的发展，加速幼儿社会化；美国提出要培养幼儿社会交往的能力、自我服务的能力，提高幼儿的自尊水平、学习能力，培养幼儿思考的技能、学习准备的技能，增强幼儿语言和文学的能力，发展幼儿的独立性，促进幼儿的均衡发展①……

这些广泛而综合的目标要求对幼儿施以整体影响，不同能力的发展具有渗透性，这也符合中小学教育从综合课程逐步过渡至分科课程的理念。幼儿的学习具有无意性和内隐性的特点，极易模仿他人，所以，诸如幼儿园环境、师幼关系等隐性课程因素在学前教育中显得尤为重要。

第三节　学前教育课程生态

学前教育课程可谓是学前教育生态系统中的一个子生态系统，其自身自有其基本构成与品质追求。

一、我国学前教育课程的基本构成

自中华人民共和国成立至改革开放前，我国学前教育课程呈现出盲目学习苏联课程的特征，出现了一种分科课程体系，分科教学思想在改革开放初期得以

① 李生兰. 比较学前教育[M]. 上海：华东师范大学出版社，2000：268-272.

继承发展，并形成了统编教材。然而，对幼儿自身经验和实际生活的忽视，导致学前教育实践“小学化”现象严重，随后，幼教界掀起了对适合幼儿特点的课程的探索热潮，启动了“自下而上”的课程改革，打破了分科课程长期主导的局面，逐步建立了综合、整合、主题和领域课程等多种多样的课程模式，并随着20世纪末国家行政力量的介入，转变为“自上而下”的课程改革①。

我国教育部在2001年颁布的《幼儿园教育指导纲要（试行）》（以下简称《纲要（试行）》）充分反映了改革开放以来的学前教育课程发展方向。《纲要（试行）》将幼儿园教育内容相对划分为健康、语言、社会、科学、艺术五个领域，认为各领域内容应当相互渗透，从不同的角度促进幼儿情感、态度、能力、知识、技能等方面的发展，强调根据本地、本园、本班的实际情况组织教育活动②。游戏课程、园本课程等课程类型正是在这一改革背景下被广泛探索。

随着对幼儿在学前教育以及课程改革中地位的不断重视，2012年颁布的《3～6岁儿童学习与发展指南》（以下简称《指南》）进一步明确了健康、语言、社会、科学、艺术五个领域中幼儿学习与发展最基本、最重要的若干方面（参见表2-2），并分别针对3～4岁、4～5岁、5～6岁幼儿提出学习与发展目标，以期把握幼儿发展的渐进过程，并继续珍视游戏和生活的独特价值，特别强调了培养幼儿学习品质的重要性。至此，我国学前教育课程基本确立了儿童立场，不断追寻儿童生活，彰显儿童生命。

表2-2　我国3～6岁儿童学习与发展目标

领域	维度	目标
健康	身心状况	具有健康的体态； 情绪安定愉快； 具有一定的适应能力
	动作发展	具有一定的平衡能力，动作协调、灵敏； 具有一定的力量和耐力； 手的动作灵活协调
	生活习惯与生活能力	具有良好的生活与卫生习惯； 具有基本的生活自理能力； 具有基本的安全知识和自我保护能力

① 王秀萍，汤凤霞．70年来我国学前教育课程改革的历史回顾与反思[J]．上海教育科研，2019(12)：31-36．

② 中华人民共和国教育部．教育部关于印发《幼儿园教育指导纲要（试行）》的通知[EB/OL]．(2001-7-2)[2023-5-14]．http://www.moe.gov.cn/srcsite/A06/s3327/200107/t20010702_81984.html．

续表

领域	维度	目标
语言	倾听与表达	认真听并能听懂常用语言； 愿意讲话并能清楚地表达； 具有文明的语言习惯
	阅读与书写准备	喜欢听故事、看图书； 具有初步的阅读理解能力； 具有书面表达的愿望和初步技能
社会	人际交往	愿意与人交往； 能与同伴友好相处； 具有自尊、自信、自主的表现； 关心尊重他人
	社会适应	喜欢并适应群体生活； 遵守基本的行为规范； 具有初步的归属感
科学	科学探究	亲近自然，喜欢探究； 具有初步的探究能力； 在探究中认识周围事物和现象
	数学认知	初步感知生活中数学的有用和有趣； 感知和理解数、量及数量关系； 感知形状与空间关系
艺术	感受与欣赏	喜欢自然界与生活中美的事物； 喜欢欣赏多种多样的艺术形式和作品
	表现与创造	喜欢进行艺术活动并大胆表现； 具有初步的艺术表现与创造能力

二、良好学前教育课程生态的内涵

有品质的学前教育课程生态系统，不仅追求“幼儿可持续性发展”的课程目标，以及生活化整合“五大领域”的课程内容，而且更加追求“以生态体验引发深度学习”的课程实施，以及重视“表现性评价和过程性评价”的课程评价。

（一）课程目标：关注幼儿的可持续发展

基于生态学视角的儿童发展目标，是要追求其身心的全面和谐发展。更进一步地说，学前教育课程应当从可持续发展的角度来考虑幼儿应该达到的目标，正如《指南》认为，“幼儿在活动过程中表现出的积极态度和良好行为倾向是终身学习与发展所必需的宝贵品质。要充分尊重和保护幼儿的好奇心和学习兴趣，帮助幼儿逐步养成积极主动、认真专注、不怕困难、敢于探究和尝试、乐于想象和创造等良好学习品质”①。对于该阶段的儿童来说,重要的不(只)是掌握某些基本知识和技能,而是要打好对其终身发展都有益的基础。

学习品质更关注幼儿如何学,而不是学到了什么。保护并培养幼儿终身学习的热情、品质与能力至关重要②,这一课程目标才是真正着眼于幼儿一生发展,以期为幼儿早期以及日后的发展提供积极的支持。

(二) 课程内容:五大领域的生活化整合

我国学前教育课程经历了从分科课程到整合课程的变化,这体现了从成人思维到儿童立场的转变。“分门别类的学科界限完全是人为的,客观世界中并没有这样一种分类和界限,这是人类理性对世界的一种人为划分的结果。”③对学前教育课程内容的明确划分实则是将儿童视为成人的缩影,不符合现代儿童观,更不为儿童生态观所支持。正如杜威所言:“儿童的生活是一个整体,一个总体,他敏捷和欣然地从一个主题到另一个主题,正如他从一个场所到另一个场所一样,但是他没有意识到转变和终端,既没有意识到什么割裂,更没有意识到什么区分。”④“整合的课程内容强调各领域间的相互渗透,强调各种内容之间的内在联系、有机联系和多方位联系,是将各门学科的教材或知识各部分恢复到原初的状态,这种状态是对儿童生活中各种事物本来面貌的还原,是儿童能够感知和理解的状态。因此,整合的课程内容既与儿童所生活的世界存在的方式一致,也与儿童认识世界的方式一致。”⑤

学前教育是保育与教育的结合,基本生活常识和生活习惯的养成与简单知识理解在其中应是相辅相成的。对学前教育课程五大领域的整合途径是构建生活化的活动课堂。幼儿成长在生活的土壤之中,其生命在生活中展开,幼儿对生活保持着丰富的敏感性,幼儿对生活的依赖及其在生活中学习的特征决定了生活对幼儿的意义和价值。幼儿是在生活实践中满足自身发展的需要,逐步建构

① 中华人民共和国教育部.3～6岁儿童学习与发展指南[M].北京:首都师范大学出版社,2012:2.

② 彭杜宏.儿童早期学习品质的本质内涵、因素结构及学习效应[J].学前教育研究,2020(3):57-71.

③ 劳凯声.人文社会科学研究的问题意识、学理意识和方法意识[J].北京师范大学学报(社会科学版),2009(1):5-15.

④ Dewey J. The Child and the Curriculum[M]. Chicago: The University of Chicago Press, 1956: 5.

⑤ 杨希.从疏离到回归:我国学前教育课程观发展趋势[J].湖南师范大学教育科学学报,2016(3):112-116.

自己的生命世界，他们通过对生活实践中事物的反复接触，逐渐了解外在世界及其对自身的意义和价值，获得一种健康健全的生活态度，获得独立自主的生活技能。因此，要以宽泛的视角开发和利用幼儿生活中的教育资源，从生活素材出发整合多领域发展，而不是把领域知识作为课程内容组织的起点。

（三）课程实施：以生态体验引发深度学习

个体生命的发展与演变过程是在一定的社会环境中完成的，人也需要在真实的社会实践活动过程中获得生命的亲身感知，并通过亲身感知来积累和发展相应的经验与能力。事实上，我国幼儿园的学习活动环境主要是人为创设出来的[①]。幼儿园通常是一个相对封闭、与社会隔离、与家庭保持一定距离的环境，幼儿在园内的各类学习和游戏活动都是教师依据一定的目的而人为构建出来的。这种由既定的教育目的衍生出来的教育活动在强调幼儿学习的组织性和目的性的同时，也与幼儿的真实体验与真实需要保持着一定的张力，它使得幼儿体验活动存在一种事实上的成人视角与儿童视角的错位。

幼儿体验活动是幼儿园教育教学活动的重要组成部分，也是幼儿实现身心主动发展和全面发展的重要手段。与幼儿园集体教学活动和区域活动相比，真实的幼儿体验活动具有以下特点。首先，幼儿体验活动具有社会化和生活化的特点。幼儿体验活动来源于日常生活，幼儿在生活化的活动中可以获得关于自然、社会及自我的真实且全面的信息，这种信息没有经过筛选和加工，其活动指向也是为了帮助幼儿发展成为一个完整的社会性个体。其次，幼儿体验活动具有真实性和实践性的特点。日常生活中的环境和事件都是真实的，幼儿体验活动的对象就是这些真实的环境和事件，幼儿能够动用全身的感官来参与生活实践，而这种全感官的卷入也会提升幼儿的活动参与水平[②]。再次，幼儿体验活动具有探究性和教育性的特点。幼儿体验活动本质上是一种学习与自我发展活动，幼儿通过亲身体验、同伴合作和成人引导来认识世界与自我，体验的过程就是拓展经验、发展能力、训练思维和发展情感与社会性的过程，因而幼儿体验活动具有鲜明的教育性和目的性。

幼儿深度学习的发生与其活动体验存在直接关联，尤其是以杜威为代表的

---

① 陈玉萍.幼儿自主学习环境的创设路径探究[J].科学大众(科学教育)，2018(2)：92.

② 曹碧华，张平，李红，等.不同认知卷入程度分心活动对幼儿延迟满足的影响[J].学前教育研究，2019(9)：37-47.

进步主义教育哲学更强调经验在个体学习过程中的重要性[①]，因为如果没有幼儿在学习活动中的情感涉入和自主经验积累，其学习就很难是有效和持久的。幼儿的深度学习与其活动体验存在内在关联是由幼儿的学习特点和学习方式所决定的。首先，幼儿的学习具有经验性和探究性的特点，其深度学习的发生必须以幼儿对活动的主动参与和积极投入为前提。在学前期，个体的心智和能力发展都不成熟，尚未发展起良好的自主学习能力和学习意向，幼儿是通过与环境的互动来获得发展的。幼儿在活动中的体验不仅代表其学习的水平和质量，同时，良好的活动体验也会反过来强化他们的活动兴趣和改善他们的学习态度。其次，幼儿的学习对象是形象甚至是具象的，此时他们尚无法理解深刻的概念、规则和其他意义系统，他们是在对具体事物的操作中发展概念的。因此，只有经由对生活化、具象化事物的操作与体验，幼儿才能发展起相应的知识体系和完整的思维结构，进而一步一步达至对事物本质的深刻理解。再次，有效的活动体验可以增强幼儿学习的目的性和持续性。幼儿的体验活动是基于其自身不同的感官而发生的，感官的愉悦性会不断增强幼儿学习的意向性和目的性，会使得幼儿对事物的认知不断趋于深化[②]。随着幼儿认知经验的发展，他们对学习的追求就不再只停留于感官层面，而是试图动用自身的认知与思维能力去理解学习的意义及其背后所指向的目的。

（四）课程评价：重视表现性评价和过程性评价

幼儿园在评价过程中应该注重评价的主体性、阶段性和持续性。要强调幼儿对活动效果评价的参与，这样可以让幼儿更直接地感知自身的发展；对幼儿的评价要符合他们的年龄特点，要在阶段发展水平之内给予幼儿充分的支持；要通过追寻幼儿的发展轨迹，评价幼儿多方面能力的发展性。

具体而言，有以下两个特点。第一，借助多种信息载体丰富幼儿评价手段，重视在活动过程中留下多样化的活动痕迹，通过语言交流和动手操作，构建幼儿的真实反应，使其充分表现自己，在这些表现性任务中自然开展评价。第二，突出对活动过程的评价，强化幼儿的生态体验并不断发展幼儿的学习品质，通过每个活动、每天、每周等持续性的评价活动，连贯地引导幼儿发展。

---

① 潘发勤，汤玉莲. 重新认识活动、体验在学习中的意义[J]. 上海教育科研，1999(6)：1-3+23.

② 尹江倩，刘华. 综合探究活动中引导幼儿进行深度学习的思考[J]. 成都师范学院学报，2019(9)：47-51.

总之，将生态学的视角放置于教育领域，不仅有利于解决某些现实问题，例如以生态学的眼光重新考量教育内容、教育形式、师幼关系等方面的问题，而且也为学前教育课程建设提供了新的思路，有助于落实当前课程改革中所强调的对幼儿生活与生命的关注等要求。

第三章

认识论立场：课程三重生态学

人，作为大自然之子，不仅其本身是一个生态系统，更是身处三重生态系统之中：自然生态、社会生态和人类生态。因此，培育人类自身的（学前）教育课程理应从这三重生态立场来建构。

第一节　学前教育的三重生态课程

学前教育的三重生态课程是建立在三重生态基本思想基础上的课程生态系统，主要包括人与自然之间、人与社会之间、人与人之间的三重关系。

一、三重生态学的基本思想

自然生态、社会生态与人类生态的有机统一，是马克思生态思想的三重维度，其分别指涉了人与自然之间的关系、人与人之间的关系、人与人自身的关系，对应于资本主义生产导致的自然生态危机、资本主义社会工人阶级和资产阶级矛盾加剧导致的社会生态危机，以及资本逻辑操纵下工人畸形发展导致的人类生态危机[①]。

1989 年，法国当代哲学家菲利克斯·加塔利出版《三重生态学》一书，并在随后的著作与论文中不断丰富"三重生态学"的理念。通过对"世界资本主义一

① 万冬冬. 自然生态·社会生态·人类生态：马克思生态思想的三重维度[J]. 理论导刊，2021(11)：92-96.

体化”的反思，加塔利洞悉了人类危机的联动性，认为要规避危机，就要关注“不断生成的主体性，持续变异的社会场，处于再造过程中的环境（自然环境）”，于是，由精神、社会、自然这三个领域生成了精神生态学、社会生态学、自然生态学这个三重生态学体系。其中，精神生态学力求以艺术化、审美化的方式唤起主体感知的丰富性和独特性；社会生态学致力于群体存在模式的重建和社会各个层面人际关系的重建，同时关注责任的伦理学，即对当下的人类和后代负责、对占据优势和弱势地位的人负责、对人类和非人类生命负责；自然生态学指明自然生态内涵的多样性和自然生态塑造的多因素性，要求深度追问主体性问题和社会问题①。

在此，“生态学”不只是研究有机体与其周围环境之间的关系，而是经由浅层生态学发展到深层生态学，是一种从人类中心主义转向生态中心主义的思想。我国学者刘惊铎认为，三重生态关系包括自然生态、类生态和内生态，即个体与自然界、人类社会、文化精神的内在之“道”。生态体验就是指人在一定的生态关系与生态情境中，全息感受、不断领悟自己内部世界与外部世界之间的复杂关系，并理解三重生态关系，最终在内生态体验中达到统一和谐的状态。而三重生态关系的和谐性对人具有很大的存在价值，当其中出现矛盾或缺失时，人便会产生失衡的反应②。

尽管在此并未对三重生态学做过多深入的阐述，但是从中亦然能够发现，人所处的生态系统中存在着三对关系——人与自然、人与社会、人与自我，而个体的生存便是在理解这三重生态关系及其联系的过程中不断寻找着和谐之态。因此，将生态思想迁移至学前教育课程建设之中，一方面是构建体现生态三重性的课程体系，另一方面则是注重课程实施过程中的生态体验。

二、学前教育课程中的三重生态

人的一生都将处于与自然、与社会、与自我的关系中，从这个意义上说，教育就是要帮助不同阶段的学习者认识并理解这些关系，探寻维系、平衡这些关系的方法。学前幼儿尚处于人生的起步阶段，他们渴望认识这个世界，却又在各方面

① 胡艳秋. 三重生态学及其精神之维——鲁枢元与菲利克斯·加塔利生态智慧比较[J]. 当代文坛，2021(1)：187-193.

② 刘惊铎. 道德体验论[D]. 南京：南京师范大学，2002：8，111-112.

都比较稚嫩。与此同时,学前教育的目标从来不是或不只是知识技能的掌握,而是为其终身发展奠定基础。因此,以三重生态关系为课程组织线索具有一定的必要性和合理性。

就其具体内容而言,学前教育课程中的三重生态是认识外部世界中的物质与符号,理解内部世界中自身的生理与心理变化,并通过人际交往参与社会生活,建立起外部世界与内部世界之间的联系。

提出课程三重生态学,是对当前学前教育课程的一次重构。这与《纲要(试行)》中所提出的幼儿园教育的五大领域内容并不冲突,实际上是从生态角度对五大领域进行整合,对每一种生态关系的理解都涉及这五个领域的发展,这正体现了将五大领域有机联系、相互渗透的教育理念。在三重生态关系的探索中,幼儿在身体、心理、生活能力、听说读写、人际交往、表现创造等多维度上的发展都将自然生成,学前课程也会将这些多维度的发展内容有机结合,以促进幼儿全面和谐的发展。

第二节　幼儿发展中的"人与自然"

幼儿发展中的人与自然关系之课程,主要包括物质世界中的幼儿、符号世界中的幼儿等层面的考量。

一、物质世界中的幼儿

哲学意义上的物质世界包括自然界和人类社会,人既要依赖物质世界而生活,本身也是物质世界的一部分。幼儿的思维具有很明显的具体形象性和直觉行动性,他们对自己所身处的环境有着极大的好奇心,所以对物质世界的探索是幼儿自发产生的,这就是发展幼儿对"人与自然"理解的契机。在"人与自然"方面,主要指的是物质世界中的自然界,至于人类社会,将会在下一节关于"人与社会"的这一重生态关系中进一步探讨。

一方面,幼儿的求知欲驱使其认识物质世界。自然界中爬行的小虫、绽开的花草、奇妙的物理现象以及神秘的地球活动等等,对于幼儿来说都是充满未知的,他们擅长提出各种各样的疑问,像是"这是什么?""为什么会这样?",又常常惊叹于自然的力量。当前,学前教育重视让幼儿回归真实情境(也就是他们的生活世界),重视幼儿的亲身体验,为幼儿认识物质世界提供了丰富的机会。即使是在幼儿园这个相对封闭的空间内,幼儿已经能够接触到各种不同类型的动植物和具有不同特性的设施材料,当他们在园内活动时,便可以探索自然界中的这些生物与物质。同时,园内自然景观的变化与人造景观的设置,可以让幼儿走入地质学、气象学,甚至天文学等地球与空间科学的世界。当然,由于幼儿欠缺知识,他们对物质世界的认识总是需要成人的引导,这不仅包括告诉孩子们关于世界的知识,让他们懂得探索世界的方法更为重要。实际上,幼儿对探索世界总是有着自己的看法,"当被告诉某个新的解释后,幼儿通常还会同时持有以前的迷思概念,因为它能更好地契合他们基于亲身经验发展出来的其他假设"①,在所见与所知的不一致中,他们的探索热情会不断得以激发。将视线从幼儿园内往外延伸,物质世界的丰富性将在幼儿的日常生活中得以体现,学前教育课程也可以通过丰富体验活动的形式与场所,拓展幼儿的经验,让幼儿对物质世界持续怀有探索欲望。

另一方面,幼儿会在与物质世界的互动中进一步理解自身(或人)与物质世界的关系。当幼儿对物质世界中的对象有了初步认识后,他们会逐步深入到关系的探索中。比如,靠近小鸟后它会飞走;给予植物适宜的阳光与水分,它会长得很好;向一个物体施力它会运动……这些"奇妙"的现象都能触发幼儿的思考,进而在成人的引导下理解世界万物是相互联系的整体。幼儿会随着季节变化感受冷暖,会受到天气影响而从事不同的活动,他们也可能经历严寒或酷暑,甚至遇上沙尘暴等恶劣天气,这将让他们感受到地球这个最大的家园也需要每个人来呵护,从而开始观察、反思人类行为。

在自然中教育是当代自然教育的内涵之一,这与当代人类对自然与社会关系的重新思考密切相关,人类对自然的敬畏态度也只有通过回归自然、与自然接触才能实现②。因此,幼儿与物质世界的互动在学前教育活动中必然会存在,也应该发挥其应有的教育价值。

二、符号世界中的幼儿

"对于理解人类文化生活形式的丰富性和多样性来说,理性是个很不充分的

---

① LANDRY C E, FORMAN G E. Research on Early Science Education[J]. Cognitive Development, 1999: 27.

② 张皎红.幼儿园教育的时代新挑战:让幼儿在自然中学习[J].学前教育研究,2023(1): 83-86.

名称。但是，所有这些文化形式都是符号形式。因此，我们应当将把人定义为符号的动物取代把人定义为理性的动物。只有这样，我们才能指明人的独特之处，也才能理解对人开放的新路——通向文化之路。”[①]符号体现着人与世界的关系，人通过制造符号创造文化，进而理解世界。

对于幼儿来说，他们所接触的语言、游戏、图画书、游乐设施、体态手势等等，都是这个丰富的符号世界的体现。学前儿童处于皮亚杰所说的前运算阶段，符号思维正是自此开始发展。其中，语言符号是人类特有的符号体系，也是幼儿逐步符号化的最明显形式。幼儿会积极参与到语言活动中，他们热衷于为事物命名，体验着对事物概念化的过程，探索客观世界。此外，许多孩子童年时候感兴趣的“过家家”也是其符号思维发展的体现，它属于假装游戏的一种形式，是幼儿根据情境进行的有意模仿。在假装游戏中，不同的幼儿对同一对象进行假装的形式、方法、内容等各不相同，也就是其外显“行为性”符号不同，无论是幼儿本身，还是假装游戏的客体或内容，都具有符号性。幼儿在这种符号介入的游戏中，其想象力、推理、象征性思维等高级心理机能得以发展[②]。如果要举一个幼儿认识符号的典型案例，那么数学就再合适不过了。作为一种普遍的符号语言，数学与事物的具体描述无关，像是一个简单的数字“1”，可以表示 1 个人、1 张桌子，也可以表示 1 个苹果，而“1”本身则舍弃了任何具体的内容。

然而，幼儿的符号世界与成人的符号世界总是存在差异的，因为这两个群体对世界的理解往往不同。正如儿歌是对文学作品这一语言符号幼儿化、经验化的结果，是会被幼儿所喜爱和理解的，却不一定受到成人的青睐，幼儿对某些他们认为有趣、怪异的符号做出反应时，也可能让成人陷入疑惑[③]。因此，随着幼儿对客观世界的认识不断深入，他们对符号的认知与创造能力也会得以发展，从而通过符号加工过程来提升逻辑思维。

身处在物质世界和符号世界中的幼儿，通过直接探索与反省抽象不断构建着对“人与自然”的理解。

① 卡西尔.人论[M].甘阳，译.上海：上海译文出版社，1985：34.

② 李姗泽，李传英.浅论幼儿假装游戏的“符号”价值[J].学前教育研究，2007(2)：46-49.

③ 虞永平.幼儿学习活动基本类型探究[J].学前教育研究，2000(5)：8-10.

第三节　幼儿发展中的"人与社会"

幼儿发展中的人与社会关系之课程，主要包括对幼儿的人际交往、幼儿的文化生活等层面的考量。

一、幼儿的人际交往

社会性是个体作为人类社会成员具有的属性之一。幼儿自出生开始，就已经处于人际关系之中，他们会啼哭、伸手、咿咿呀呀地发出声音，尽管婴儿最初做出这些行为时可能意识薄弱。但是，随着幼儿慢慢长大，他们的活动范围从家扩大到社区，进入幼儿园，逐渐开始在社会中尝试独立做某些事情，于是，他们建立起亲子关系、同伴关系、师生关系等多种个体与个体以及个体与群体之间的人际关系。

在幼儿的人际交往中，角色认知与交往方式可以说是幼儿社会性发展的两大重要内容。幼儿的角色认知，关键是在不同环境和群体中的角色转换。幼儿早期通常都是在家庭中活动，不同的家庭文化塑造着幼儿的性格，正如多种儿童观对儿童持有不同的看法，成人对待孩子是严厉还是溺爱，是放任还是约束，各种教养方式对幼儿最初走出家庭，踏入其他群体中的行为有着很大影响。比如，在许多独生子女家庭，祖父母辈和父母辈围绕着一个孩子，为其"服务"，可能会造成幼儿自我中心较强的心理，于是孩子总把自己定位在群体的中心位置，导致在进入新的群体后，无法及时适应他人与自己不同的看法或行为。因此，当幼儿开始步入社区或幼儿园中时，他们会感受到周围人际变化而带来的一系列与自己行为相关的改变，这些客观的变化是他们不可避免的，所以社会性发展也是一个正常幼儿在更大范围内活动而需要经历的必然过程。不同情境下，幼儿在家里作为一个"孩子"，在幼儿园里作为"老师的学生""同学的伙伴"，或是"班级的小能手"，他们所需要承担的责任是不同的，而这种责任意识对幼儿来说很重要，甚至是在某一个活动中，比如养育花草，他们也会有特定的任务。当幼儿在各种情境中体会自己角色的转换时，他们就会不断发展着自己对于某个对象或群体的意义的认识。此外，这种角色认知不仅是在情境变化中起着作用，还包括在同一个群体中的角色定位。比如，在家里帮助成人做事时，成人仅会给幼儿分配其所能够承担的事务,或是对于幼儿来说比较安全的事务。在幼儿园的团体合作活动中,幼儿就需要在团队中找到自己合适的角色,这可能是由不同幼儿的优势或兴趣确定的。如果幼儿在人际交往或团体活动中总是出现冲突,那么有可能是角色认知出现了偏差,从而引发了一些不适当的交往行为。

在不同的人际关系中,处于不同的角色要求下,个体的交往方式也是不同的。不难理解,一个人在家里和父母的对话方式通常不适用于正式的工作场合。对于幼儿来说,对象的不同,或是同种对象的不同特殊个体,他们也会在与之交往中逐步意识到交往方式应当有所调整。像是在家中受到溺爱的孩子,在进入了并不存在所谓特殊对待的班级中时,他们会感受到自己不是老师眼中的唯一,不会总是受到同伴的礼让。于是,这样的幼儿可能会发现,一些"小公主""小王子"的行为在班级中只会给他们带来同伴的孤立或老师的指正,从而开始改变自己的交往行为,以达成更加和谐的人际关系。在人际交往中,幼儿开始探索不同的社会角色,他们会逐渐认识到其他家庭成员、其他同学,以及社会中的医生、警察、服务员等这些职业,并会在理解其他社会角色的过程中逐步体会他人的职责。

可以发现,幼儿在人际交往上的发展是由于其活动范围不断拓宽而自然生成的。为了自己能够获得更加愉悦的情感体验,他们会寻找构建良好人际关系的方法,正是在这些方法的学习中,他们形成了不同角色认知,提高了与人交往的能力。

二、幼儿的文化生活

如前所述,人通过制造符号创造文化,进而理解世界,人又会在与他人或群体的交互中形成关系。因此,当幼儿接触外部世界,走进不同的社会群体,他们便已身处文化之中。我们可以从幼儿所处的环境或群体来简单梳理其在文化生活方面的可能发展。

首先,家庭文化不仅为幼儿提供了基本的日常文化,而且还塑造了幼儿的基本性格。在进入幼儿园之前,幼儿停留时间最多的场所就是家庭,他们的饮食、睡眠等基本生活习惯会与常相处的长辈之间基本形成一致。更重要的是,诸如父母关系、邻里关系,以及由此而产生的生活方式与价值观,都潜移默化地影响着幼儿的品质。比如,夫妻关系不幸福的家庭常常会表现出消极氛围,致使幼儿缺乏足够的爱与安全感,而父母离异对幼儿的伤害甚至要比自然死亡带来的伤害更大;又如,注重孩子创造力、独立性等意志品质的家庭,期望给孩子更多自由的发展空间，这样的幼儿可能在进入幼儿园后能更快地适应集体生活。家庭文化背后实际上是家庭教育的问题，而家庭教育涉及了诸多因素，包括家庭结构、家庭社会经济地位，以及家长的教育观念与教养方式等。

其次，幼儿园如何看待幼儿，又希望幼儿获得怎样的发展，会很大程度上决定“进入”该幼儿园的孩子们“走出”该园时候的样子。幼儿园的精神文化进一步决定了具体的园所制度、教职工的工作，以及园所的物质建设，最终会在幼儿的发展上得以体现。辐射整个园所的精神文化通过幼儿的一日作息以及师幼关系，直击幼儿的幸福感，制度文化通过告诉幼儿该做什么不该做什么，构建着幼儿的社会认知和社会行为。幼儿园中的建筑、绿化、游乐设施及其布局，或温暖或生硬，或具创造性或具封闭性，也会让幼儿获得不同的情绪体验。

最后，真正意义上的社会文化，包括本民族或其他民族、本国或其他国家的文化，这些一般是在家庭或幼儿园中有意或无意地传递给了幼儿。婚丧寿庆等人生仪式和本国传统节日通常会成为幼儿日常生活的一部分，幼儿会顺其自然地体会或观察到人的一生有不同的发展阶段，认识到不同的人生仪式具有不一样的意义，幼儿还会在与成人共度的传统节日中逐步了解民族历史与文化，在不同节日的意义体悟中获得不同的社会性情感发展。此外，幼儿还可能遇到与自己差别较大的人（如残障人士）或超越个体认知的社会行为（如其他国家的节日风俗），在丰富的文化背景中，幼儿可能会做出不同的反应，对多样性的尊重所形成的早期态度会影响其以后对“公平”“民主”等抽象概念的的认识①。

幼儿的人际交往形成了他们的文化生活，而文化的浸润又会反作用于他们的社会性发展，对其社会交往能力产生积极或消极的影响。在与他人的交往互动中，幼儿开始了解一个群体、一个民族甚至其他国家地区的文化，他们会感悟人类生存方式的多样性，持续进行着社会化的过程。

第四节　幼儿发展中的“人与自我”

幼儿发展中的人与自我关系之课程，主要包括对幼儿的生理发展、幼儿的心

---

① 爱泼斯坦．社会学习：关键发展指标与支持性教学策略[M]．霍力岩，等译．北京：教育科学出版社，2018：6.

理发展等层面的考量。

一、幼儿的生理发展

幼儿身体发育飞速，在学前期，幼儿的身体比例更加协调，除生殖系统外的其他系统的各项机能均趋于成熟。随着幼儿自我意识的增强，他们会感知自己外显的身体变化，看到自己的成长，也会在与他人的比较中认识自己作为一个儿童的生理特点。在日常活动中，幼儿会通过自己能做或不能做什么，感受自己的身体力量。三岁以前的幼儿基本具备了走动和操控材料的能力，之后，他们开始改善这些基本技能，扩展大肌肉和小肌肉运动技能。

幼儿对身体整体的平衡、协调、控制能力在不断增强，因为随着他们身体比例和体重的平衡，幼儿的重心会降低，他们能更平衡、脚步更稳定地运动①。总的来说，学前儿童的大肌肉运动技能大致可分为原地运动和移动运动两种②，涉及上半身和下半身的重心不发生转移的原地运动会从最初的两边对称动作（如扭转）、连续性动作（如推拉），逐步发展至单侧动作（如摇摆一只手臂几次，再摇摆另一只手臂几次）、交替动作（如来回摇摆手臂，两只手呈一前一后）；涉及重心转移的移动运动一般遵循“交替的单一动作（如跑）——双侧动作（如双脚跳）——单侧动作（如一只脚单脚跳几次，再用另一只脚单脚跳几次）”的发展进程。粗大动作的发展对于幼儿建立起身体和关系意识、空间意识，以及运动概念有很大帮助。当幼儿发现一件喜欢的衣服不再合身时，如在完成某项体育任务比同伴更加费力时，他们会关注到自己身体的变化以及思考如何更好地驾驭自己的身体。小肌肉运动技能的获得是建立在大肌肉运动技能发展的基础上的，以手为主要动作对象的精细动作对幼儿的协调力、注意力等都具有考验，当幼儿在摆动物体时，就不可避免地需要运用小肌肉群。

伴随着动作技能的发展，以及幼儿对自身需求的感知更加明确，他们慢慢会产生自我照顾的行为。乐于表现自己的幼儿会主动承担起洗脸刷牙、拿放物品、

① TOMLINSON H B, HYSON M. Developmentally appropriate practice in the preschool years —— ages 3-5: An overview[M]// COPPLE C, BREDEKAMPS. Developmentally appropriate practice in early childhood programs serving children from birth through age 8 (3rd ed.). Washington: National Association for the Education of Young Children, 2009: 111-148.

② 爱泼斯坦.身体发展和健康：关键发展指标与支持性教学策略[M].霍力岩，等译.北京：教育科学出版社，2018：47.

清理桌面等自理活动，甚至会向他人展示和指导他人如何进行某些常规活动。当幼儿开始进行某些自主活动时，他们便逐步学会了安排自己的生活日常，但是，树立起正确的健康观很重要，而这往往需要成人的协助。幼儿好动的天性促使他们主动接触外部世界，通过模仿或自发探索，他们掌握了一些生活技能，不过，由于知识的欠缺和自控能力的不足，他们很难对什么是健康行为做出正确的判断。比如，幼儿会受到蛋糕、糖果等食物味道的诱惑，不加节制地食用不健康的食物，或在饮食中有所偏爱，这可能会导致他们的身体内部或外貌发生某些不良变化，幼儿可能会也可能不会意识到这些变化给他们带来的危害，或者陷入"外貌焦虑"中，却不知道是哪里出了问题，又该如何解决。健康行为的获得以及与生理发展相关的社会规范的养成对幼儿来说是较为困难的，复杂的技能有待于成人的引领，才能让幼儿在该方面的发展得到质的提升。

二、幼儿的心理发展

认识"我"，对幼儿来说，是伴随脑机能的发展而出现的。基于对自己身体特征的认识以及与外部世界的接触，幼儿会对"我是谁""我能做什么"等产生疑问，这种关于自己的看法就是自我认同的产生。自我认同的发展经常会延伸到成年阶段，这体现了其复杂性，但是许多关于自我的想法甚至在学前期之前都早已出现。由于幼儿思维的具象性特征，他们会比较容易关注到外表差别较大的人，此时，对于其中的"少数者"和"多数者"来说，会产生不同的情绪，而认识差异、认同自己，是实现群体包容的前提。

在活动与交往中，幼儿会表现出对自己思想情感的行为的调控，以及对自己行为结果(或与他人比较后)的情感体验。一方面，幼儿总是渴望成功，希望获得积极的评价，所以在对待消极体验上有很大的发展空间。随着幼儿表达能力的提高，他们能更好地提出自己的需求，宣泄自己的情绪，这意味着他们对自己心理状况的判定与表达会更加准确和及时，尽管他们并不一定能很好地处理某些问题。另一方面，幼儿心理理论能力的发展对于其社会交往具有重要意义，作为幼儿社会认知发展的组成部分，重要的是如何理解他人的情绪，如何在推断他人内心想法的基础上认识自己与他人的差异，进而做出亲社会行为。

幼儿在物质活动和交往活动中会逐步形成较为稳定的心理特征系统，即个性，这得益于他们对人、对己、对事物所产生的相对稳定的态度。幼儿个性发展的主要内容便是其个性特征的形成，他们在能力、气质、性格等方面开始呈现出自己的特征，这些因素对其未来发展的目标和过程行动都可能产生影响。

幼儿的生理和心理会随其年龄的增长而自然出现某些变化，然而在发展过程中，成人的引导显得尤为重要，这对于幼儿健康成长，以及学会让自己可持续发展的能力，都有重要意义，从而去追求自我实现的终极目标。

在幼儿的发展中，“人与自然”“人与社会”“人与自我”这三重生态关系相互关联，学前教育课程三重生态学试图从生态关系的三条主线上整合学前教育课程五大领域的内容，究其本身，也是一个整体。

第四章

方法论参照：班本化游戏活动设计

始于21世纪初的我国第八次基础教育课程改革明确实行“国家—地方—学校”三级课程管理体系，以促进课程权利的分享。

于学前教育课程而言，存在着“国家—地方—幼儿园”的三级课程管理体系，进而落实于“班”。具体来说，学前教育课程的班本化应以国家与地方对幼儿发展的要求为基础，以园所的课程体系为直接参考，以满足幼儿自身的需求与发展为最终旨趣。

第一节 课程班本化

幼儿园的课程班本化应以《指南》为基础，事前设计好园本课程，并以儿童议事为其“课程班本化”的实现路径。

一、《指南》：课程班本化的基础

本书第一章已经通过考察东西方儿童观的嬗变，基于对儿童观的现代与后现代解读，从生态学的视角对儿童观进行了再审视，并确立了对儿童的当代认识。对儿童的当代认识应是建构幼儿园课程体系的思想基础。

《纲要(试行)》对教育内容与要求、组织与实施、教育评价提出了指导建议，指明了选择教育活动内容的原则、教育活动的组织形式、环境的创设和利用、教师的角色、教育评价的考察要点等。《指南》则从健康、语言、社会、科学、艺术五个领域分别指明了幼儿可发展、需发展的内容，是对学前教育目标的重要凝练，是幼儿园进行课程建设和进一步班本化的前提与基础。

二、园本课程：课程班本化的前设计

“园本课程”的提出应该是源自“校本课程”的，是以幼儿园为基地进行开发的课程，应体现“为了幼儿园”“在幼儿园中”“基于幼儿园”的理念，即，园本课程可以改进幼儿园实践或解决幼儿园所面临的问题，是由幼儿园园长、教师乃至幼儿等多元主体共同解决幼儿园自身的问题，其所形成的方案又在幼儿园中得以实施。

园本课程是从幼儿发展的目标出发，同时立足于园所的现实情况而开发的园本课程（体系），是通过发挥园所自身的特长优势，打造出适合本园幼儿的独特发展路径。

作为课程班本化的前设计，园本课程的开发需要注意以下几个问题。首先，园本课程开发应注重五大领域的和谐发展，以主题式课程推动整体融合。园本课程作为国家课程与班本课程的中介桥梁，自然需要满足国家对幼儿发展的基本要求，即给予幼儿全面的、启蒙性的教育内容，将五大领域的内容相互渗透，从不同的角度促进幼儿情感、态度、能力、知识、技能等方面的发展①。这意味着课程不应该只专于某一领域，而是可以通过主题形式将多领域融合起来，围绕一个主题开展的活动可以全方位地促进幼儿（五大领域的）发展。

其次，园本课程开发应体现民主性、开放性、多样性。园本课程的开发是依据国家、地方的要求，根据园所特点由众多人员共同完成的，园所管理者、教师、家长、幼儿，以及相关专家、社会人员等主体都可能参与其中。具体而言，园长需要发挥好课程领导的作用，鼓励并帮助教师将自己的知识、技能、特长有效转化为课程内容，家长、幼儿、社会各界的建议都应当被听取，尤其是幼儿自身需求的表达，不仅要让幼儿表达想法，还要让幼儿的想法被充分地倾听。

最后，园本课程开发应讲究适宜性与独特性。课程开发的同时理应兼顾课程实施中可能需要的诸多条件和出现的问题，因此，园本课程需要因地、因园制宜，这涵盖了地理环境、物质条件、人员素质等多方面因素，而就在此过程中，园所的独特性也会在课程中逐渐彰显，从而起到“立德树人”的教育效果。

① 中华人民共和国教育部. 教育部关于印发《幼儿园教育指导纲要（试行）》的通知[EB/OL].（2001-7-12）[2023-7-9]. http://www.moe.gov.cn/srcsite/A06/s3327/200107/t20010702_81984.html.

本书以三重生态为理论基础提出由“人与自然”“人与社会”“人与自我”构成的生态课程就是园本课程的一个构想。生态课程建设基于张家港市金港中心幼儿园(以下简称“金幼”)的地理位置和物理环境的客观特点,利用园所资源,围绕三个课程领域分别开发重体验、重生活、重幼儿兴趣的园本课程。

该“园本生态课程”以“生态”“自主”“体验”“多元”为课程关键词,强调在自然、真实的情境中开展游戏活动,在活动中尊重幼儿的学习特点、发展差异、个性特点,在活动中注重幼儿与自然、自我、他人的互动;在教师的宏观把控下,让孩子有自由选择课程的权利,包括一日活动中的小组活动、区域游戏、户外活动、生活活动等,确保幼儿的自发学习与教师指导下的学习相得益彰;通过孩子的直接感知、亲临体验来积累“生态体验”故事,让课程更贴近孩子的生活、兴趣、需要和经验;组织课程活动的方式多样化,如集体教学、户外乐园、班级学习性区域、专用室活动、“芽芽微故事”、“芽芽家园乐”等。

三、儿童议事:课程班本化的实现路径

课程班本化,不仅指向通常意义上的一个个“班级”,更强调“小班”“中班”“大班”的“班型”差异,这也是本书对生态课程实施时重要的班本化体现。无论是具体的班级,还是不同的班型,要了解其“差异”从而真正实现“班本化”。其中,“解读”幼儿是关键,而让幼儿充分表达自己的所想所愿,是理解幼儿的最直接途径。

长久以来,儿童在教育中的主体性地位日益凸显,“以幼儿为中心”的教育观逐渐融入教育实践之中。

上述“儿童中心”教育观在课程实施中,会敦促教师“隐居”于幼儿身后倾听、观察幼儿,依据儿童而引导儿童。但殊不知,现实中却常把“为儿童的课程审议”当成了“有儿童的课程审议”。在课程审议中,园长、教师、家长成了儿童的代言人。也就是说,虽然课程审议聚焦“儿童”,强调儿童本位,但由园长、教师和家长所“代”之言很多时候未必是儿童自己所“欲”之言,要视这些主体对儿童的理解程度。由园长和教师辛辛苦苦审议形成的课程,并不一定是儿童的最爱。儿童缺位于课程审议,在被设计的课程中“穿梭”。

与此同时,在课程开发与实施中,“尊重幼儿主体地位的教师指导”很容易变成“教师主导”“教师控制”,使幼儿缺乏更多自由选择和自主活动的机会。此外,在课程实践中,教师通常比较重视幼儿的“群体”需求,而对于不同幼儿的个体需

求容易忽视，特别是性格内向、腼腆，不愿表达的孩子或者是比较调皮的孩子，他们的想法会被“少数服从多数”而取代。再者，课程的行径有着时间上的限制，教师为了孩子的“齐步走”，很少会停下来“等一等”慢热型的幼儿，不能真正做到尊重每一个幼儿的个体差异和“顺应、引导、帮助幼儿实现基于个性的自在、自主、自由的发展”。同时，幼儿难以在自己的节奏中进行探究，从而也很难获得幸福感、成就感。因此，从课程审议的角度提出儿童议事这一课程班本化的实现路径，自有其必要性与合理性——但也绝非易事！

儿童议事，最初来源于推动儿童友好型城市建设的重要举措，旨在搭建儿童参与社会管理的有力平台，培养儿童参与、发现、探索、思考的能力，进一步增强儿童社会责任感和使命感。本书的“儿童议事”，是一种行为、一个过程，指的是问题解决、交往与协作的过程，也是幼儿参与课程建设的一种重要形式。儿童议事活动中，幼儿在群体中公开表达自己的意见，并和其他幼儿、教师进行交流，促进语言能力的发展。同时，幼儿参与课程内容决策，参与决定自己在课程中的活动，不仅有助于培养幼儿的独立自主性，而且能让他们认识到，可以通过自己的行动影响和改变课程，体验自己行为的效果和影响，增强自我效能感。

儿童议事顺利且有效的开展依赖于良好的议事环境和恰当的议事话题。议事环境的物理空间应当具备充分的议事所需的材料，提前由幼儿确定好议事主题、流程、规则等，从而在议事的心理空间上营造安全、轻松、便利、舒适、平等和尊重的氛围。议事话题需要动态生成，但是，并不是幼儿在参与生态课程过程中所遇到的问题或感兴趣的事都具有“议”的价值，需要教师依据《指南》、园本课程的前提设计，适当引导幼儿提出议题、关注议题、解决议题。

如图 4-1 所示，围绕生态课程中的三个课程领域(整合了幼儿发展的五大领域)，可以生成一系列话题群，并进一步剖析出其中的话题。儿童议事的过程既是产生话题(群)的过程，也是围绕话题表达关于课程内容的想法的过程。儿童议事平台的搭建，一是要有民主协商的“圆桌会议”，让幼儿和教师、家长，乃至社会人员平等沟通、协商，形成共识，在议事会上可以由幼儿担任主持人和记录员(小班、中班应由教师辅助)，教师担任观察员。二是要组建多方互助的“课程帮帮团”，由社会专业人士、家长、教师代表对幼儿提出的观点进行论证、提供资源，以支持课程实施。三是设立“儿童海报主题墙”，让幼儿在课程实施中的所思所想所感所悟留有痕迹，形成可视化、可互动的环境。

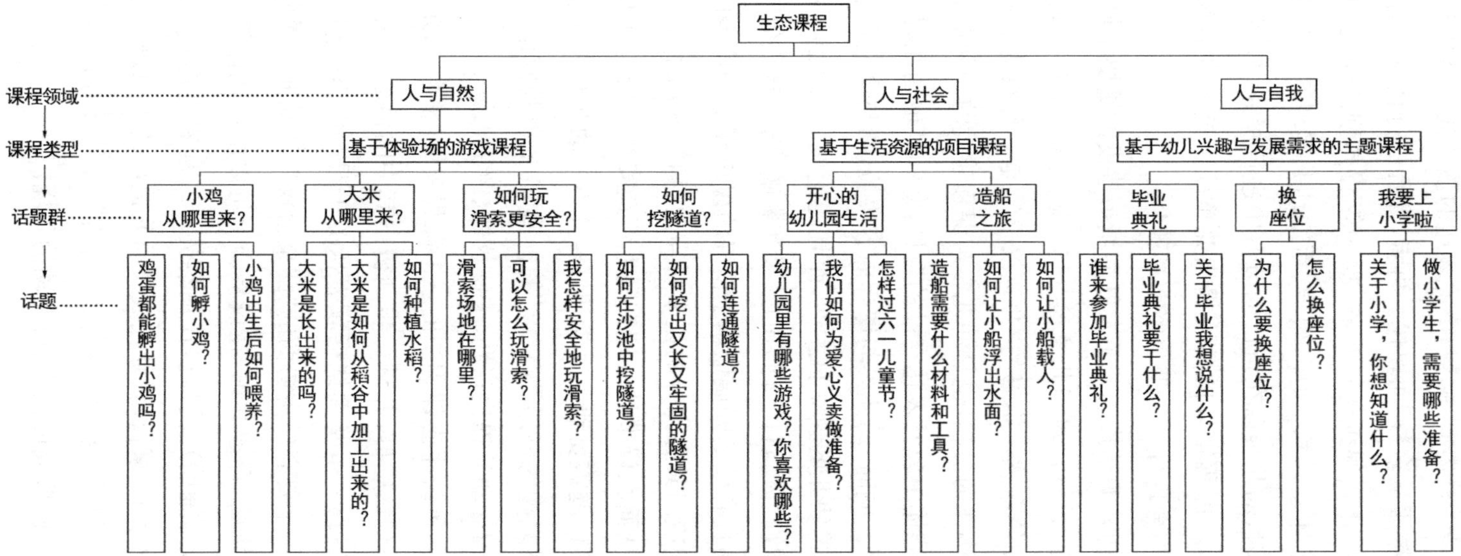

图 4-1　基于生态课程的儿童议事话题示例

第二节　活动游戏化

幼儿的学习是以直接经验为基础，在游戏和日常生活中进行的[①]。游戏于幼儿而言，不仅需要而且必要，它以一种适合幼儿的方式，以一种体现幼儿园课程特性的精神，让幼儿更好地成长与发展。具体而言，这里涉及三个关键问题：为什么游戏？仅仅是游戏吗？如何游戏？

一、为什么游戏？

游戏是一项古老的活动，它存在于高等动物出于善意与愉悦的嬉戏和打闹中，也出现在婴儿故意制造声音、唤起滑稽效果的行为上。游戏的乐趣是达到一种“被抓住、被震撼、被弄得神魂颠倒”的心理状态，在体验中，幼儿充分地享乐。大胆说，游戏是人的存在方式，实体性游戏活动对于个人、人类具有内在的、别的活动无法取代的价值，人的整个生活领域都应该且能够充满着游戏的因素和游戏的精神，进而，游戏是儿童的存在方式[②]。“热爱游戏是小动物——不论是人类还是其他动物——最显著的易于识别的特征。对于儿童来说，这种爱好是与通过装扮而带来的无穷的乐趣形影相随的。游戏与装扮在儿童时期乃是生命攸关的需要，若要孩子幸福、健康，就必须为他提供玩耍和装扮的机会。”[③]那么，到底什么是游戏？研究者发现，儿童能明确地区分游戏和其他活动，所谓“其他活动”经常被成人称作游戏[④]。尽管成人（包括家长、教师）对游戏的定义很难达成一致，但是让父母、儿童、教育者等应当参与到游戏中来的人共同讨论什么是游戏，是重要的。

儿童喜欢游戏，在游戏之外，没有别的原因。游戏是儿童的天性，这似乎是人们的共识。在德国哲学家席勒看来，“游戏冲动”可以弥合感性冲动和形式冲动之间的鸿沟，“只有当人是完整意义上的人时，他才游戏；只有当人游戏时，他

① 中华人民共和国教育部. 3～6岁儿童学习与发展指南[M]. 北京：首都师范大学出版社，2012：2.
② 黄进. 儿童游戏文化引论[M]. 南京：南京师范大学出版社，2012：1-3，8-9.
③ 罗素. 教育与美好生活[M]. 杨汉麟，译. 石家庄：河北人民出版社，1999：73.
④ KARRBY G. Children's perceptions of their own play[J]. International Journal of Early Childhood, 1989, 21(2): 49-54.

才是完整意义上的人”[①]。在席勒的游戏概念中，无论是初级层次的自然游戏，还是高级层次的审美游戏，都是“盈余”(身体精力与心智精力的盈余)的结果，人的本性中存在这样的冲动，在人的现实生活中也存在着这样的活动[②]。顺应儿童的天性，将游戏作为幼儿园的基本活动，是一种儿童本位的观念。对于幼儿园的“课堂”，过多的抽象的言语讲授、集体教学、“静坐听讲”等是不适合幼儿的认知发展特点和需求的。

课程，或者说课程中具体设计的活动，其目的与游戏的目的是一致的，都是为了幼儿的发展。五大领域中，运动、建构、角色扮演等活动都是游戏。儿童应该游戏，这一儿童游戏的合理性是在漫长文明(即对儿童认识的变迁)中得以确立的。游戏自诞生起，就不是个人的活动，他总是在交流、沟通中进行，即使是幼儿的独自游戏，也存在着假象的同伴，或是从自我中分离出一个他者与自己交流[③]。游戏是一个过程，其间包含着大量的行为、动机、机遇、实践、技能和理解[④]。因此，对游戏做一个统一定义是困难的，因为其中涉及太多的变量或因素。

二、仅仅是游戏吗?

一些父母理解儿童的游戏，也知道儿童喜欢游戏，却没有认识到或认可游戏是幼儿的学习方式，游戏在他们看来是幼儿消遣时间的活动，所以幼儿的时间总是被安排去参加那些叫作“××课”的活动。当成人叫孩子“去玩吧”的时候，其实他们就已经低估了游戏的价值，把游戏作为自己在处理重要事情时摆脱儿童的一个托词，毫无疑问，成人就是这么想的[⑤]。

幼儿园游戏活动兼具自然性和教育性，之于幼儿，是一种自发、自在和自足的自然活动，之于教育者，是被筛选、改造和再造后变成的具有“教育性”的活动[⑥]。实际上，幼儿园的“自由游戏”所受的先天限制，不仅来自幼儿园及成人的先在干预，也来自同伴。

---

① 席勒.审美教育书简[M].冯至，范大灿，译.上海：上海人民出版社，2003：124.
② 黄进.儿童游戏文化引论[M].南京：南京师范大学出版社，2012：16.
③ 同②25.
④ 莫伊蕾斯.游戏的卓越性[M].刘峰峰，宋芳，译.北京：北京师范大学出版社，2010：5.
⑤ 同④35.
⑥ 刘焱.儿童游戏通论[M].福州：福建人民出版社，2015：368-369.

游戏是令人快乐的，它不止有趣，还能在想象力和创造性解决问题能力、身份和自我表达、社会归属感和纽带三个方面表现出重要作用[①]。游戏是儿童学习的过程，也是他们了解自己的过程。譬如，通过角色游戏，儿童能够解决内部的冲突和焦虑。根据皮亚杰对“练习性游戏”“象征性游戏”“规则游戏”的区分，学前儿童的游戏大多是象征性的假装游戏、想象游戏、社会性扮演游戏等，并且这种游戏形式会随着年龄增长经历先增多后减少的变化，它是一个“同化”的过程，即孩子使现实适应自己的愿望[②]。游戏能够使大脑，对儿童来说还包括身体，获得刺激，游戏者既能掌握熟悉的事物，也能对陌生的事物作出反应，从而获得信息、知识、技能和理解[③]。当然，儿童学习的方式不只有游戏，只不过他们往往只喜欢游戏而已，而且，这是“一种能够使儿童的心灵在幼年期处于平衡的最佳活动”[④]。游戏与儿童的抽象思维和发散性思维发展密切相关，游戏具有天然的试验性和灵活性，深入探索的过程为儿童提供了有关物体的基本信息，更不必说涉及抽象物体的游戏，因此，游戏、问题解决与发散性思维，相互关联[⑤]。游戏反映、加强和(或)带来了儿童发展，游戏对儿童发展和身心健康产生的普遍及特定的益处有时会立即显现，有时会延迟[⑥]。

三、如何游戏?

以游戏为基础的课程经验在许多研究中被认为能够为早期教育阶段的幼儿提供发展价值，而这与游戏的质量、游戏过程的价值，以及成人的参与等要素有关[⑦]。为了确保游戏的高质量，需要有敏感的、知识渊博的、熟悉的成人的参与和干预，需要详细地计划组织游戏情境，以提供学习的机会和扩展学习的内容，需要给儿童足够的时间去形成自己的游戏，需要自己观察儿童的活动以便促进

① 约翰森，克里斯蒂，华德. 游戏、儿童发展与早期教育[M]. 马柯，译. 南京：南京师范大学出版社，2013：13.

② PIAGET J. Play, Dreams and Imitation in Childhood[M]. London: Routledge, 1951.

③ 莫伊蕾斯. 仅仅是游戏吗：游戏在早期儿童教育中的作用与地位[M]. 刘森，刘峰峰，雷美琴，译. 北京：北京师范大学出版社，2010：7.

④ ISAACS S. Social Development in Young Children[M]. London: Routledge, 1933: 425.

⑤ PEPLER D J, RUBIN K H. The Play of Children: Current Theory and Research[M]. Basel: Karger, 1982.

⑥ 同①132.

⑦ 同③.

评价和制订进一步的计划①。对于成人来说，要以维果茨基的最近发展区为参照适时且适当地干预，过早会破坏幼儿的自主发现，过晚又会消磨幼儿的探究积极性，这对成人理解游戏与幼儿提出了要求。研究发现，父母更关注幼儿的独立游戏，所以学校（幼儿园）必须帮助幼儿建立同伴关系②，与同龄人而非已经社会化的成人进行交往，更能够促进对人际关系的了解和能力的提高。

幼儿是会乐于选择、讨论和计划游戏的，何不让幼儿学会面对更多的材料、反思自己的选择呢？研究表明，在没有成人在场的情况下，4～5 岁儿童在游戏中会表现出一系列纯熟的行为，具有就游戏中的角色、计划、动作及物品进行协商的方法。但是，这并不是一味强调让儿童与同伴互动，因为熟练的教师通过自身的参与可以扩展儿童的学习，同时能够对儿童进行评价，从而为循环改进课程设计提供反馈③。一方面，成人需要努力做到不打断儿童的游戏活动，做到支持而不是接管或向别的方向引导甚至以某种方式控制游戏；另一方面，要结合游戏内容更加自然地适时从游戏中撤出④。成人必须要明确自己实施干预的必要性和目的、时机、方法，避免一时兴起的“进入”，让游戏“变味”。

---

① 莫伊蕾斯. 游戏的卓越性[M]. 刘峰峰，宋芳，译. 北京：北京师范大学出版社，2010：88.

② SUTTON-SMITH B. Toys as Culture[M]. New York: Gardner Press, 1986.

③ 本内特，伍德，罗格斯. 通过游戏来教：教师观念与课堂实践[M]. 刘焱，刘峰峰，译. 北京：北京师范大学出版社，2010：13.

④ 佛罗斯特，沃瑟姆，赖费尔. 游戏与儿童发展[M]. 唐晓娟，张胤，史明洁，译. 北京：机械工业出版社，2015：216.

第五章

幼儿园班本化生态课程的整体化设计

以幼儿身心全面和谐发展为价值追求，基于教育生态学的视角，将“人与自然”“人与社会”“人与自我”三重生态作为课程设计的出发点，贯彻落实“班本化”“游戏化”理念，本章将对班本化生态课程进行整体设计，以明确其目标体系、内容主题、实施过程，以及评价活动。

第一节 课程目标体系的建构

基于生态理念和班本化的思想，先明确三重生态课程的总目标，再进一步从五大领域上分别聚焦“人与自然”“人与社会”“人与自我”课程的教育目标。

一、三重生态课程的总目标

置身于由多种因素构成的生态系统中的幼儿，其发展目标应具有融合性、差异性、渐进性。如表5-1所示，将课程总目标归结为“好奇好问”“积极专注”“合作探究”“想象创造”四个维度，重点关注幼儿在游戏体验中的发展，同时区分不同年段的发展层级特点。从起初的好奇心，到探究中的专注与交流，再到从眼前物、手中事拓展开来的内心体验和发散思维，总目标强调了幼儿的学习品质与可持续发展能力，其间涵盖了幼儿与物质世界和符号世界的互动、幼儿的人际交往与文化生活，以及幼儿对自己与他人的生理与心理的认识。

表 5-1　三重生态课程的总目标

年龄段	维度			
	好奇好问（有趣地做）	积极专注（自然地看）	合作探究（生态地玩）	想象创造（大胆地说）
3～4岁（小班）	1. 喜欢接触大自然，对周围的很多事物和现象感兴趣； 2. 愿意摆弄物品，说出自己的发现	1. 能主动运用多种感官观察事物，学习观察的方法； 2. 自发模仿别人，愿意参加活动，选择自己喜欢的材料，用自己的方法玩； 3. 在活动中如遇干扰，能在教师的帮助下回到活动中来	1. 遇到问题，愿意向同伴或教师寻求帮助； 2. 能与同伴交流自己的发现、探索观察和方法； 3. 尝试用简单的工具和材料进行实验探索； 4. 简单说出自己的行为	1. 常常能产生联想，乐于依据熟悉的事物、故事、动画形象等进行想象创造； 2. 能够联系自己的想象边说边玩； 3. 喜欢玩新材料或新内容，愿意试试新玩法
4～5岁（中班）	1. 喜欢接触新事物，经常问一些与新事物有关的问题； 2. 常常动手动脑探索物体和材料，并乐在其中； 3. 自己选择活动，能记住活动的目标并努力实现	1. 主动说出自己想要参与的活动； 2. 能够快速投入活动中； 3. 活动中偶尔受外界无关刺激的影响，但是最终无需提醒也能回到活动中	1. 能对事物或者现象进行观察比较； 2. 遇到困难，自己先尝试解决，未果，找教师或同伴帮助解决； 3. 能具体说出自己用了什么方法	1. 在活动中能使用创造性工具； 2. 能运用绘画与手工制作等表征形式来表现自己观察或想象的事； 3. 能根据观察结果提出问题，并大胆创造想象
5～6岁（大班）	1. 对自己感兴趣的问题总是刨根问底； 2. 能经常动手动脑寻找问题的答案； 3. 探索中有所发现时感到兴奋和满足	1. 询问很多有关活动的问题； 2. 能迅速或兴奋地投入活动过程，不受外界的干扰； 3. 能够在没有鼓励的情况下，坚持完成任务	1. 在与同伴协商的前提下，自主选择活动或决定玩什么主题； 2. 在活动中遇到困难时，自己尝试多种方法解决，或向教师寻求意见或帮助，再自己尝试解决； 3. 愿意在探究中与他人合作并交流	1. 在活动中能以多种形式创造性地使用工具； 2. 能清楚地说出自己的方法以及使用这种方法的原因； 3. 能用多种工具、材料或不同的表现手法表达自己的感受和想象

二、“人与自然”课程的教育目标

“人与自然”课程致力于让幼儿认识自己所身处的物质世界与符号世界，以及自己与自然的关系。求知欲和探索欲是幼儿了解自然的前提，而观察世界、研究事物的方法对于幼儿有效探究至关重要，幼儿通过互动、体验满足了对直观经验的需求，也会发现自己的行为变化可能会引起自然世界的变化，同时在反省抽象中逐步进入符号世界中。

参考《指南》对幼儿学习与发展目标的相关阐述，从五大领域对三个不同年段的幼儿在“人与自然”课程上的教育目标做简要凝练概述，参见表 5-2。

表 5-2 “人与自然”课程的教育目标

维度	年龄段		
	3～4 岁(小班)	4～5 岁(中班)	5～6 岁(大班)
健康	1. 具有健康的体态，能在较热或较冷的户外环境中活动； 2. 能够完成短距离或短时间的运动，动作比较灵活、协调	1. 具有健康的体态，能在较热或较冷的户外环境中连续活动半小时左右； 2. 能够完成一些对平衡力和协调性有一定要求的动作	1. 具有健康的体态，能在较热或较冷的户外环境中连续活动半小时以上； 2. 能够根据环境的需求做出适当的反应，动作灵活、协调
语言	1. 能够听懂、回应日常会话； 2. 愿意并能大致表达自己的想法，在成人的提醒下能表现出文明用语； 3. 对阅读和书面表达有兴趣，尽管能力非常有限	1. 能够在日常会话中提取信息、根据语气语调感受意思； 2. 愿意并能相对完整、连贯地与他人交谈、表达自己，根据场合主动使用礼貌用语； 3. 能够在阅读时基本理解意思并愿意分享，能用图画和符号表达自己的愿望和想法	1. 能够在会话中学会倾听、主动提问，并结合情境理解一些相对复杂的句子； 2. 愿意并能清楚、连贯、生动地与他人交谈、表达自己，根据场合与对象调整用语； 3. 能够专注地阅读并理解主旨和猜想情节发展，能用图画和符号表现事物或故事
社会	1. 愿意与朋友、熟悉的长辈交往，能在成人的指导下减少或化解冲突； 2. 在成人的提醒下能遵守基本的行为规范	1. 喜欢与朋友、长辈交往，愿意在同伴活动中分享、听取意见； 2. 感受规则的意义，能遵守基本的行为规范	1. 喜欢结交朋友并有自己的好朋友，愿意与他人分享，能在同伴活动中共同克服困难、协调冲突、化解矛盾意见； 2. 理解规则的意义，主动遵守基本的行为规范

续表

<table>
<tr><th rowspan="2">维度</th><th colspan="3">年龄段</th></tr>
<tr><th>3～4 岁(小班)</th><th>4～5 岁(中班)</th><th>5～6 岁(大班)</th></tr>
<tr><td>科学</td><td>1. 对周围事物感兴趣,会用多种感官或动作探索事物,获得认识;
2. 感知周围的动植物、物体和材料、自然气候,及其与自身的关系;
3. 感受生活中的数、量、形状、空间方位等数学现象</td><td>1. 喜欢接触新事物并乐于探索,会通过简单的观察、比较、调查来获取信息;
2. 感知并进一步认识动植物的生长、物体和材料的性质用途、物理现象,及其与自身的关系;
3. 在指导下,能用数学的眼光看待并描述生活中的物体、现象等</td><td>1. 对感兴趣的问题刨根问底,经常动手动脑探究并从中获得满足感,会通过相对有计划、有系统性的方法来获取信息;
2. 了解动植物的生存方式与环境、常见物体结构与功能的关系、物理现象发生的原因,知道尊重生命和保护环境;
3. 能够在生活中运用数学解决一些问题</td></tr>
<tr><td>艺术</td><td>1. 喜欢看、听自然界中的事物和艺术作品;
2. 喜欢进行艺术表达,会进行声音与动作的模仿和简单的线条与色彩描绘</td><td>1. 懂得欣赏自然界中美的事物和艺术作品;
2. 愿意参与艺术活动,能用相对准确的艺术表达抒发自己的情感</td><td>1. 乐于收集、模仿自然界中美的事物,在艺术欣赏中愿意表达自己的美感体验;
2. 积极参与艺术活动并善于表现自己,能运用艺术美化生活</td></tr>
</table>

三、"人与社会"课程的教育目标

"人与社会"课程致力于让幼儿提高人际交往能力,了解并融入自己周围的文化生活。随着幼儿活动范围的扩大,他们将接触更多不同的同伴、成人,并感受可能与自己先前所处环境完全不同的生活。环境的改变带来了人际关系的转换,这对幼儿的情绪稳定、社会适应、行为规范、沟通交往和角色定位等方面的能力提出了更多的要求。

参考《指南》对幼儿学习与发展目标的相关阐述,从五大领域对三个不同年段的幼儿在"人与社会"课程上的教育目标做简要凝练的概述,参见表 5-3。

表 5-3 "人与社会"课程的教育目标

<table>
<tr><th rowspan="2">维度</th><th colspan="3">年龄段</th></tr>
<tr><th>3～4 岁(小班)</th><th>4～5 岁(中班)</th><th>5～6 岁(大班)</th></tr>
<tr><td>健康</td><td>1. 情绪比较稳定,能够接受成人的安抚;
2. 能在帮助下较快适应集体生活;
3. 能在提醒和帮助下远离或脱离危险情境</td><td>1. 经常保持良好的情绪,能在成人的提醒下调整情绪,愿意向亲近的人分享情绪;
2. 能较快适应人际环境中的变化;
3. 能够主动识别、规避危险,知道简单的求助方式</td><td>1. 经常保持良好的情绪,知道自己产生情绪的原因,知道如何表达和转换情绪;
2. 能较快融入新的人际关系环境;
3. 知道并能遵守基本的安全规则、交通规则等</td></tr>
</table>

续表

维度	年龄段		
	3～4 岁(小班)	4～5 岁(中班)	5～6 岁(大班)
语言	1. 能够听懂、回应日常会话； 2. 愿意并能大致表达自己的想法，在成人的提醒下能表现出文明用语； 3. 对阅读和书面表达有兴趣，尽管能力非常有限	1. 能够在日常会话中提取信息、根据语气语调感受意思； 2. 愿意并能相对完整、连贯地与他人交谈、表达自己，根据场合主动使用礼貌用语； 3. 能够在阅读时基本理解意思并愿意分享，能用图画和符号表达自己的愿望和想法	1. 能够在会话中学会倾听、主动提问，并结合情境理解一些相对复杂的句子； 2. 愿意并能清楚、连贯、生动地与他人交谈、表达自己，根据场合与对象的差异调整用语； 3. 能够专注地阅读并理解主旨、猜想情节发展，能用图画和符号表现事物或故事
社会	1. 愿意与朋友、熟悉的长辈交往，能在成人的指导下减少或化解冲突； 2. 懂得尊重长辈，了解他人的情绪； 3. 体会自己是家庭的一员，对群体生活感兴趣； 4. 在成人的提醒下能遵守基本的行为规范	1. 喜欢与朋友、长辈交往，愿意在同伴活动中分享、听取意见； 2. 懂得感恩长辈，能关心他人的情绪； 3. 喜欢自己所在的幼儿园和班级，愿意主动参加群体活动； 4. 感受规则的意义，能遵守基本的行为规范	1. 喜欢结交朋友并有自己的好朋友，愿意与他人分享意见，能在同伴活动中共同克服困难、协调冲突、化解矛盾意见； 2. 懂得尊重他人的付出以及人与人之间的差异； 3. 享受群体活动，愿意为集体做事，对家乡和国家有归属感； 4. 理解规则的意义，主动遵守基本的行为规范
科学	1. 对周围事物感兴趣，会用多种感官或动作探索事物，获得认识； 2. 感受生活中的数、量、形状、空间方位等数学现象	1. 喜欢接触新事物并乐于探索，会通过简单的观察、比较、调查来获取信息； 2. 在指导下，能用数学的眼光看待并描述生活中的物体、现象等	1. 对感兴趣的问题刨根问底，经常动手动脑探究并从中获得满足感，会通过相对有计划、有系统性的方法来获取信息； 2. 能够在生活中运用数学解决一些问题
艺术	1. 喜欢看、听艺术作品； 2. 喜欢进行艺术表达，会进行声音与动作的模仿和简单的线条与色彩描绘	1. 懂得欣赏艺术作品； 2. 愿意参与艺术活动，能用相对准确的艺术表达抒发自己的情感	1. 乐于收集、模仿美的事物，在艺术欣赏中愿意表达自己的美感体验； 2. 积极参与艺术活动并善于表现自己，能运用艺术美化生活

四、"人与自我"课程的教育目标

"人与自我"课程致力于让幼儿对自己的生理与心理发展有深入的认识。幼儿在活动中会感受到自身身体机能的变化，对身体的力量控制、平衡协调等能力有更清晰的认识；在人际互动中，他们将获得不同程度的多样的情感体验，逐步形成待人处事与自我理解的稳定态度。

参考《指南》对幼儿学习与发展目标的相关阐述，从五大领域对三个不同年段的幼儿在"人与自我"课程上的教育目标做简要凝练的概述，参见表5-4。

表5-4 "人与自我"课程的教育目标

维度	年龄段		
	3～4岁(小班)	4～5岁(中班)	5～6岁(大班)
健康	1. 情绪比较稳定，能够接受成人的安抚； 2. 能在帮助下较快适应集体生活； 3. 能够在提醒或帮助下表现出良好的生活与卫生习惯	1. 经常保持良好的情绪，能在成人的提醒下调整情绪，愿意向亲近的人分享情绪； 2. 能较快适应人际环境中的变化； 3. 能够表现出良好的生活与卫生习惯，有时需要提醒或帮助	1. 经常保持良好的情绪，知道自己产生情绪的原因，知道如何表达和转换情绪； 2. 能较快融入新的人际关系环境； 3. 能主动表现出良好的生活与卫生习惯
语言	1. 能够听懂、回应日常会话； 2. 愿意并能大致表达自己的想法，在成人的提醒下能表现出文明用语； 3. 对阅读和书面表达有兴趣，尽管能力非常有限	1. 能够在日常会话中提取信息、根据语气语调感受意思； 2. 愿意并能相对完整、连贯地与他人交谈、表达自己，根据场合主动使用礼貌用语； 3. 能够在阅读时基本理解意思并愿意分享，能用图画和符号表达自己的愿望和想法	1. 能够在会话中学会倾听、主动提问，并结合情境理解一些相对复杂的句子； 2. 愿意并能清楚、连贯、生动地与他人交谈、表达自己，根据场合与对象的差异调整用语； 3. 能够专注地阅读并理解主旨、猜想情节发展，能用图画和符号表现事物或故事
社会	1. 愿意与朋友、熟悉的长辈交往，能在成人的指导下减少或化解冲突； 2. 会自己选择、乐于承担一些小活动，会对自己的成果感到高兴	1. 喜欢与朋友、长辈交往，愿意在同伴活动中分享、听取意见； 2. 会按自己的想法敢于尝试一些活动，自己的事情尽量自己做，会认可自己的优点	1. 喜欢结交朋友并有自己的好朋友，愿意与他人分享意见，能在同伴活动中共同克服困难、协调冲突、化解矛盾意见； 2. 会主动发起、承担活动或任务，敢于挑战并通过努力克服困难

续表

维度	年龄段		
	3～4岁(小班)	4～5岁(中班)	5～6岁(大班)
科学	对周围事物感兴趣,会用多种感官或动作探索事物,获得认识	喜欢接触新事物并乐于探索,会通过简单的观察、比较、调查来获取信息	对感兴趣的问题刨根问底,经常动手动脑探究并从中获得满足感,会通过相对有计划、有系统性的方法来获取信息
艺术	1. 喜欢看、听艺术作品; 2. 喜欢进行艺术表达,会进行声音与动作的模仿和简单的线条与色彩描绘	1. 懂得欣赏艺术作品; 2. 愿意参与艺术活动,能用相对准确的艺术表达抒发自己的情感	1. 乐于收集、模仿美的事物,在艺术欣赏中愿意表达自己的美感体验; 2. 积极参与艺术活动并善于表现自己,能运用艺术美化生活

以上对三重生态课程教育目标的单独阐释体现了各自的侧重点,根据课程具体设置时的主题,其课程目标也可能出现变化。同时,这只是对课程目标的概述,还有待于进一步具体化,而只有将这三重生态课程视为一个完整的课程体系,才能真正实现幼儿的身心全面和谐发展。

第二节　课程内容主题的选择

为实现课程目标,需关注幼儿生活,多角度开发课程资源,并根据幼儿的实际情况以及群体、个体差异对课程内容主题进行筛选、确定,以及持续优化。

一、课程资源的多重开发

具体而言,可以包括但不限于这样几种方式:以幼儿生活经验为导向的动态生成开发;抓住一日生活中偶发事件的随机性开发;围绕主题活动的线性开发;以“全收获”理念为线索的综合性开发。

(一) 以幼儿生活经验为导向的动态生成开发

幼儿已有的知识、生活经验、思想认识以及幼儿在学习过程中的言行,如幼儿发表的意见、提出的问题、甚至错误的回答等,都可以转化为教学资源。贴近幼儿生活的课程资源是幼儿主动学习的基础。教师要善于捕捉这一动态生成的课程资源。下面以“成长小路”为例，说明以幼儿生活体验为导向的课程资源开发过程。

案例一

成长小路

在我们幼儿园的大门东侧有一条与众不同的小路，这条小路，从构思，到设计，到“生长”，它到底经历了什么？

在一次户外散步时，中4班的孩子们在不经意间发现园门东侧有一条被杂乱灌木遮挡着的下水道。周边的灌木高低不整，错落不齐，孩子们根本无法进去一探究竟。回到教室，孩子们七嘴八舌议论开来。童童说：“这个下水道应该调整下，重做条小路！”丁丁挠着头说：“这可是下水道，调整得需要园长妈妈的支持。”“我觉得水管从小路下边走，上面还能让我们玩耍。”智多星丽丽转了下眼珠说：“对，我们一起去跟园长妈妈说，重新设计这条小路，让它与我们一起游戏。”孩子们的想法特别好，因为在建构课程中，我们首先要持有儿童立场，研究儿童、发现儿童、引领儿童，要为儿童这种自主发展创造建构适合儿童生长、助力儿童发展的课程。

儿童生命的成长、发展是一个动态持续的过程。这路怎么变，变成什么样的，还得让孩子们商量。接下来的一段时间，孩子们一有空就是分组商量小路的修改方案，回家还与自己的家人一起来画小路的设计图。每个孩子的想法都不一样，有的说要铺鹅卵石，赤脚玩还能按摩放松；有的说要铺玻璃路，玻璃下方可饲养小鱼；有的说要铺大理石路，漂亮平整……后来，经过孩子们的商量，觉得可以一段路面用一种材料。那小路铺成什么样的造型呢？孩子们商量后认为应该将各组的方案公示，由大家投票决定。最终Z型票数最多，孩子们的投票原因也很简单，弯曲的路面及不同材料间隔的铺设不容易施工。孩子们的想法，打破了成人眼里对环境资源利用的传统模式，经过行政的研讨，也一致认为Z型多种材料路面的铺设方案是可行的，在征得区镇领导的同意后，暑假一放假我们就安排工程队按照孩子们的方案进行施工，确保在新学期初小路能与孩子们见面。

后来，这里果然成为孩子们喜欢的游戏天地。小路贴近孩子的生活，蕴含着丰富有趣的课程资源。多样形态、多元开放、自主选择的课程结构，更需要多元主体的参与、合作与促进。教师采用自主、合作、探究的课程实施方式，扬童心、葆童真、激童趣，让课程成为儿童喜欢、需要的个性成长摇篮。主题活动《我和小路做朋友》更是如火如荼地开展着，全园越来越多的孩子关注起了这条小路，和老师交流自己的设想。他们为这条小路取名。“成长小路”“幸福之路”“星光大道”……孩子们的取名各有千秋。经过一段时间的“沉淀”和再构思，“成长小路”有了路名与路标后，孩子们觉得还应该给每段不同的小路设计路名与路标。因为有了前期的经验，孩子们这次活动开展得颇为顺利。孩子们觉得是金港幼儿园的小路，应该都姓“金”，为此延伸出金字辈的路段名。当然，他们的名字都是有一定内涵与寓意的，如：金太阳路，金光芒路……活动中，我们发现幼儿生来就是一个个思考家，他们知道自己需要什么，想要的活动是怎样的，游戏怎样更好玩，材料怎样更有效，场地怎么规划更合理……教师只需重视儿童的主体参与、合作和思考，重视培养他们的创新精神和实践能力，因为幼儿会用行动告诉你：什么叫好玩，什么叫挑战。石板上的花纹与数字，让这条小路又有了新的文化传承。游戏要走向高品质，需要教师深入游戏现场，认真分析幼儿在游戏中的想法与观点，通过支持儿童去尝试或提出更有深度的问题并让儿童去探究，将儿童游戏引向深入，使其从中获得更有意义的学习。教师关注到“小路”这一信息后，提供了纸笔，让孩子结伴去找寻幼儿园的小路朋友。有的孩子在小 2 班西边操场找到了花岗岩的小路，有的孩子在食堂旁边找到了鹅卵石的小路，有的孩子在幼儿园种植园找到了方砖小路……“寻找小路朋友”的亲子互动也赋予了这条“小路”更广阔的意义。

当深入观察儿童时，我们会发现，幼儿园课程内容的来源紧紧与儿童的生活相联系，儿童是天然的生活能手，他们在获取知识的道路上并没有成人们想象的那么复杂，他们会一直用行动来获取知识，问题解决的能力也会在行动中不知不觉地形成。一天睿睿那组小朋友把球带到了小路上进行拍球游戏。只见一群小家伙在一边嘀咕：“这球一着地就蹦不起来了。”（周围鹅卵石铺地）“不会吧，肯定你力气小，使劲！”（周围大理石铺地）“用力还是只能跳起一点点。”他们的对话引起了大家的关注。孩子们为了验证，拿了球、纸和笔进行了实验记录。实验结果显示：大理石、玻璃等平滑的材料上用力小，拍球轻松，球跳得高。在鹅卵石、盲道石上用力大，但是球跳得很低。

“成长小路”的故事还在不断延续，它是课程资源开发利用的冰山一角。应当继续遵循“孩子在前，课程在先”的原则，拓宽思维，充分挖掘利用资源，展开多类别化的活动，形成多模式的教育形式，让孩子享受不一样的成长体验。

（二）抓住一日生活中偶发事件的随机性开发

依据2017年2月江苏省学前教育研学中心制定的《江苏省幼儿园课程游戏化项目实施要求（试行稿）》中“关注生活的教育价值”这一方面，可以发现幼儿教育对“生活”的重视程度是前所未有的，其中要求教师能够依据《指南》分析幼儿园一日生活的各个环节，把握各环节中幼儿学习与发展的契机，洞察各环节可能给幼儿带来的活动和经验，使一日生活各环节发挥整体的发展价值，促进幼儿的整体发展，避免只关注集体教学的现象。这就要求教师应提高对幼儿生活的敏感性，对幼儿兴趣和需要的敏感性。而偶发事件恰恰是促进幼儿经验生长的巧妙的课程资源。偶发事件发生时或许并未受到重视，但若干年以后，幼儿成长成才了，回望来时路，才蓦然发现是某一事件的激发使其产生质的变化的，出发的起点竟是那不经意的一件小事。它具有很大的随机性，一次简单的问候，一个温暖的拥抱，一个会心的微笑，一场表演的成功，一次比赛的胜负，一段走心的对话，一次恰如其分的表扬，等等，都有可能成为幼儿学习与成长过程中的偶发事件。如何抓住偶发课程资源的价值，激发幼儿潜能，挖掘幼儿潜力，使幼儿生长的可能性最大化，是教育工作者需要认真研究的一项重大课题。

接下来以一个偶然的小故事——“不能‘看’的秘密”，来谈一谈“教师是如何抓住一日生活中偶发课程资源的教育价值”的。

案例二

不能“看”的秘密

在一次午休时间里，中3班的小旭睡着睡着突然坐起来，他在床上辗转着，李老师询问时，他才小声地说：“我不小心尿在床上了。”这时候，李老师一边轻声安慰着：“没关系的宝贝。”一边带着他到盥洗室换衣物。可是这时候，小旭满脸羞愧地告诉老师他不愿意更换。李老师觉得很纳闷，于是就耐心地和小旭进行沟通。原来小旭是因为觉得很羞脸，他想自己找个地方来换。知道这一点后，李老师马上尊重了孩子的想法，事情就这样过去了。小旭在换裤子这件事情上已经加深了“我”与“他人”的区别，这时候必要的隐私保护对幼儿的自我体验、自我评价等有积极的意义。

当时，李老师就在想，这件事情不应该就这样结束，是不是在这里也该给孩子一个继续探索的机会呢？于是，李老师将这个问题提上了话题点。朵朵说："我会觉得不太好意思。"晨晨说："被人看到很羞羞脸的。"睿睿说："我换裤子的时候，会被其他人笑话。"小涵说："我不想被别人发现。"李老师又继续听听孩子的建议。小宇说："我觉得可以有一个房间让我们来换。"雯雯说："可以躲在娃娃家里，那里有衣柜，方便一点。"晨晨说："到厕所里摆一张床去换，这样就不怕啦！"元元说："我在妈妈逛街的商场里看到有衣帽室，我们可以造一个这样的。"有了这样的想法，孩子们开始进行投票。最后，"造一个更衣室"的想法取得了孩子们的青睐。大家开始实地勘察、进行选址，最终都觉得"阅读角"是最适合建更衣室的地方。

孩子们从建构区搬来了"砖头"，墙是呈现出来了，但人还没进去就倒了！看来，用"砖头"砌墙围成更衣室这样的想法还是行不通。他们回家以后又询问了家人。昊昊爸爸还带来了 PVC 管子。通过再一次地尝试，孩子们又发现了利用 PVC 管子做成的"更衣室"虽然能够产生一定的私密空间，但是太矮了，这样的更衣室也不太合适。在建造属于自己私密空间的过程中，从轻巧的纸质"砖块"到能稳固站牢的 PVC 管架子，虽然都以失败告终，但是孩子们勇于尝试、不轻易求助，还有了新的发现。同时，在此过程他们的垒高、围合技能得到了发展，也懂得了比较。这正是《指南》科学领域中所要求的："支持和鼓励幼儿大胆联想、猜测问题的答案，并设法验证。"

就在大家都想不出新的办法的时候，李老师问道："孩子们，你见过换衣服的地方是什么样的？可以和爸爸妈妈去外面的地方看一看、拍一拍哦！"孩子们纷纷进行实地的走访，发现家里、商场里、乐园里的更衣室的特点。聪明的孩子们马上想到要用帘子做更衣室的方案。为了这个专属的"更衣间"，孩子们算是动足了脑筋，想到了用测量的方式来获取长短、用手里的画笔让它变得更加美观，最后插上一根杆子，认真地扣好扣子，一起抬、一起装上帘子。在一番努力过后，成品终于出炉了！孩子们欢呼雀跃、拍手祝贺。精神分析学说指出，充满安全感的亲子或师幼关系能让幼儿体验到爱与信任，能促使幼儿形成更为牢固广泛的人际关系。李老师适时地介入又让这件事情顺利地发展下去。在此期间，他们学会了测量、加工并美化，积累了数学领域"长度与单位等量替换关系"的关键经验。

更衣室的帘子正式进入试用期，他们时常会光顾这里，但是事情是否就这样顺利呢？情况一：瑞瑞抱着衣服想进更衣室换，结果撞上朵朵正坐在里面换裤子。朵朵很生气。看来，新的问题又出现了，到底怎么才能让其他小伙伴知道里面有人呢？孩子们想到了做块提示牌来解决这个问题！一块可翻转的提示牌，一面代表的是“里面有人”，一面代表的是“里面无人”。情况二：晶晶投诉，更衣室使用的人越来越多，即使排队，等待的时间也很长。于是，他们又开始了新一轮的探讨。最后他们提出更衣室可以分为男孩室和女孩室，于是他们又开始行动。《指南》社会领域中目标4指出“关心尊重他人”。案例中幼儿已能分辨“有人”和“无人”时的不同行为，知道打扰别人是件不礼貌的事情，并能迁移生活经验与同伴协商制订简要的规则。在生成出指示牌的基础上又分成了男女的更衣室，达成了更高一层的发展目标，这也正符合美国《幼儿学习环境评量表》所提出的：“要给幼儿留有私密的空间，而且不止一个”的目标要求。

一件“尿裤子事件”触发了教师和孩子一次次深入地思考、探讨。正是教师关注了一日活动中偶发事件的教育价值，转化为有效的课程资源，关注了幼儿性别意识、隐私需要、自尊心建立等维度，才有了这样丰富而深入的课程故事。

（三）围绕主题活动的线性开发

对以主题为线索的课程资源开发，我们采用“预设目标—收集素材—确定内容”的步骤来进行。如，在主题活动“走进西游”中，我们的做法是：前期调查—确定目标—丰富有关西游人物的知识和经验—萌发探索西游人物和故事的兴趣和愿望—收集各种武器和道具，通过审议课程，从环境到课程到区域，再到游戏，孩子们的想象力、思考力和创造力在环境上呈现出丰富的层次。

案例三

走进西游

大2班的老师给孩子们讲了《大闹天宫》的故事，当时孩子们就特别感兴趣。刚好每年的春季是我们的阅读季。阅读季开幕前，老师先在班里询问了孩子们最喜欢哪个故事，大部分孩子都喜欢上学期讲的《西游记》。其中鲜明的人物形象、生动的故事情节，深深地吸引着每一个幼儿。孙悟空的七十二般变化、各路神仙妖怪使用的宝贝能激发幼儿无穷的想象，孙悟空的机智勇敢、沙僧的忠肝义胆、唐僧的锲而不舍以及四个人一路走来的相互合作、不离不弃的精神也能给孩子带来最励志的鼓舞。因此，老师和孩子们开始进行班内策划。教师从“关于《西游记》，你知道些什么？”这一问题入手，深入开展了一场为期三周的主题活动。《西游记》的故事内容有很多，那么到底选取哪些经典的人物与情节，孩子们更感兴趣呢？老师前期下发了调查表——你最喜欢的人物是谁？最喜欢哪一集的故事？经过孩子们的统计，发现孙悟空的票数有39票，唐僧的票数有20票，猪八戒的票数是9票，沙和尚的票数是3票。最喜欢的故事中《三打白骨精》有29票，《大闹天宫》有28票，《错坠盘丝洞》有18票。大班组的老师们也在一起进行了课程审议。活动始终以孩子的兴趣为出发点，选择适合孩子的教学内容，引导幼儿利用随手可得的资源，装扮成故事人物，进入一个新的学习和发展的情境。在活动的各个环节中，孩子们的积极性都很高。许多孩子通过观看《西游记》的动画片和与家长一起阅读《西游记》中的故事，对《西游记》的情节有了一定的了解。

主题活动的课程资源开发，也同时呈现在了环境创设方面，教师和幼儿一起讨论、动手制作，将每一次活动的作品都呈现在各个区域、主题版面和课程版面上，环境不单是用来看的摆设，还是可互动的、"会说话"的环境，是幼儿每一次成长与发展的足迹。如在语言区中生成了关于《西游记》人物的书签、图书和连环画，还将每一集的故事利用皮影戏的形式呈现出来。随着主题的深入，幼儿还尝试将解读用思维导图、精读片段等多种形式呈现在课程版面上；结合美术活动，又组织了"盘丝洞里的妖魔鬼怪""粘面人""美猴王""编织蜘蛛网"等美术和手工活动；科学区中设置"火山爆发""造纸术""西游社区——理解事物的数量关系"等科普活动；建构区中幼儿通过创造想象搭建西游场景和九层妖塔；表演区上演着精彩的《西游记》片段，如《蟠桃会大圣偷丹》《盘丝洞救出唐僧》等。从环境到课程到区域，再到游戏里，孩子们的想象力、思考力和创造力在环境上呈现出丰富的层次。孩子们在这样有特色的环境中更能投入各项游戏活动中。

围绕主题活动的开发，不仅主题活动本身是孩子们的课程资源，孩子们内心想法的表达、延伸而成的新活动等都成了隐性的资源，成了孩子们学习品质的评价与呈现。教师引导着幼儿一步步追随他们学习发展的轨迹并不断调整，既为幼儿提供了经验建构的多样化机会，而且也为教师带来更多弹性，去关注空间、材料、内容等怎样基于幼儿发展提供更好的帮助与支持。这种"角色""意识""行为""策略"转变的背后，让我们看到了教师教育理念、儿童观、课程观的悄然改变，让我们的教育变得更有意义和价值。

(四) 以"全收获"理念为线索的综合性开发

对于种植资源的开发，主要采用"全收获"为线索的综合性开发的方式。"全收获”的“全”是指多层次、多方面、多主体，说明种植不只是让幼儿有收获，不只是获得食物。“全收获”理念指导下的种植活动意味着种植能给幼儿带来多样化的活动和多方面的经验，还能促进教师、家长等成人的专业发展。结合我园地处农村的优势，我们在园内为每个班都开辟了一块种植园地，给幼儿提供操作和实践的场地，利用与幼儿生活密不可分且幼儿熟悉的植物作为幼儿探索的对象，引导幼儿对身边植物的生长过程和生长规律进行主动探究，从而形成良好的情感和态度，掌握相关的科学方法，获得关于科学世界、生活世界、语言世界、社会情感等综合性经验。

案例四

水稻种植

水稻的生长从 5 月到 10 月，从播种到收割需要 6 个月左右的时间，其间包括两个月的暑假时间。那么，如何让幼儿能够观察水稻不同时期的生长情况呢?为了保证对水稻的观察的连续性和整体性，暑假期间，班级老师发动家长和孩子一起进行管理水稻的活动，家长定期陪孩子照顾水稻。为了支持幼儿进行有效观察，我们提供了可能用到的工具，如尺子、笔、剪刀、绳子、记录卡、木棒等，大家给水稻灌水、除草、测量水稻的身高、制作标记图、观察记录水稻的生长过程。最后，幼儿形成了一本本属于他们自己的观察日记，记录下来他们与水稻之间的故事。班里有位家长用微信记录下了孩子的心情，暑假台风刚过，孩子担心种植园地的水稻是不是给风雨刮倒了，第二天就和爸爸一起去幼儿园查看水稻。在这样一件件小事中，水稻渐渐成了孩子们生活中的一部分。孩子们也获得了宝贵的知识经验。

在课程进行的过程中，我们将幼儿的兴趣点以及在参与照顾水稻的过程中遇到的问题进行拓展。如小朋友在观察水稻的时候发现水稻的叶子上有一个一个小洞洞，有的叶子变白了，孩子们着急的询问:“水稻怎么了?”发现这一问题后，小朋友们进行各种猜测，有的说小鸟来啄的，有的说虫子咬的……小朋友们记录下了自己的观察，一起交流讨论“水稻生病了怎么办?”有的孩子说，一起把虫子捉掉，水稻就有力气了。最后在询问家长的过程中孩子们得知，水稻生病要打专门治病的药水，而医院里没有治水稻生病的药水，这种药水大家称为“农药”，农药有毒，要在专门的商店购买。随后，如何给水稻打药水?打药水需要哪些工具？这些工具是什么样的？面对这些问题，处在城市化农村的孩子也是特别好奇，于是还生成了科学活动“有用的农用工具”、绘本活动“稻子在长大”、劳作活动“我们来除草”等等。

在活动进行的过程中，遇到了很多问题，但是教师和孩子们一起针对问题，利用身边可利用的资源一一解答。例如，插秧前需要整田，整田也是有讲究的，田埂整不好，水稻田容易漏水甚至不能蓄水。我们请来了班内小朋友的奶奶帮忙，孩子们在稻田旁看奶奶用锄头和钉耙筑田埂，将水稻田整平整，奶奶还让孩子们穿上雨鞋踩田埂，孩子们发现了水稻田四周的高高的田埂是用来蓄水的。解决问题的过程也是课程推进的过程，围绕幼儿的兴趣和需要，巧妙利用身边的资源为课程服务，幼儿在探索和寻求解答的过程中获得了新的知识经验。

不管是以幼儿生活经验为导向的动态生成开发，还是一日生活中偶发事件的随机性开发，还是围绕主题活动的线性开发，亦或是以“全收获”理念贯穿种植活动始终的综合性开发，自始至终都是围绕着课程资源做事情。教师不仅要充分发挥自身和团队的力量探讨资源所具有的教育价值，更要充分调动儿童的积极性，让他们参与到“怎么使用这些资源”的讨论中来，并支持幼儿尝试他们的设想。以往教师眼里“有教材，没孩子”是不对的，如今教师眼里“有资源，没孩子”依然是不可取的。教师不仅要树立资源的收集意识，更要有资源的研究意识，以使资源真正发挥促进幼儿身心全面和谐发展的积极作用。

二、课程内容主题的筛选与优化

生态教育强调幼儿的主体性和体验过程的主动性，从关注知识、关注教师回归到关注幼儿的经验上来。这就意味着课程要回归幼儿，关注幼儿的兴趣点。从兴趣到经验提升的过程，是班本课程实践与生成的过程，需要教师拥有一双善于发现的眼睛，抓住幼儿正在发生或可能发生的活动，有目的地适时引导，紧抓课程内容与幼儿兴趣之间的契合点，做到点状截取，注重体验过程。

一方面，要通过精心观察梳理隐含的课程内容线索。幼儿在一日活动中的随机事件或特定情节，行为和言语上的一些表现，在生活、学习等领域的各种需求等，都可能成为课程的生发点以及课程资源，这就需要教师的教育智慧。班本课程的缘起很多都是通过教师的及时关注和精心观察，发现幼儿不同寻常的各种举动，思考探讨其行为背后的原因及该举动隐含的教育意义，并持续关注幼儿的行为导向，进而生成基于幼儿兴趣及发展需要的班本课程。在课程内容主题的筛选中，“幼儿为先”是重要的衡量标准，而教师则需要对内容深度、广度进行把控。例如，当一名幼儿说起在奶奶家看到母鸡孵了一窝小鸡时，引起了其他幼儿的好奇。教师便从生态教育理念出发，积极建立与生命教育之间的联系，引导幼儿思考“小鸡从哪里来”，进而学会关注自然中的小动物。在问题探讨的基础上，师幼共同跟进，经历“调查认识受精蛋—尝试孵蛋—饲养小鸡—照料小鸡”等阶段，开展集体活动和游戏活动，由此形成生态课程“小鸡从哪里来”，通过感知人与自然的共生与平等，引发幼儿对生命的爱护。

另一方面，要善于觉察生长契机，课程内容是需要在实施中得以不断完善的。因此，教师应以生态教育理念为依托，给予幼儿积极回应，动态并全面地关注幼儿的经验生长，支持他们拓展活动内容。比如，在课程“小鸡从哪里来”中，很多幼儿想体验孵蛋。有幼儿提出：“为什么我们平时吃的蛋里没有小鸡？什么样的蛋才能孵出小鸡来？”这时，教师并没有急于告诉幼儿答案，而是组织幼儿进行讨论，并开展亲子大调查，鼓励幼儿采访身边的“专业人士”，最后将幼儿的调查结果串联成相关的知识网络和图谱。随着对受精蛋有了进一步的了解，幼儿想要孵化小鸡的欲望也越来越强烈。这一过程便是基于课程主题对内容的细化与拓展。

第三节　课程实施过程的保障

为保障课程实施的效果，应做到物尽其用、人尽其力、时尽其效。

一、课程实施的物质条件

幼儿与材料的相互作用，是幼儿获得经验的重要途径。无论是集体教学活动还是区域活动、角色游戏和户外游戏，都需要物质做保障。具体而言，园内资源包括自然资源、人力资源、物质资源，园外资源包括自然资源、社会资源和人力资源。

自然资源：自然世界中的各种事物及其构成的生态环境。自然课程资源包括季节、天气、植物、动物、山川、河流、湖泊、地形、地貌及自然环境等。和孩子一同收集自然材料，如芦苇、蒲草、筛子、稻草、种子、植物的根茎叶等，并对材料进行分类，如植物类、沙石类、废旧日用品类，做好标记。并对材料进行再加工，建立材料室，将收集的可以重复使用的材料统一管理，实行资源共享。班级也同样建立了相应的资源库，教师、家长和幼儿共同收集各种低结构的材料，供幼儿随时活动和操作，实现资源共享。

社会资源：香山风景名胜、特产、节日以及2公里以内的幼儿周边的生活资源，兼顾文化性和经验性。“金幼”还与港区派出所、金港消防中队、周边社区等单位联系，将其作为幼儿园社区活动基地，即社会资源。定期组织幼儿到基地观摩、活动，认识梅花、长江鲜、双山特产、后塍黄酒等地域文化产物，通过组织幼儿做市场调查、请家长来园与幼儿互动等方式将资源融入课程内容中，创设一系列具有地方特色的活动。

人力资源：教师和幼儿、家长和有关的社会人员、幼儿教育研究人员和幼儿教育管理人员等。他们是幼儿园资源中的能动力量，是直接和幼儿、课程互动的课程资源要素，也是课程资源开发与利用的主体，决定着课程资源开发与利用的质量和水平。

物质资源：幼儿园中的设施设备、材料玩具、图书图画、影像制品等物品都是幼儿园的主要课程资源。

（一）幼儿园的资源及课程设想

1. 室外环境

室外环境中有花、草、树、木、果实、昆虫、竹子、石头等各种自然资源，可以激发幼儿观察、探索、比较的兴趣和欲望，了解自然物的外形特征和生长规律，还可以作为原材料进行丰富的艺术表现和表达。

- 树叶：开展主题活动“各种各样的树叶”“奇妙的树叶”等。识别常见的树叶种类及树叶的外部特征、功能等，可用于拓印、拼贴、书签制作。

- 花草：观察、比较、探索花草的外形特点和生长规律。主题活动“花花世界”中，花瓣用于拓印拼贴、自制花环、泡花茶、蒸桂花糕，也是孩子绝佳的写生对象。

- 果实：秋天是收获的季节，可以亲自采摘品尝香香的柚子、橘子、梨等果实，描述果实的外形和味道。衍生主题活动“秋日私语”。

- 昆虫：开展主题活动“虫虫俱乐部”。知道常见昆虫的特征和习性，为昆虫写生，制作科学区域材料“昆虫工坊”。

● 棕榈树：比较棕榈树和大树的不同，了解基本外形、特性和用途。通过观察、测量、绘画来发现棕榈树的生长变化，尝试用自然物测量棕榈树的粗细、高矮。给棕榈树起名字，画标记图，把这些名字的来历进行录音，制作成二维码，设计成名片挂在每棵棕榈树上。

● 石头：观察、比较石头的外形特征。同时，可以将其作为一种用于绘画和建构的原材料。

孩子们会发现，户外自然中还有很多好玩的地方。大香樟树变成了树屋，树和树之间拉起了绳网，连桂花树上也缠上了粗粗的绳子，还有水渠连着沙池，蜿蜒的小路紧挨着青青绿茵场，山坡和探秘园里藏着无穷无尽的秘密。得天独厚的自然环境为孩子们带来了不同的感官享受。

● 树屋：幼儿自选梯子、桌椅、轮胎、砖块等材料用以攀爬树屋，在树屋上层望远，投掷沙包。玩累了可以躺在下层的绳网上休息，好朋友隔着帘子说着悄悄话。围绕树屋可以开展主题活动“独特的房子”“各种各样的房子”，幼儿通过观察、写生和建构对树屋、木屋、草屋等不同类型的房子进行探究发现。

● 足球场：中大班幼儿经常开展足球赛或者以球类为主的体育游戏，例如“捕鱼人”；小班幼儿可以在柔软的草坪上爬行和翻滚，开展“捉螃蟹”“网小鱼”的游戏。结合运动月衍生“小小运动员”主题活动，模拟并体验足球运动员比赛和训练的乐趣。

● 沙水池：沙水的结合不仅可以让幼儿观察沙子的外部特征，比较发现其和石子的区别，还可以探索沙水混合的变化和沙水关系。作为一种原材料，沙子在艺术领域用于沙漏、沙画、沙球的制作。幼儿奔跑于沙池迷宫中，用各种感官和沙子亲密接触。可衍生主题活动“小小建筑师”，让孩子自选手推车、小铲子、沙漏、水桶、易拉罐、饼干盒等废旧材料建构沙中城堡。

● 小山坡：孩子们喜欢在山坡上滑草，他们可以推着箱子，带着报纸、硬板纸、泡沫垫，自制滑草工具玩滑草。孩子们不只是在土坡上奔跑、寻找小花小草小虫小石头，他们会想着各种办法爬上去滑下来，想着各种办法比一比谁的滑草工具滑得更稳更快，他们可以自由地欢笑、交流、躲闪、攀爬，练习平衡、合作、比赛……感受着在山坡上不同材质与滑行速度之间的关系。

● 攀爬架：高耸的绳网攀爬架、轮胎攀爬架等。有的绳网被设置在大树上，富有挑战性，有利于发展幼儿的攀爬能力、身体平衡协调能力。攀爬架是挑战攀爬高度的最佳选择，幼儿会互相比一比一分钟之内谁爬的距离最远、最高。在主题活动“攀爬小能手”中，可以设置情境游戏结合绳网完成任务。

● 小树林：穿梭在小树林里，孩子们可以在树与树之间架起吊床，休闲地听着落叶之声，享受着午后阳光，他们可以探秘每棵树之间的距离，在树林里玩起捉迷藏，他们还能用各种材质支起一座座帐篷，不亦乐乎地开展角色游戏。在山坡上，幼儿选择工具箱里的锅、铲、碗，用树叶和石子做食材，在小树林里烧起香香的饭菜。

● 种植园：在主题活动“农夫乐园”“我的农场我做主”中，幼儿戴上草帽，挥舞小铲子，从种植、浇灌、采摘直至清洗和食用，全部亲力亲为。在照料蔬菜瓜果的同时，他们会用画本、尺子、记录表测量和记录蔬菜的生长变化。玩累了，他们坐在昆虫屋用放大镜观察蚂蚁、蜗牛等各类昆虫，有时还把蔬果带回教室，用黄瓜、胡萝卜、土豆切片以后的横截面来创作印画。

● 快乐水系：这学期根据孩子的建议新创的一处户外场地。在这里，孩子们身穿救生衣、防水服，走进蜿蜒清澈的水沟池中捕鱼、抓泥鳅、钓龙虾，他们在里面踩泥、搭桥，生发主题活动“小石桥”“捕鱼小能手”。

● 阳光树屋房：也是本学期新创的一处户外场地，孩子们在阳光树屋房里享受着阳光透过玻璃房照射进树屋里的奇妙。这间阳光房是倚着一棵树而建的，大树贯穿整个玻璃屋，相辅相成，有种与天然搭配，与自然合二为一的感觉。这个地方因为是新建，现在还在和孩子们进行商讨中，未来还会呈现出新的创意和活动。

2. 室内环境

一走进幼儿园大门，城堡一样的建筑格外显眼，这是园舍中最独特的建筑，童话般的城堡建筑是开展生活学习课程的宝贵资源，城堡里分别容纳不同年龄段班级的孩子，在城堡般的建筑里生活学习，对孩子来说也是独特的体验。多功能厅、音乐厅、美工室、木工坊、阅读室等室内活动室宽敞明亮、环境优雅。此外，幼儿园的保健室、工作室、图书角、棋室、食堂等场所，都是室内可利用的资源。

● 生成一系列关于“房子”的探索活动，引发幼儿对不同外观、不同结构、不同国家的建筑产生兴趣。

● 采访幼儿园里不同部门的人，了解幼儿园的生活圈内的职业，知道他们是干什么的。画一画我们的园长妈妈，说一说保育员老师忙碌的一天，比一比哪一位保安叔叔最神气等，养成乐于交往的美好情感，悦纳周围的环境。

● 对生活中的事物感兴趣，猜一猜香喷喷的米饭从哪里来，可口的点心是怎么做出来的，让他们了解生活中许多人为自己服务，从而萌生尊重他人劳动成果的美好情感。

幼儿园目前拥有38个班级，每班设有班级特色、自然角、区域活动、角色游戏区，各班的私密空间、创意美工区颇具个性化，活动室环境格局合理、材料丰富，盥洗室、午睡室非常温馨；主题墙、成长墙、喝水记录等各具特色，中大班还设有天气角、发芽区、签到处、资源库等。班级环境中自然角、语言区、益智区、科学区、生活区、小舞台等区域供幼儿动手操作、发现探究、表达表现；同时还按照孩子的游戏意愿设有娃娃家、理发屋、医院、超市、菜场等场所，有的利用室内空间进行分割，有的利用屋檐、走廊、楼梯下等小角落进行围拢，这些都是幼儿日常学习与生活的空间，在这些空间里，孩子们自由交往、结伴学习、共同生活。

● 自然角里开展“种子的秘密”的探究活动，孩子们在自然角中照料植物，还以自己的方式记录观察、发现的结果。

● 娃娃家里的角色分配生成了“爸爸去哪儿”的主题，满足孩子们对旅行的体验与探究的需求，增进亲子间的情感。

● 成长记录墙由幼儿操作、记录“能干的我”“小画家展”等主题活动，成为展示自己的舞台。

● 孩子们在每个班级的区域里面换衣物、阅读、说悄悄话，自主生成“你听我说”“我的秘密”的系列活动，增加幼儿与幼儿之间的互动。

● “职业初体验”把角色游戏与生活活动巧妙结合，孩子们在游戏中完成生活环节，快乐并有收获。

● 开展“今天你喝了吗”的系列活动，引导幼儿按照杯架上的标记一一对应取放，同时根据喝水的数量进行记录，获得数的概念的同时理解喝水对健康的意义。

● 盥洗室空间不大，同样蕴含了教师对幼儿生活的精心照顾，并从儿童生活学习的角度考虑，巧用墙面进行关于洗手的方法、何时需要洗手、擦手纸的使用、幼儿自身整洁度等知识的介绍。

● 生活区里鼓励孩子自己给自己、他人服务，如“制作米团”“磨豆浆”等，开展“我是幼儿园小主人”的主题活动。

● 科学区里探索“火山喷发”的秘密，知道火山喷发的原理，了解地球的秘密。

● 美工区里收集各种低结构材料，开展“颜色变变变”的探究活动，大胆创造和想象。

● 邀请家长参与我们的“毕业季”活动，请孩子们以绘画的方式给家长设计邀请函。

孩子的兴趣与需求是多元的，为了满足孩子个性化发展的需求，我们合理分配、创设各功能室，创设不同特色的工作坊，如美工坊、木工坊、乐高坊、烘焙坊等，不断满足不同孩子的情感、认知、社会性等发展需要。

● 美工坊里孩子自主玩转各种材料，实现低结构材料大变身，将收集的鞋盒、树枝、各种纸袋变身并送上“百变创意展”。

● 木工坊幼儿可以自主绘制图纸、选取木料和辅助物设计并制作“飞机”。

● 乐高坊里孩子尝试各种乐高的拼搭创意，探索“有趣的图形和图案”，了解乐高的智趣，激发无限的想法，提升动手动脑能力。

● 烘焙坊里孩子是一个小当家，自主和面、揉面、制作点心，通过“真假面粉”活动体会糯米粉、淀粉、面粉之间的区别，发现生活的极大乐趣，满足孩子的探索欲望。

（二）周边社区资源及课程设想

1. 风景区资源

幼儿园地处张家港市金港镇，这里有着美丽的长江，便利的运输交通，发达的运输口岸，从风情香山到宝岛双山，从港务码头到保税储仓，都是这里靓丽的名片，文化底蕴非常深厚。特别是香山双山风景区被列为国家 4A 级旅游景区，景区内有西施进香留下的采香径，苏东坡亲笔题额的梅花堂，徐霞客三次游览的桃花涧等古景，也有明香湖、沁香楼、揽胜亭、荷花茶厅、梅园、向日葵基地、薰衣草基地等新景，美不胜收。利用这样得天独厚的资源，可以安排课程帮助幼儿了解家乡的文化和历史，寻觅家乡文化的历史根源。

● 参观梅园、双山岛，说说在参观过程中的发现，收集相关历史故事。

● 走进金港镇的每个红堡基地，了解革命历史等，激发爱祖国爱家乡的情感。

● 走一走乡间小路和巷子，知道路名，学看路标，感受巷子文化。

● 采访社区老人，听一听金港各社区曾经发生或正在发生的故事，学一学老人的张家港话，用绘画或语言表述的形式进行记录。

2. 公共服务设施

作为全国文明镇，金港镇拥有医院、学校、警务中心、保税区、张家港湾、边防站等一系列标志性地点和完善的服务场所，便民服务一条街、交警管理服务站、香山乡邻乡亲老人服务中心、爱心自助流动基金、慈善爱心超市等一大批优秀社会组织。课程充分依托社区的公共服务场所作为教育资源，开展各类体验活动，扩大幼儿生活和学习的空间，帮助幼儿了解所在社区，感受和谐、互助的社区文化，形成初步的归属感。

● 走进社区医院、理发店、水果店、菜场，开展“劳动的人们”等主题活动。

● 走进交通执勤岗，感受交警叔叔一天的工作，结合角色游戏开展“今天我当班”主题活动。

● 走进小学，体验小学生的半日活动，参与小学课堂和活动。

● 走进敬老院，为爷爷奶奶唱首歌，和爷爷奶奶说说话，开展“红歌送祝福”等主题活动。

● 策划和开展爱心义卖，纳入社区居民自筹自给的爱心自助流动基金，给予身边需要帮助的人以支持，开展与社区的联动主题活动“我们在一起”。

● 走进社区服务一条街，开展垃圾分类倡议活动。

● 结合植树节、世界无烟日、爱鸟日、世界水日、世界地球日等环保节日，设计、制作环保倡议书，向社区居民发放和宣传，大班孩子进行环保演讲和科普剧表演活动等。

3. 居民文化生活

金港镇各社区关注居民的文化生活，社区内经常开展各类丰富多彩的活动，比如：元宵节灯会、端午节包粽子、重阳登高、邻居节才艺展示等。课程充分依托社区的社会文化生活作为教育资源，开展系列参与式活动，从参与社区活动中体验到本土文化的深刻内涵和价值，感受到民族文化的悠久历史和博大精深，使幼儿产生对社区文化、本民族文化乃至祖国文化的自豪感。

● 走进元宵灯会，制作灯笼、设计灯谜、猜猜灯谜。

● 走进端午节，和社区居民一起包粽子、煮粽子、吃粽子，说说关于粽子的故事，看看关于粽子的绘本，鼓励幼儿以自己的方式罗列端午节的风俗习惯。

● 走进重阳节，收集关于重阳节的故事，和社区老人一起制作重阳糕，邀请灯芯巷社区综合活动室爷爷奶奶重阳节登高望远。

● 走进社区邻居节，开展“画一画我们的社区”“给社区邻居写封信”“我和邻居手拉手”“我为邻居唱首歌”等系列主题活动。

二、课程实施的人员组织

"金幼"严格按照《江苏省优质幼儿园复审重点指标及评价细则》要求，确保"两教一保"。本园现有教职员工 154 名，其中园长 1 名，副园长 3 名，专任教师 88 名，均为专科及以上学历，大专及本科以上学历达 100%，85 名专任教师取得幼儿园教师资格证，具有幼儿园教师资格证书的专任教师占比达 98%，3 名专任教师取得中小学教师资格证，并完成转岗培训，综合考核合格。本园注重继续学习，具有正高级教师 1 名，高级教师 2 名，一级教师 24 名，二级教师 26 名，专、兼职保健人员 13 人，并参加岗前及定期专业培训考核合格；保育员 44 名，达到"两教一保"标准，为幼儿的健康成长保驾护航。

在课程实施中，教师的能动性既决定着幼儿是否能够在活动中达到预期目标，也对课程的后续完善与发展起着重要作用。

班本课程基于的是班级幼儿，就必须考虑差异性，理解和尊重幼儿学习发展中的个体差异。因此，在班本课程实施中，教师要关注幼儿已有的认知水平，寻找幼儿经验的生成点，对关键经验做出"对比与思辨"。例如，在"走近西游记"绘本故事的学习中，大班幼儿已有了一些前阅读的经验，包括："会猜测"——能结合画面提供的信息猜测可能会发生的事情；"能想象"——针对某一特定画面，说出自己的想法；"会验证"——结合已有的画面信息到书本中去验证答案等。但是幼儿有可能会忽略画面的细节，对画面的理解不深入，以及片段式地表述画面内容等。幼儿需要在阅读过程中通过仔细观察图片细节、反复看图等方法逐渐获得一些基本的阅读策略，如预期、假设、比较、验证等，这些策略的获得有助于幼儿准确理解绘本的内容。

另外，班本课程的"生成性"决定了教师不能按照自己的节奏"教"，而应根据幼儿的能力水平引导其进行自主学习，避免活动"走过场"。因此，在班本课程中，教师应遵循幼儿学习过程和方式，展开活动设计和组织。如在课程"走近西游记"中，教师聚焦幼儿的前阅读经验，强调他们的思维参与和发展，为对故事有更深入的理解，在活动中运用提问、讲述、排序、图片等支架，对核心问题"西游路线"进行线索梳理，并对西游人物等关键线索进行画圈处理，帮助幼儿理清画面逻辑，促进幼儿深层理解。

总之，教师的自身素养对学前课程实施的质量至关重要，教师要关注儿童群体，更要关注自己所面向的幼儿，每一个课程的每一次落实都是独一无二的。

三、课程实施的时间安排

首先,课程实施要"因时制宜",一个课程不应是刻意被安排给幼儿的,而是在被开发出来之后,再返回到最初产生的源头,找到课程最适宜的出现时机。例如,"遇见小蝌蚪"的课程适宜安排在春夏之交,因为这符合蝌蚪出生的时间。其次,根据生态课程的理念,希望课程对幼儿带来的发展是可持续的、连贯的,所以同一主题的课程将贯穿于小班、中班和大班的整个学前教育阶段。这意味着,围绕一个课程,教师需要挖掘不同年段幼儿可以发展、需要发展的内容。在本书第六章至第八章中,将会呈现三个具体的课程,设计可以贯穿三个年段的课程内容。最后,课程实施的时间应当将园内与家庭相结合,实现家园共育,将园内活动拓展至家庭,将家庭生活融入幼儿园。

第四节　课程评价活动的组织

课程评价是对课程的价值做出判断的过程。评价课程的价值,可以诊断课程、修正课程,对各种课程的相对价值进行比较。在组织课程评价活动时,应注意评价主体多元化,评价活动多样化,以及结果解读的整体性。

一、评价主体的多元构成

首先,教师参与了课程决策,又是课程实施的执行者,对课程有着完整的把握,对课程的价值判断也有着最真切的体会,所以在课程评价群体中具有不可撼动的重要地位。课程评价对于教师而言也是教育研究的过程,教师透过行动者的角色,经由对课程发展的觉知、反省与实践的循环历程,改进课程,并促进教师的专业自省与发展,验证课程评价在学校中的行动研究本质,也同时确立了教师在课程评价中的主体地位[①]。教师可以对课程开发所依据的材料(如《指南》等)、课程内容的适宜性、课程实施中存在的问题,以及在课程结束后幼儿和自己所获得的变化乃至园所的发展提出看法,提升课程改革参与的意识。

其次,幼儿作为课程的亲历者,是受到课程直接影响的群体,他们对课程的

---

① 张瑞,刘志军.教师:不可或缺的课程评价主体[J].课程·教材·教法,2008(8):11-16.

体会最深，但是由于受年龄限制，他们可能只能用简单的语言描绘自己对活动的直观感受。所以，一方面，作为评价主体的教师需要在课程实施中注意观察幼儿的表现，引导幼儿表达对活动的想法；另一方面，家长需要配合幼儿园进行课程后续效果的反馈，这既体现了家园共育的课程思想，也是将家长带入课程评价群体中。

最后，还有诸多利益相关者应当成为评价主体，如教育管理者、教育主管部门、课程专家、公众等。这些群体尽管可能没有直接经历课程从开发到实施的全过程（固然可以邀请他们参与），但是他们会从各自不同的角度出发对课程发展提出见解，以满足完善学校运作与加强教育宏观管理的需要，提高课程的科学性，促进课程与社会的联系。

二、评价活动的多样建构

课程评价活动的组织要注意质性评价和量化评价相结合，诊断性评价、过程性评价和总结性评价相结合，以及自评与他评相结合。通过在课程开发与实施的过程中分段进行，用日记、作品、互评、回顾等评价形式实现调查、记录、追踪、学习、归因等评价目的，借助一日三观察记录、反思随笔、区角游戏观察等日常评价，让评价贯穿幼儿每天在园在家的行为表现，兼顾教师的评价与家长的反馈。通过课程开发时的专家咨询、课程实施的过程记录与事后分析，让更多评价主体看到最真实的课程情况，提高他评的可靠性。

三、评价结果的整体阐释

在拥有多元化的评价主体和多样化的评价活动的前提下，课程评价能否真正发挥好作用，尤其取决于最终评价结果的解读。在评价中，同样要贯穿生态思想，避免线性的单一思维。

首先，要从多方面考察课程中的幼儿发展。课程开发的初衷是活动的生活化、游戏化，是将五大领域融为一体，是要促进幼儿身心的全面发展，所以在评价中应同时关注幼儿的知识技能、情感态度、意志品质等维度，还应同时关注幼儿在园内和园外（更多是家里）的表现。

其次，要将多元主体的见解相互补充，共同揭示课程可能存在的问题。在课程评价中纳入多方力量，其对课程的评价结果可能存在可以互证之处，也可能存在矛盾，这就需要平等地看待每一个评价者做出的评判，无论是教师、幼儿的亲身体验，还是其他教育工作者、教育研究者作为“局外人”做出的综合评估，都需要结合园所、师幼等具体情况来吸纳其建议。

最后，要整合不同阶段课程评价活动的结果，对课程开发与实施的全过程进行综合评价。课程评价不只是对课程实施后的效果进行评价，课程是如何形成的，又是如何一步步转化为可实施的形式的，在实施过程中又发生了什么，这些过程都会为评判课程提供信息，帮助追溯问题原因。

第六章

“人与自然”生态课程：探究“小鸡从哪里来”

从本章开始，我们将分别从幼儿园班本化生态课程中“人与自然”“人与社会”“人与自我”三大主题选择某一具体问题进行整体化设计，并开展个性化实施。主要包括这样五个问题：就某一具体问题而言，其课程的知识结构为何？基于知识结构的幼儿学习轨迹为何？由此可确定怎样的活动目标与发展重难点？怎样评价幼儿的发展情况？如何针对该课程整体地安排小班、中班、大班的探究活动，以及小班、中班和大班的个性化活动？

第一节　个性化整体设计的基本思路

基本思路主要包括“探究‘小鸡从哪里来’”课程的知识结构、幼儿对此的学习轨迹、活动目标与幼儿发展重难点、幼儿发展的评估，以及探究活动的整体安排。

一、“探究‘小鸡从哪里来’”课程的知识结构

科学是科学知识、科学过程、科学态度的结合体，核心是探究，其中，掌握科学知识是基础，经历科学过程是外在表现形式，培养科学态度是精神追求[①]。探究“小鸡从哪里来”正是围绕小鸡成长过程，以科学领域（包括科学知识、科学过程、科学态度三个部分）引领其他四个领域的协同发展，其相应的课程知识结构

① 张俊，等. 幼儿园科学领域教育精要：关键经验与活动指导[M]. 北京：教育科学出版社，2021：9-10.

可参见图6-1。

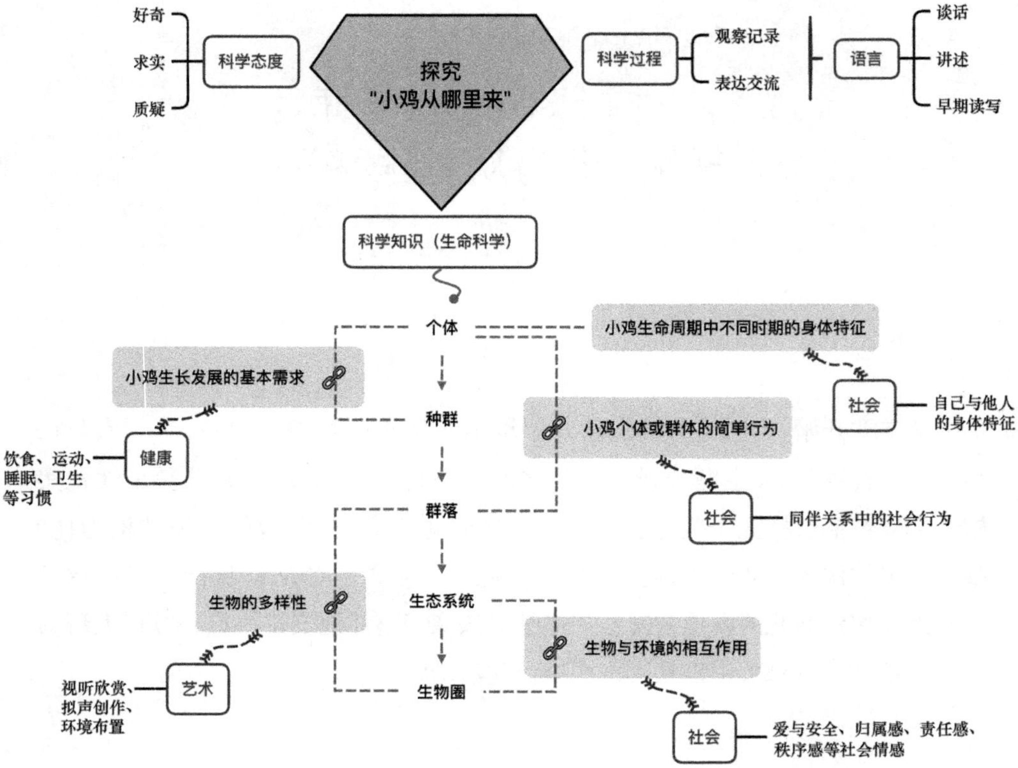

图6-1　“探究‘小鸡从哪里来’”课程的知识结构

在科学知识方面，“生命科学”这一核心概念是发展主线。从小鸡个体，到所有小鸡所构成的种群，与其他种群构成的群落，再到生物群落与无机环境形成的生态系统，最后到最大的生态系统，即生物圈，幼儿可以不断扩大对生命系统的认识。

第一，幼儿在陪伴小鸡个体成长时，可以经历其出生、生长发育、繁殖、死亡等生命周期中的不同时期，认识并比较（不同品种的）小鸡在不同阶段的身体特征，在观察基本的外部特征的同时，进一步理解外显形态与小鸡生长发育需求之间的关系的内部特征。由此可以延伸至指向自我的社会教育，让幼儿认识自己与他人的主要身体特征，包括性别差异与随年龄增长产生的外貌变化，甚至可以拓展到与成人的比较。

第二，幼儿在孵育和照料小鸡时，需要探究小鸡孵化、成长的条件及其在不同阶段的变化，这既包括对阳光、空气、水分的基本需求，也包括对食物种类和数量、温度湿度、环境卫生等特定具体需求，也可能会观察到在相同条件下，不同(种)的小鸡成长情况或许有差异。由此可以延伸至指向幼儿身体的健康教育，具体包括合理营养的饮食习惯、长期规律的运动习惯、充足良好的睡眠习惯、干净整洁的卫生习惯等，从而在养育小鸡的同时探寻自己生长的良好的内部与外部条件，与小鸡一起成长。

第三，幼儿与小鸡互动或观察小鸡生活时，需要理解小鸡的特定行为方式，这些行为可以是满足自身需要的个体行为，也可以是出于种群生存而表现出的集体行为，行为的目标对象可能是幼儿，比如向幼儿求食，也可能是小鸡同伴或其他生物，比如同伴间的抢食。由此可以延伸至指向幼儿同伴关系的社会教育，重点是一些可以从小鸡身上看到、学到的人类社会行为，比如分享、谦让、攻击、嬉戏、求助等。

第四，在生命系统扩大至群落、生态系统、生物圈时，将呈现出生物的多样性，使得对生物的认识从小鸡扩展到不同种类的小鸡、其他陆生动物、水生动物、两栖动物等，可以感受动物之间的异同，并尝试根据明显特征进行分类。由此可以延伸至指向欣赏与创作的艺术教育，以自然界的生物与环境为对象，在看与听的过程中感受、想象、表达，积累审美经验，并通过模拟自然界声响和布置生态环境进行创作设计。

第五，生物与环境的相互作用是从更广泛的关系层面去看待整个生态圈，这部分内容与前几个方面均有关，幼儿在理解小鸡的生存需求，以及与同伴和其他物种的关系的过程中，可以感受生物对各种生态因素的依赖与适应，逐步认识生物圈是一个统一的整体。由此可以延伸至指向幼儿与环境关系的社会教育，最直接的内容是学会爱护环境和自然，最终目标是发展爱与安全感、归属感、责任感、秩序感等社会情感，它们会体现在小鸡的照料活动和生态环境的创设之中。

在科学过程方面，需要对小鸡生长过程进行观察记录、描述观察结果并交流，其间，幼儿需要向同伴说出自己看到的现象，讲述关于小鸡的故事，并制作孵化日记或饲养日记，由此可以延伸至讲述和早期读写的语言教育。

在科学态度方面，在经历以上述知识为载体的科学活动中，应当呵护并激发幼儿的好奇心，让幼儿能客观描述事实，在尊重事实的同时敢于说出自己的想法。

"探究'小鸡从哪里来'"的生态课程以探究小鸡的活动为载体，通过观察小鸡、反观自我，可以促进幼儿对个体、个体与他人、个体与环境的认识，整体知识结构以科学为主，社会与健康次之，语言与艺术渗透其中，将五个领域的教育有机结合。

二、"探究'小鸡从哪里来'"课程的学习轨迹

基于课程知识结构,分别从科学、社会、健康、语言、艺术五个领域,针对课程在各领域所涉及的具体知识维度,通过梳理已有研究成果建构学习轨迹。

需注意的是,不同内容维度在同一水平上的发展可能相互独立,水平划分的数量也因内容维度不同而异,故学习轨迹表格在使用时无须进行横向上的跨维度水平比较。譬如,在下面构建科学领域中科学知识(生命科学)的学习轨迹时,对其中的"生物朴素学理论"做了"本体区分""因果机制"两个内容维度的划分,两个维度的发展路径没有一一对应的关系,即,在"本体区分"上达到水平 2,并不意味着"因果机制"就应当达到水平 2,所以在跨维度的横向上无须做对照,其他学习轨迹表格中出现类似的情况,亦是如此。

(一) 科学领域的学习轨迹

我们将从科学知识(生命科学)、科学过程、科学态度三个维度上建构科学领域的学习轨迹。

1. 科学知识(生命科学)的学习轨迹

"理论的发展"观主张儿童的认知发展遵循依赖内容的领域特殊性发展,儿童早期就对某一领域内的理解发生一致的变化,并对不同领域有着不同的理解和解释机制[①]。这些早期获得的对自己和周围环境的非正式的、非科学的"朴素理论"是儿童用以解释周围环境的知识框架和基础结构。朴素生物学被认为是对幼儿生存具有重要意义的核心领域之一,而判断幼儿是否获得了某一特殊领域的朴素理论,需要考虑三个条件:能够在该领域做本体区分;能运用该领域的特殊因果原则对该领域的现象作非意图的推理或解释;这些解释具有一致性[②]。对于生物学领域而言,就是要对生物非生物的各种集合进行区分,并对这种区分做出合理的因果解释。因此,可以从本体区分和因果机制两方面来了解幼儿早期对生物学的认知,建构的学习轨迹如表 6-1 所示。

---

① 张丽锦,方富熹,杨小冬. 学前儿童朴素生物学理论及其获得机制[J]. 心理科学进展,2004(3):371-378.

② WELLMAN H M, GELMAN S A. Cognitive Development: Foundational Theories of Core Domains[J]. Annual Review of Psychology, 1992(1): 337-375.

表 6-1 科学领域的学习轨迹之科学知识(生命科学)

	生物学朴素理论	
	本体区分	因果机制
水平 1	**"万物有灵"标准/无标准** 认为任何事物都是有生命的	**意图因果机制** 基于心理或人为因素解释生物现象
水平 2	**"活动的"标准** 认为只有活动的东西才有生命	**前生物因果机制** 基于内在本质或功能目的性的非意图因果解释
水平 3	**"自发运动"标准** 认为只有能自发运动的东西才有生命	**活力因果机制** 基于生命力作用的非意图因果解释
水平 4	**混淆的生物概念** 开始对生物概念有认识,但是容易出现概念外延过宽或过窄的错误	**生物因果机制** 基于生理化学的非意图因果解释
水平 5	**简单的生物概念** 能够较好地区分生物与非生物,知道动物和植物都是生物	
水平 6	**较完善的生物概念** 知道动物、植物、微生物都是生物	

关于幼儿对生物与非生物的区分,典型观点源自皮亚杰的研究。完全没有生物概念的幼儿表现出自我中心倾向,他们判断生命的标准会从起初的认为万物皆有灵的无标准,发展到用"是否能动"来判断,比如能滚动的球是活的,进而再发展到以"是否为自发运动"为判断标准,比如流动的河是活的,人推动的自行车是死的。这些水平上的幼儿对生物、非生物的区分往往存在很多问题。幼儿生物概念的发展也并不是飞跃性的,尽管一些幼儿能够从"是否活的"或是呼吸等生物特征进行判断,但是研究发现幼儿会存在混淆的生物概念,比如将生物的特征赋予非生物,或是无法将植物归为生物①②。简单的生物概念是指能够理解动物与植物都是生物,而微生物的纳入才表示生物概念的相对完善。

许多实证研究揭示了幼儿对生物现象的理解,发现了其因果解释机制的不同,这些因果解释机制也呈现出一定的层级特点。皮亚杰最早将幼儿的因果解

① CAREY S. Conceptual Change in Childhood[M]. Cambridge: MIT Press, 1985.

② 朱莉琪,方富熹.学前儿童朴素生物学理论的研究[J].心理学动态,1999(3): 31-36.

释分为三个阶段：归因于心理的解释；归因于人为论、泛灵论和动力论的解释；真正的非意图解释。他认为学龄前儿童是无法达到非意图解释的。然而随着研究方法的丰富，以及幼儿生长环境的不断变化，研究者发现幼儿能呈现出不同的因果解释机制。为此，考察因果机制的大致演变过程，有助于把握幼儿对生物现象的理解情况。

首先，运用意图因果机制的幼儿会从心理或人为因素来解释生物过程，比如动物的成长是因为他们想变得更大，这可能与幼儿倾向于从动植物与人的相似性来解释现象有关①。由此看来，幼儿的朴素生物学理论可能是从朴素心理学中分离而来并发生根本性的概念转变而形成的②。其次，在出现专属于生物领域的因果机制之前，可能还存在一种不专属于生物领域的非意图因果机制。运用这种因果机制的幼儿会将生物现象归因于其内在本质或功能作用，比如在其他种群环境中生长的动物仍保持其特性，某些动物出于相互保护而群居等③④。但是，由于这种解释机制也可以用于人造物，所以并非真正的非意图因果机制。活力因果机制可以被视为一种专属于生物领域的因果机制⑤，介于意图因果机制和生物因果机制之间。它将生命现象归因于生命力的作用，因而能够被独特地用于理解生物体。最高水平上的因果解释机制是建立在生理化学的基础之上的，比如，呼吸是吸入氧气，排出二氧化碳，这对幼儿科学知识的掌握要求更高。同时，非意图解释机制的使用在实际中可能存在着并行情况，即并不意味着后一种机制会代替前一种，儿童和成人很可能在不同情境中选择更具有说服力的解释方式。

2. 科学过程的学习轨迹

围绕观察记录和表达交流这两个科学探究过程中的关键经验，建构如表 6-2 所示的学习轨迹。

---

① CAREY S. Conceptual Change in Child-hood[M]. Cambridge：MIT Press，1985.

② 张丽锦，方富熹，杨小冬. 学前儿童朴素生物学理论及其获得机制[J]. 心理科学进展，2004(3)：371-378.

③ GELMAN S A，HIRSCHFELD L A. How biological isessentialism? [M]// ATRAN S，MEDIN D. Folk biology. Cambridge：MIT Press，1999.

④ KELEMEN D. Function，goals and intention：Children's teleological reasoning about objects[J]. Trends in Cognitive Sciences，1999(12)：461-468.

⑤ 苗晶磊，胡清芬. 学前儿童朴素生物学研究新进展：活力因果机制及其应用[J]. 心理发展与教育，2012(3)：322-328.

表 6-2　科学领域的学习轨迹之科学过程

	观察记录	表达交流
水平1	**孤立的** 使用单一的感官操作来探索观察对象；只能关注到事物非常明显或表面的特征，对观察到的内容没有实质性的认识；无目的地记录自己感兴趣的任意信息，可能是不准确的	**体验式的** 通过让别人注意他们的发现或通过模仿来再现观察现象，向他人转达自己发现的惊喜
水平2	**联系的** 使用多种感官来探索观察对象；能够通过观察了解事物的变化或事物之间的简单关系，但可能存在缺陷；能比较准确地记录观察的内容，但是可能不完备或缺乏整合	**简单表征** 用简单的口语、图画或模型等表征描述获得的直接信息
水平3	**系统的** 使用多种感官更细致、专注地探索并比较不同的观察对象；开始探寻事物现象背后的原因；能准确地、有选择地记录重要信息	**复杂表征** 包含原因解释或过程描述的复杂语言过程，包含更多细节或隐含结构的图画或模型表征
水平4	**扩展的** 能对事物进行长期、系统的观察；探寻观察对象的变化规律，对观察现象做出推测；能根据观察目的有条理地记录事物的变化过程	**适当论证** 基于对科学发现的表征，做出简单推理或表达自己的观点

观察是有目的地看，是“密切关注某个事物从而增进对它的了解”[①]，这种知觉活动过程将涉及注意、记忆、想象、思维等多种心理因素[②]。观察方法和观察结果都是评估观察能力发展情况的维度，一般会经历一个由少到多、由简单到复杂、由孤立到联系的过程[③]。观察后的记录则涉及信息提取与转换，记录的质量与记录内容本身的准确性和是否满足观察目的。

起初，幼儿的观察行为是无目的的且直接的，他们借助感官获得事物的表面特征，并不对其进行信息加工，甚至这种印象是模糊的[④]，与之对应的记录行为也是随意且可能有误的。在联系水平上，感官运用的多样性以及结果的简单联结是其主要特征，但是因为处于该水平的幼儿尚未对观察方法做到正确、有效地

① NEILL P. Real science in preschool：Here，there，and everywhere［M］. Ypsilanti：HighScope Press，2008：10.

② 宋文雅.观察的心理结构和观察能力的培养［J］.教育探索，2002(2)：94-96.

③ 爱泼斯坦.科学和技术：关键发展指标与支持性教学策略［M］.霍力岩，等译.北京：教育科学出版社，2018：35.

④ 赵玲.培养幼儿观察能力的几点探讨［J］.学前教育研究，1998(1)：47-48.

使用[①],所以获取到的信息可能是不完备的。随着经验积累或成人的引导,幼儿有望进行“有序的观察”,在观察中分清主次,提高观察的效率[②]。这种系统水平上的观察能使幼儿对事物的认识更加细致,开始对观察现象背后的原因产生好奇,尽管他们也许无法真正获得某种因果结论,但是他们已在尝试进行基于直观原因的解释,因而对事物的认识从“空间联系”发展至“因果联系”[③]。扩展水平的观察记录表现在各方面都显得更为成熟,幼儿能对事物进行长期且系统的观察,这种观察行为将蕴含前面各水平所涉及的对单一信息、多信息联结以及原因探寻等多方面的内容,其综合性与复杂性突出,而且幼儿能够进行积极思考,提出自己的猜想,在记录中也会更具条理性[④⑤]。

科学探究中的表达交流是总结、传达、分享科学发现的过程,这一能力的发展与语言能力、表征能力,乃至逻辑思维等能力均有关。根据幼儿表达交流的方式与内容,可以将其发展过程划分为四个水平[⑥]。早期的表达交流萌生于分享发现的喜悦,“快看我看到了什么!”,就是希望他人体验自己的发现。在真正提供信息的表达交流中,表征方式可能是语言、图画、模型等,根据表征内容的不同,可以对发展水平加以区分。在简单表征水平上,幼儿只是转达某些表现信息,像是观察记录中前两个水平上所获得的内容。复杂表征的表现主要是为了表达更多细节信息而驱使的,当幼儿想要提供关于事物更深入描述或变化规律的信息时,对他们的语言表达、图表绘制和模型制作的要求更高。最高水平上的幼儿会表现出更有观点性、组织性、逻辑性的论述,能相对完整地对探究发现进行客观陈述、合理推测。

3. 科学态度的学习轨迹

好奇、求实、质疑等都是会在科学探究活动中出现并进一步发展的科学态度,与问题提出和解决问题相关[⑦],可以以科学探究为载体,考虑幼儿科学态度

---

① 霍力岩,孙冬梅.在探究活动中培养幼儿的自然观察智力[J].学前教育研究,2005(9):46-47.

② 陈学峰,张雨青,祝东晓,等.儿童心理.0—6岁儿童全面发展问答丛书[M].北京:科学普及出版社,1998:25.

③ 卢小燕.小学科学观察教学的有效性研究[J].科学大众,2008(1):61.

④ 张俊,等.幼儿园科学领域教育精要:关键经验与活动指导[M].北京:教育科学出版社,2021:69-70.

⑤ 爱泼斯坦.科学和技术:关键发展指标与支持性教学策略[M].霍力岩,等译.北京:教育科学出版社,2018:43.

⑥ 同⑤50-51.

⑦ 耿淑玲,伍成泉.培养儿童质疑精神的价值与途径[J].学前教育研究,2010(10):29-31.

的发展路径(参见表 6-3)。有研究将其总结为三个阶段[①]：随机式探究、尝试性探究与目的性探究。

表 6-3　科学领域的学习轨迹之科学态度

	科学态度
水平 1	**随机式探究** 在随意摆弄物体的过程中获得一些随机性的发现,没有明确的问题意识,也进行没有有目的的探究,无法分清主观想象和客观现实
水平 2	**尝试性探究** 开始具有一定的问题意识,并会努力寻找问题的答案,但是探究水平有限,往往停留于现象表面
水平 3	**目的性探究** 能提出更有指向性的问题,能通过观察、实验等方法获得用于回答问题的实际证据,开始理解科学解释

“随机式探究”阶段的幼儿会提出很多问题,但是这些问题并不具有科学探究的意义,他们并非想要知道问题的答案,可能只是为了引起成人的注意,通过摆弄物体和提问来满足其好奇心。同时,他们自己能对这些“问题”给出答案,其答案反映出用主观想象代替客观事实的倾向,比如,用“月亮让星星眨眼睛”回答“星星为什么眨眼睛”。

“尝试性探究”阶段的幼儿不会再随意地提出大量问题,而是开始具有一定的问题意识,旨在对一些他们不理解的事物和现象寻找答案,这种探究过程满足了他们的好奇心。但是由于其认识水平有限,他们只能发现事物表面的特征与联系,所以往往只能回答“是什么”的问题,对于需要更多知识的“为什么”的问题,无法理解也很难探究。

“目的性探究”阶段的幼儿具有更强的问题意识,他们会主动寻找问题的答案,而非刨根问底,甚至能运用观察、实验等探究方法有条理地开展探究,用事实回答问题,尝试理解成人给予的科学解释,其好奇心将在问题解决后方能得到满足。

(二) 社会领域的学习轨迹

下面将从社会行为、社会情感两个维度上建构社会领域的学习轨迹,至于该

① 张俊,等.幼儿园科学领域教育精要：关键经验与活动指导[M].北京：教育科学出版社,2021：38-43.

领域中有关身体认识的部分，将与健康领域的学习轨迹一并考虑，详见后文。

1. 社会行为的学习轨迹

社会行为根据其性质可分为亲社会行为和反社会行为，相应的学习轨迹如表 6-4 所示。

表 6-4　社会领域的学习轨迹之社会行为

	亲社会行为(亲社会推理)	反社会行为(攻击行为)
水平1	**享乐主义定向** 是否帮助他人取决于个人的直接获益、内在需要的满足或者是否喜欢对方等	**身体的** 利用身体动作直接实施攻击行为，在行为动机和起因上以工具性攻击和主动性攻击为主
水平2	**需要定向** 当他人需要和自己需要产生冲突时，对他人身体的、物质的、心理的需要表示简单关注	**言语的** 通过口头言语形式直接实施攻击行为，在动机和起因上出现敌意性攻击和反应性攻击
水平3	**赞扬与刻板定向** 关注他人的赞扬与许可，以及他人对行为好坏的社会刻板印象	**心理的** 通过第三方间接实施攻击行为，其具体形式包括身体或言语攻击行为
水平4	**移情与过渡定向** 出现自我投射性的同情反应或角色采择，有时会暗含着对社会规范的关注	
水平5	**内化价值定向** 以内化的价值观、责任、义务、信念等作为行为依据	

亲社会行为泛指一切符合社会期待而对他人、群体或社会有益的行为①，也称积极的社会行为。社会认知理论认为，个体对情境的认知在很大程度上决定了他将采取何种行动，亲社会行为亦是如此②。根据艾森伯格的研究，亲社会行为表现出五个发展阶段③：享乐主义定向的幼儿是从关注自我的角度来决定是否做出亲社会行为；需要定向的幼儿开始关注他人需要，但是尚未出现移情；赞扬与刻板定向的幼儿会出于是否能得到认可以及是否符合好坏善恶的定型形象

① 王美芳，庞维国．艾森伯格的亲社会行为理论模式[J]．心理学动态，1997(4)：37-42.

② 寇彧，马艳，谭晨．大学生亲社会倾向、亲社会推理以及它们的相关模式[J]．心理科学，2004(2)：329-332.

③ 王美芳．艾森伯格的亲社会道德理论简介[J]．心理学动态，1996(2)：32-36.

来判断是否做出行为；移情与过渡定向的幼儿开始注意与行为后果相关联的情绪体验，并初步涉及对社会规范的关注（并不外显）；内化价值定向的幼儿将表现出更为明显的改善社会状况的愿望，并出现与价值观实践有关的情感。

反社会行为是对他人或集体造成损害的行为，又称消极的社会行为。尽管许多研究者认为，攻击行为不等于反社会行为，但是仍可将其看作是反社会行为的构成部分或一种形式[①]，攻击行为在幼儿中比较普遍，因其与其他反社会行为和问题行为有共发性[②]，所以需要予以重视。了解幼儿攻击行为的发展路径，目的在于有针对性地适时关注幼儿可能出现的不当行为，从而加以引导。

研究发现，身体攻击和言语攻击早在婴儿期就存在，在一岁以后，由于婴儿开始出现对自己所有物和活动的控制以及与同伴交流的兴趣，攻击会在同伴之间产生，以回应同伴的"挑衅"，但此时的攻击行为主要是出于身体不适和对关注的需要而表现出来的[③④]。总的来说，幼儿攻击行为的发展在形式上遵循着由身体攻击为主，到言语攻击为主，最后演变成较为复杂的心理攻击（也称关系攻击、间接攻击），这种发展是累积性的，即幼儿攻击行为会变得多样[⑤]。起初，身体攻击是幼儿最普遍的攻击形式，并且往往是以抢夺和占有物品为目的主动性的工具性攻击。随着语言能力的发展，侮辱、威胁和辱骂等行为为幼儿提供了新的攻击方式，这时候的攻击行为也会表现出更强烈的对人的指向性。通过第三方间接实施的心理攻击更为复杂和隐蔽，比如教唆打人、散布谣言、集体孤立某人等，由于这种攻击行为的实施要求幼儿对他人心理有一定理解和操纵，所以鉴于其心理理论发展的起步较晚，此种攻击行为的出现也相对较迟。实际上，情绪调节的发展会使得幼儿的攻击行为随年龄增大而逐步减少[⑥]，而仍然存在不适当攻

---

① FRICK P J, LAHEY B B, LOEBER R, et al. Oppositional defiant disorder and conduct disorder: A meta-analytic review of factor analyses and cross-validation in a clinic sample[J]. Clinical Psychology Review, 1993(13): 319-340.

② 纪林芹，张文新. 儿童攻击发展研究的新进展[J]. 心理发展与教育，2007(2): 122-127.

③ 同②.

④ CAPLAN M, VESPO J E, PEDERSEN J, et al. Conflict over resources in small groups of one- and two-year-olds[J]. Child Development, 1991(6): 1513-1524.

⑤ DODGE K A, COIE J D, LYNAM D. Aggression and antisocial behavior in youth[M]// DAMON W, EISENBERG N. Handbook of child psychology: Social, emotional, and personality development (Vol. 3). Toronto: Wiley, 2006: 719-788.

⑥ KEENAN K, SHAW D S. Starting at the beginning: Exploring the etiology of antisocial behavior in the first years of life[M]// LAHEY B B, MOFFITT T E, CASPI A. Causes of conduct disorder and juvenile delinquency. New York: Guilford Press, 2003: 153-181.

击行为的幼儿在进入学龄期后往往被冠以某种心理障碍。

2. 社会情感的学习轨迹

“社会情感”是一个人适应社会环境、担负社会责任、完成社会工作所必不可少的一种情感形态和情感技能，它是在人的社会化过程中逐步习得的，伴随着一个人的整个成长过程①。在幼儿的成长中，最丰富的是情感活动，最容易变化的也是情感活动。总的来说，幼儿社会情感的发展具有层级性特点，即其所处关系环境是从个体到集体。从社会关系、社会情感认知、社会情感管理三个方面建构的社会情感学习轨迹如表 6-5 所示。

表 6-5　社会领域的学习轨迹之社会情感

	社会关系	社会情感认知	社会情感管理
水平1	**关注自我** 不能协调自己与客体的关系；从自身的经验和知识出发考虑问题；在思维时总是把注意力集中在自己的愿望、需要、动作上	**认同自我** 觉知自己的情感、兴趣、价值观和优势，认同自我发展的积极品质，保持自信	**调节情绪** 表达并尝试调节自己的情绪，积极反省；自我意志坚韧，保持进取
水平2	**理解他人** 能区分自己和他人的观点；能从别人的情绪、需要和经验出发考虑问题；能够理解、同情他人，学会欣赏个人与他人的共同点与差异	**尊重他人** 尊重差异性，对他人具有同理心，理解他人，站在他人的立场看问题	**化解冲突** 尝试化解冲突，建立并维持友善的人际关系；能够向他人寻求帮助
水平3	**融入集体** 能够理解集体目标；成员间能互相支持，为共同目标和集体行为承担责任；善于沟通、团结友爱、齐心协力，平等地分担工作任务，以取得一致结果	**维护集体** 认同集体价值观与集体行为规范，具有集体归属感、荣誉感，正确理解个人与集体的关系	**遵守规范** 遵守集体规范，明确个人在集体中的权利与责任；表现出团结、合作、承担责任等亲社会行为

情感作为人的本真发展的重要方面，作为人的社会性发展的某种行动方式，只能在关系中获得理解。幼儿的社会情感能力，本质上便是幼儿“关系的社会性构建”的能力②。在幼儿社会性发展的萌芽阶段，未表现出明显的社会性，此时的幼儿总是关注自我，无法协调主体与客体的关系，只考虑到自身的经验和知

① 石义堂，李守红.“社会情感学习”的内涵、发展及其对基础教育变革的意义[J]. 当代教育与文化，2013(6)：46-50.

② 杜媛，毛亚庆. 基于关系视角的学生社会情感能力构建及发展研究[J]. 教育研究，2018(8)：43-50.

识，思维的注意力也集中在自己的需要上[①]。随后，幼儿开始关注到身边的其他人，能够理解他人，能区分他人和自己的差异，并懂得欣赏他人。同时，他们也能考虑到别人的情绪、需要和经验。随着社会性的持续发展，幼儿的社会关系进一步扩大，逐渐融入集体生活，此时的幼儿能够理解集体的目标，并能与集体中的其他成员合作，共同为集体行为负责，集体成员之间也表现出乐于沟通、团结友爱的品质，并能齐心协力为取得一致结果而努力[②]。

社会情感认知属于社会情感能力中的认知因素，对于社会关系构建的过程与行为具有导向和动力作用，涉及个体"知道如何做"的问题[③]。幼儿的情感认知会经历由"我"（自己的需要）过渡到"他"（他人的需求）直至"我们"（集体的责任）的发展过程。起初，幼儿只关注到自己的感受，能够感知自我情感与价值观，能够挖掘自己的兴趣和优势，希望从他人处获得赞赏，认同自我发展的积极品质，能够在日常生活中感受到满足感和成就感。随后，幼儿过渡到尊重他人的阶段，能尊重自我与他人的差异，对他人表现出同理心，理解并同情他人，能够站在他人的视角考虑问题。最后，具有最高水平的幼儿能够形成自己是集体一员的意识，逐渐理解集体价值观，并遵守集体行为规范，具有集体归属感、责任感和荣誉感，明确个体与集体的关系，初步具有规则、任务意识，并能承担相应责任。

社会情感的发展自出生开始，并持续到成年，幼儿早期的社会交往经历和情感经历为其整个人生的幸福奠定了基础。幼儿对社会情感的管理将会影响其今后如何看待自己、如何与他人相处、如何融入集体、如何认识世界，因此社会情感管理能力是一种幼儿发展所必须的基础能力之一[④]。根据幼儿的社会性发展进程，可以将其社会情感管理能力划分为三个水平[⑤]。幼儿早期对社会情感的管理主要是对自我情绪感知后的表达、解释和调节，以使自己保持积极向上的心态。他们还会试着用一些（不外显的）较为克制的方式表达自己的情绪，比如使用"高兴""难过""激动""沮丧"等词语代替直接的身体语言（笑、哭、闹），也能简单描述情绪

① 刘晶波．社会学视野下的师幼互动行为研究[M]．南京：南京师范大学出版社，2006：254．
② 秦红．培养幼儿集体合作精神的探索[J]．现代教育科学，2012(2)：174-175＋131．
③ 杜媛，毛亚庆．基于关系视角的学生社会情感能力构建及发展研究[J]．教育研究，2018(8)：43-50．
④ 爱泼斯坦．社会性和情感发展：关键发展指标与支持性教学策略[M]．霍力岩，等译．北京：教育科学出版社，2018：2．
⑤ 爱泼斯坦．学前儿童观察评价系统[M]．霍力岩，等译．北京：教育科学出版社，2018：32-46．

产生的原因。但是，此时的幼儿仍表现出一定的自我中心，遇到难题时还未学会向他人寻求帮助。随着幼儿心智的发展，他们开始能够感知到身边人的情绪，能够发现与他人的矛盾并且采取一定的措施化解矛盾，如果无法自己化解，能够主动向他人寻求帮助。处于最高水平的幼儿，已经开始形成集体意识，能够自觉遵守集体规范，能够在集体生活中团结同伴、与同伴合作、承担责任等等。

（三）健康（与社会）领域的学习轨迹

身体意识是个体对身体部位和身体特征的认识，其中也包含着关于“如何在空间中驾驭它们”的认识[①]，这一部分又可以归纳为身体管理。身体意识与身体管理的发展密不可分，需要同时考虑两者的发展路径。这些内容既涉及健康领域中关于身体健康和良好生活习惯的方面，也是指向自我的社会教育内容[②]（参见表 6-6）。

表 6-6　健康（与社会）领域的学习轨迹之身体意识与身体管理

	身体意识	身体管理
水平1	**感知的** 身体部位：可以识别人头部的某些器官和头发；可以将某个或某两个身体部位与其名称对应	**无意识的** 不愿意参加体育活动；不了解食物的营养价值；不了解健康行为
水平2	**具体的** 身体部位：能画出人的头部和其他至少一处身体部位；没有意识到自己的身体与周围环境的关系。 身体特征：了解自己身体的基本外部特征、性别、年龄，能从性别和外形等特征上初步比较自己与他人；能识别自己的一个或多个特点，发现他人身上一个可见的特征；会表达自己身体的基本需要，但方法可能不适当	**主动的** 主动锻炼身体；知道食物对帮助他们健康茁壮成长的重要性；进行健康的行为或做其中的一些步骤
水平3	**联系的** 身体部位：除头部外，还能命名几个身体部位；能画出人的头部（包括眼睛）和多处身体部位，画出的人像不上下颠倒，但可能不完整，能为人像添上三个部位的衣服；遇到某些人和物时，会绕过它们。 身体特征：知道自己的身高、体重与外貌特征；能识别自己与另一名幼儿身体上相同的特点，发现人们的一个共有特征；会采用适当的方式表达自己的生理或心理需要	**积极的** 持续参与体育活动，知道自己的努力对身体有好处；知道一些食物比其他食物更健康；执行健康行为的所有步骤

① 爱泼斯坦．身体发展和健康：关键发展指标与支持性教学策略［M］．霍力岩，等译．北京：教育科学出版社，2018：86．

② 刘晶波．幼儿园社会领域教育精要：关键经验与活动指导［M］．北京：教育科学出版社，2015：146．

续表

	身体意识	身体管理
水平4	**系统的** 身体部位：能进一步细化并命名更多的身体部位；能完整地画出全身人像，并为其所有部位添上衣服；掌握预先计划绕开周围的人和物体的方法。 身体特征：了解自己身体与外貌变化的原因；识别自己与其他幼儿身体的多项相同或相似之处，发现将人们区分开来的个人特征，比较自己和他人的特征；在身体不适时，表达自己的需求及不适的原因	

身体意识是个体认识自我，进而影响其心理健康水平的重要因素之一[①②]，幼儿身体意识的发展一般会经历一个由少到多、由感知到认知、由孤立到联系的过程。综合国内外学者对相关研究的总结[③④⑤⑥]，可以将幼儿身体意识的发展过程分为四个阶段。

起初，幼儿的身体意识发展是以感知为主的，这个阶段的幼儿可以识别人的头发和眼睛、鼻子、嘴巴等器官，可以用手指向某个或某两个身体部位并为其命名，如在他人问“胳膊在哪里”时，他会用手指向胳膊，甚至明确地说“这是我的胳膊”。但在这一阶段，幼儿尚未对身体特征产生准确认识，没有明确意识到高、矮、胖、瘦等体貌特征。进入具体水平后，幼儿有望用绘画的形式描述人的头部和至少一处其他的身体部位，但是他们还不清楚自己身体与周围环境存在关系，比如，幼儿会无意识地撞到人或物，即使有意识要躲避，也总是反应不及时（像是无意撞倒他人的积木）。对身体特征的了解在此水平开始发展，幼儿逐渐能了解自己的性别、年龄和基本体貌特征。他们不仅能识别自己的一个或多个特点，而

① BOTTA R A. The mirror of television: A comparison of Black and White adolescents' body image[J]. Communicate, 2000(50): 144-159.

② MENDELSON B K, MENDELSON M J, WHITE D R. Body-Esteem Scale for Adolescents and Adults[J]. Journal of personality assessment, 2001, 76(1): 90-106.

③ 刘晶波.幼儿园社会领域教育精要：关键经验与活动指导[M].北京：教育科学出版社，2015：146.

④ 本特森.观察儿童——儿童行为观察记录指南[M].于开莲，王银玲，译.北京：人民教育出版社，2009：97.

⑤ 爱泼斯坦.身体发展和健康：关键发展指标与支持性教学策略[M].霍力岩，等译.北京：教育科学出版社，2018：99.

⑥ 安·S.爱泼斯坦.社会性和情感发展：关键发展指标与支持性教学策略[M].霍力岩，等译.北京：教育科学出版社，2018：48.

且还可以发现他人身上一个可见的特征①，能够从性别和外貌上与他人进行比较。

随着对身体认识得更加全面，达到联系水平的幼儿能命名膝盖、肩膀、颈部等部位，会意识到自己与生活中其他的人与物之间的联系，适时地绕过障碍物。在画人像时，幼儿会注意不让人像上下颠倒，并相对完整地画出包括眼睛在内的头部和多处身体部位且有意识地在人像上添加三个部位的衣服②。在产生生理或心理需要时，幼儿能够采用适当的方式表达。此外，幼儿能够清楚地知道自己的身高、体重和外貌特征，他们还会通过对比自己与另一名幼儿身体上相同的特点，发现人们的一个共有特征。

在系统水平上，幼儿能进一步细化并命名腰部、小腿、眉毛等身体部位，画出的人像有头、躯干、腿、胳膊、脚、五官和头发，呈现完整的形态，并会为人像的所有部位添上衣服。在自己与周围环境的关系上，幼儿会知道如何预先计划绕开人和物体，比如当幼儿遇到障碍区时，能够选择绕过，而不再只是小心翼翼地从中穿过。在这一阶段，幼儿对自己的外貌特征和身体状况的认识也会深入到探知发生某些变化的原因，他们还能系统地识别并比较自己与他人身体上的多项相同或相似之处，并发现将人们区分开来的个人特征③。

学前阶段的身体管理主要侧重于对身体健康的管理，主要包括对自己的身体进行监测、分析、评估，以及规避某些危险因素的过程④。身体管理是在幼儿发展身体意识时同时要获得的关键经验，大致会经历三个阶段的发展⑤。幼儿早期的身体管理往往是无意识的，他们一般更倾向于坐着观看其他幼儿奔跑或追逐，而不愿意参与其中，他们也不太了解食物的营养价值和一些健康行为，比如，他们可能会在如厕后不洗手就吃零食或玩耍。因此，该阶段的幼儿总是要依赖于家长和教师的提醒与引导来尝试做出某些良好行为。随着成人的引导，幼

---

① 爱泼斯坦.社会学习：关键发展指标与支持性教学策略[M].霍力岩，等译.北京：教育科学出版社，2018：43.

② 格赛尔.儿童生活的最初五年：学前儿童生活指南[M].桑标，等译.上海：上海人民出版社，2014：152-153.

③ 同①.

④ 赵朵，文春玉.《幼儿园教师专业标准》视域下幼儿发展与健康管理专业课程设置的探索[J].现代职业教育，2017(35)：130-131.

⑤ 爱泼斯坦.身体发展和健康：关键发展指标与支持性教学策略[M].霍力岩，等译.北京：教育科学出版社，2018：125.

儿对身体管理的意识会增强，他们开始主动通过跑步、骑车、跳跃等行为锻炼身体，知道食物对帮助他们健康、茁壮成长的重要性，比如，喝牛奶有助于长高、吃水果可以提高抵抗力等。幼儿会在生活中采取健康的行为或做其中的一些步骤，比如在流鼻涕时主动用纸巾擦掉。发展至最高阶段，幼儿在身体管理上体现着更高的自主性与积极性，他们会持续参与体育活动，并知道在能保证安全的体育活动中，自己的努力是对身体有好处的。他们也慢慢能辨别出蔬菜水果是比糖果、油炸食品等更健康的食物，并能够主动洗手，自发执行健康行为的所有步骤。

(四) 语言领域的学习轨迹

以下将从幼儿的谈话、讲述、早期读写三个维度上建构语言领域的幼儿学习轨迹。

1. 谈话的学习轨迹

幼儿的谈话经验一般可以分为日常交谈和辩论(又称争论式谈话)两种[①]。

日常交谈是指在日常生活交往情境中使用语言，它是幼儿语言学习与发展水平的重要标志，也是幼儿社会交往能力发展的重要方面[②]。起初，幼儿的日常交谈能力仅是“基础的”，他们能听懂日常会话，但有时并不能准确根据语气和语调判断语义。当他人与幼儿说话时，幼儿能够注意听并做出回应，但他们的回应可能不恰当[③]。比如，在面对“你喜欢小猫吗?”的问题时，能回答“喜欢”或“不喜欢”，但在谈论小猫这个话题时，幼儿可能会说出“我喜欢卡车”等无关语句。在这一阶段，幼儿能够自然、大方地与他人交谈，并保持说话音量适中，在成人的提醒下懂得礼貌用语，知道和别人讲话时眼睛要看着对方。

在“过渡”水平，幼儿能够在群体中有意识地听与自己有关的信息，将注意更多集中在自己关心的事情上，并能结合情境感受不同语气、语调所表达的不同含义。当别人对他们讲话时，幼儿能回应并为正在进行的对话提供相关信息，能够将话题具象化并与自己的经验相结合，比如在谈论小猫时说，“我奶奶家也有一只小猫，它是白色的”。处于这一水平的幼儿能根据场合调节自己说话声音的大小，主动使用礼貌用语，但是还不擅长调整自己的语气。

---

① 余珍有. 幼儿园语言领域教育精要：关键经验与活动指导[M]. 北京：教育科学出版社，2015：41.

② 同①43.

③ 爱泼斯坦. 语言、读写和交流：关键发展指标与支持性教学策略[M]. 李敏谊，等译. 北京：教育科学出版社，2018：56.

逐渐地，幼儿日常交谈能力更加"全面"。他们会认真听他人说话，不仅是关注与自己有关的内容，当听不懂或有疑问时，能主动提问，他们也能结合情境理解一些表示因果、假设等结构相对复杂的句子；他们会积极主动地回应他人的对话，解决更复杂的提问或陈述，参与他人对具体经验或事件、概念或观点态度的谈论。这一阶段的幼儿不仅能够根据谈话对象和需要，调整说话声音的大小，还能适时调整说话的语气，依据所处情境使用恰当的语言，如在别人难过时表示安慰。幼儿能够逐渐意识到轮流讲话这一交谈的规则，不随意打断别人，此时幼儿掌握的有关日常交谈的礼貌和规则已经发展到最高阶段。

善于把握交谈中的"观点"是幼儿日常交谈能力达到完善水平的重要标志。他们会通过议论和提问进一步理解他人的主要观点，对其做出回应，不再仅仅站在自己的角度看待问题，而是能够考虑他人的想法并表达出来。在交谈技巧上，幼儿除了能够处理好自己说话的声音和语气，还能够根据听者的需要，调整用词细节①。

幼儿的辩论能力以日常交谈经验的积累和认知发展为基础，但是受知识限制，其辩论往往是粗浅的，实际上主要是用语言进行讨论和争论②。早期幼儿的辩论往往与日常交谈相似，并且只停留在机械的互动上，并未真正发生讨论或争论。幼儿愿意在熟悉的人面前说话，能大方地与人打招呼并表达自己的需要和想法，必要时能配以手势动作。他们能够单次简单地回应他人的观点，但并不能主动参与到轮流对话当中，也不能理解与自己不同的观点。

随着幼儿能主动与他人进行交流，他们会乐于谈论自己感兴趣的话题，并表达自己的观点。此时的幼儿可以与他人进行 1 至 2 个回合的轮流对话③，了解别人的观点与自己可能不同，并初步理解他人的观点，他们开始尝试使用语言而不是通过哭、闹等方式反驳与自己不同的观点，尽管不能给出理由。然而，幼儿在发言中缺乏秩序，可能经常打断他人或不顾别人说话而继续发表自己的观点。

发展至"积极探讨"阶段，幼儿愿意与他人讨论问题，敢于在众人面前说话。他们既能清楚表达自己的观点和理由，也会集中倾听他人的观点和理由，正确理解并尊重他人的看法。此时的幼儿基本能维持 3 个及以上回合的交谈，并在反驳和争论中有秩序地轮流发言，他们会用不同理由解释自己的观点，并尝试用各

---

① 邱娟飞.小学语文口语交际教学现状及对策研究[D].上海：华东师范大学，2006：25.

② 刘晶波.幼儿园语言领域教育精要：关键经验与活动指导[M].北京：教育科学出版社，2015：44.

③ 爱泼斯坦.语言、读写和交流：关键发展指标与支持性教学策略[M].李敏谊，等译.北京：教育科学出版社，2018：72.

种策略说服他人(参见表 6-7)。

表 6-7 语言领域的学习轨迹之谈话

	日常交谈	辩论
水平1	**基础的** 能听懂日常会话,但有时不能根据语气和语调准确判断语义;能注意听别人对自己说的话并做出回应,但可能不恰当;说话自然,声音大小适中;能在成人的提醒下注意礼貌用语和眼神交流	**机械互动** 愿意在熟悉的人面前说话,能大方地与人打招呼并表达自己的需要和想法;能单次简单回应他人的观点,但并不能主动参与到轮流对话中;不能理解与自己不同的观点
水平2	**过渡的** 能有意识地听与自己有关的信息,能结合情境感受不同语气、语调所表达的不同意思;当别人对自己讲话时,能做出有意义的回应;能根据场合调节音量,但语气可能不适当;能主动使用礼貌用语	**主动交流** 喜欢与他人谈论自己感兴趣的话题,会表达自己的观点;可以与他人进行 1 至 2 个回合的轮流对话,但是交谈缺乏秩序;知道并理解别人的观点可能与自己不同,尝试用语言反驳与自己不同的观点
水平3	**全面的** 能注意听他人讲话并主动提出疑惑,能结合情境理解一些表示因果、假设等结构相对复杂的句子;能积极主动地回应他人的复杂提问或陈述;能根据谈话对象和需要,调整音量、语气、语言内容;懂得按次序轮流讲话	**积极探讨** 愿意与他人讨论问题,敢于在众人面前说话,能使用合适的语言清楚表达自己的观点,有意识说明自己的理由;能够进行 3 个及以上回合的交谈,了解并愿意遵守辩论规则;愿意并能集中注意倾听、正确理解并尊重他人的观点,尝试用不同理由解释或用不同策略说服他人接受自己的观点
水平4	**完善的** 能认真听他人讲话,并通过议论和提问,进一步理解主要观点;能对他人的看法和观点做出回应,并在表达自己时考虑他人的看法;根据听者需要调整用词细节	

2. 讲述的学习轨迹

在“探究‘小鸡从哪里来’”的活动中,幼儿可以获得描述自己观察到的现象、叙述自己的经历、讲解绘本等多种内容形式的讲述经验。这是一种通过思考和构思,在完整表达自己对讲述对象的感受和想法的过程中获得的语言运用知识、态度和能力,叙事性讲述(如小鸡集体行为的“故事”)和说明性讲述(如小鸡的外貌特征)在此过程中都有可能出现①。综合已有研究对幼儿观察后的讲述②、叙

① 余珍有.幼儿园语言领域教育精要:关键经验与活动指导[M].北京:教育科学出版社,2015:44,49.
② 史惠中.关于 3~7 岁幼儿观察后讲述能力的调查报告[J].心理发展与教育,1986(4):13-21.

事讲述①、说明性讲述②、图画讲述③等方面的探讨，将讲述的学习轨迹分成三个阶段(参见表6-8)。幼儿最初在讲述中出现的最大特点是不完整性，表现为用语的零散和事物在叙述中的孤立。“大纲讲述”是一种有骨架却尚不丰满的讲述，其在讲述内容的完整性和关联性上已经有所提高，但是还较少能揭示讲述对象的本质特征或对叙事情节有所拓展。“整体讲述”水平上的幼儿，其概括、抽象能力等有了明显的发展，所以叙事性讲述更具层次性、逻辑性，说明性讲述基本能反映事物的本质特征。此外，幼儿在讲述活动中也会逐渐出现更多对人物角色内心状态的表述，这意味着儿童心理理论的发展。

表6-8　语言领域的学习轨迹之讲述

	讲述
水平1	**零散讲述** 使用词组或短语、简单句或并列的句子，罗列看到的事物或现象、事件或情节，偶尔能使用连词；有时能简单讲述事物间的空间联系，但仅是表面、片段式的联系
水平2	**大纲讲述** 能清晰且较完整地讲述结构简单的内容，能围绕主题进行叙事；对讲述的兴趣和讲述的表现性有所提高，能够在讲述中抓住主要关系与内容
水平3	**整体讲述** 开始意识到讲述要有层次，讲述的条理化和连贯性得到加强；能够进行结构完整且较长的讲述

3. 早期读写的学习轨迹

20世纪上半叶，“阅读准备”一直是“早期读写”的代名词，这种阅读准备观认为幼儿只有在心理发展达到可以进行阅读教学状态时，才能在阅读指导中获益，由此提出了推迟阅读教学的建议④。后来的“读写萌发”观(Emergent Literacy)认为，读写能力是一个自幼儿早期就出现的连贯发展的过程，并且是幼儿主动参与的过程，在前阅读和正式阅读之间没有明确的界限，并将阅读、书写和口语的发展看作是密不可分且无先后之分的⑤。具体而言，早期读写可包括

① 王婷，吴燕，吴念阳. 3～6岁儿童在不同叙事活动中的叙事能力[J]. 学前教育研究，2014(8)：17-25.
② 牛苗苗，等. 4～6岁儿童说明性讲述发展研究[J]. 幼儿教育，2017(7)：66-71+96.
③ 李甦，李文馥，杨玉芳. 3～6岁儿童图画讲述能力的发展特点[J]. 心理科学，2006(1)：25-29.
④ 夏国红. 阅读准备——概念、目标、活动[J]. 学前教育研究，1996(5)：1-2.
⑤ CLAY M. The reading behavior of five-year-old children：A research report[J]. New Zealand Journal of Educational Studies，1967(1)：11-31.

前阅读、前识字、前书写[1]，这三项技能自有其体系，故而分别考虑其发展轨迹，但是在实际中其并非孤立发展[2]。根据周兢等学者对相关研究的整理，对其发展过程进行划分[3]（参见表 6-9）。

表 6-9　语言领域的学习轨迹之早期读写

	前阅读	前识字	前书写
水平1	**单一的** 掌握拿书和翻阅的规范与规则，能对单个画面指认物体或描述情节，愿意与成人共同阅读图画书；能通过阅读封面来初步了解主角、猜测主要人物和情节；能在成人的提示下模仿或回忆主角的行为，但是不能在情节之间以及情节与生活间建立联系；会表达自己对图画书的喜爱	**感知的** 在生活中关注常见的符号，意识到符号具有意义，但是不认识文字	**无意识的** 以随意的线条和涂鸦“假装”书写或无意识地模仿成人的书写
水平2	**联系的** 熟练掌握阅读规则，能迅速找到指定页面，会经常翻阅自己喜欢的或与成人共读过的图画书；能了解主角的行为，描述单个丰富情节并串联前后情节，在成人的提示下猜想后续情节；能较为连贯地叙述情节，表现出移情性反应并主动模仿人物行为；会表达自己对图画书及其中人物的理解与喜好	**具体的** 逐渐获得生活中符号和文字的意义；能区分文字与图画，往往从视觉大小来分析文字的大小；知道文字之间有间隔，能对汉字进行点数，积极地辨认生活中的符号与文字	**过渡的** 能在纸上“书写”一些随机的符号、图形，但并非正式的书写，有时也能书写结构简单或有特点的汉字
水平3	**整体的** 了解环衬、扉页在图画书中的作用，能熟练地跟随成人的朗读翻阅图画书，养成较广泛、定期和专注的阅读习惯，具有初步的独立阅读能力并乐于分享；能细致观察人物（心理）状态和细节，整体感知并理解、预测情节；能准确地解释人物行为或状态的出现原因，合理地评价人物特质，思考内容主旨	**概念的** 会主动关注并寻找符号和文字的意义；能将汉字与图形、图画明确区分，开始初步认识符号和文字在书写形式上的固定性表征；会根据情境线索或对表意性强的汉字猜测其意义，在生活和阅读中自然习得一些汉字	**多元的** 能书写一些简单的汉字字形，会用图画、符号等多种形式来表达较复杂的意思

① 余珍有.幼儿园语言领域教育精要：关键经验与活动指导[M].北京：教育科学出版社，2015：68.
② TEALE W，SULZBY E. Emergent literacy：Writing and reading[M]. Norwood：Ablex，1988.
③ 周兢.学前儿童语言学习与发展核心经验[M].南京：南京师范大学出版社，2014：216-222，247-253.

续表

	前阅读	前识字	前书写
水平4		**形式的** 表现出对图画书中文字的更多关注；能按照正字法规则摆放汉字的部件；能基本正确地指出汉字中的部件，会使用情境、语法、部件线索猜测字词含义	**策略性的** 利用汉字“同音”“形似”等特点进行书写，以表达复杂含义

首先，前阅读关注幼儿的图画书阅读，是幼儿在良好阅读习惯和行为养成、阅读内容理解和阅读策略形成、阅读内容表达与评判共三个方面的发展。

在单一水平上，幼儿可以知道基本的翻阅规则，比如知道要一页一页地翻书、不会撕书和乱扔书，能在空余时间积极主动地翻阅图画书，但是对图画书的认识主要局限于单个画面，无论是在阅读中指认物体还是描述情节，都缺乏逻辑性和关联性，也不能将故事主角的行为与自己的实际行为进行联系。不过，幼儿对看过的图画书是有意识的，能在绘画中回忆形象，也能表达自己对图画书的喜恶。进入联系水平，幼儿对图画书的整体结构和阅读规则的运用更加熟悉，并初步接触图书的整理，对人物行为和情绪的理解更深入，能指着画面更专注地阅读，在描述情节时也开始能将前后的画面联系起来，并在生活中联系主角行为而调节自己的行为，从图画书中习得某些经验(如学会写信)，在表达对图画书的喜恶时还能说出原因，以及对具体人物的看法。发展到整体水平的幼儿，其对图画书具体结构(如环衬)及其作用的理解、阅读的题材范围、阅读时间和专注度以及独立阅读能力都有所提高，而且对画面人物的行为状态和心理状态都有更细致的观察，并能准确解释各种情节出现的原因，在描述图画书内容的时候也更加完整准确，会关注情节的变化并做出多种方向的预测，并对人物特质与故事主旨进行思考与判断。

其次，前识字旨在发展幼儿文字意识，关注生活中的符号和文字，强调文字符号与情境的联系，具体包括获得符号和文字功能的意识、发展符号和文字形式的意识、形成符号和文字规则的意识，这三方面的发展总体来说有着先后顺序，但是也存在重叠。

感知阶段的幼儿会有意识地关注生活中的各种符号和标识，尤其是指示商店、交通等的功能性标识符号，他们知道各种符号和标识应是有特定意义的，尽管他们并不认识具体的汉字，往往是通过无意识记的方式积极辨认各种符号和文字。随着幼儿开始对符号和文字的形式和规则有认识，他们会发展到具体水平。此时，幼儿开始将文字和符号与意义联结，他们会知道图画书阅读时，教师的口语、书上的文字、画面的意义这三者之间有联系。这得益于他们对文字的认识，知道只有类似方块字的文字才有意义和发音(但说不出原因)，会基于文字之间的间隔对其点数，对自己名字的汉字特别敏感。但是，幼儿通常将文字大小和其所含意义对应的视觉大小统一起来，比如大象比蚂蚁大，所以“大象”的文字也比“蚂蚁”的文字大。概念水平上的幼儿表现出对符号和文字更大的热情，并知道符合汉字形式的才是成人能够认识的文字，不再将物体大小和文字大小混淆，会猜测一些具体情境中的字(比如动物园门口的字)或象形字(比如“山”)的意义。最终，专注于文字并从部件的角度理解汉字，意味着幼儿发展至形式水平。幼儿将能合理摆放汉字部件，通过识别不同汉字之间的相同部件来猜测含义或发音，尽管会有错误发生。

最后，前书写的发展过程与前识字中的某些内容有所重叠，像是对汉字结构、汉字与汉字之间排列特点等的认识同时会增加对识字和书写的认识。这里主要从表达的角度构建前书写发展路径。幼儿最初对具体的文字体系和书写方法是一无所知的，他们无意识地“书写”，但又能有意识地将这种行为与画画区分，为其进一步发展奠定了基础。随着纸笔互动经验的积累，过渡水平上的幼儿尽管还无法进行正式的书写，但是他们“书写”的符号、图形或简单汉字已不是无意识表达的结果，有时是对环境中文字信息的直接反馈。多元表达意味着幼儿的书写更具创意，他们会在不会写某字时用图或相近字来替代。策略性水平上的幼儿会比较有效地利用汉字“同音”“形似”等特点以自创的形式表达更复杂的内容。

(五) 艺术领域的学习轨迹

审美发展研究是基于发展心理学、审美心理学等多学科以研究个体审美认知发展为内容的研究领域，它可以用于解释个体审美心理结构完善的过程。目前，研究大多是按年龄段来捕捉个体审美发展的一般特点，尚未对学龄前期幼儿的发展有更细致且明确的路径描述。但是，依据其审美认知特点也可以为总体的活动安排提供参考。根据加德纳提出的审美认知发展五阶段理论，学龄前儿童处于符号认知阶段，他们开始掌握图像、手势、声音、数、形式和语言等多种符号的意义，这为他们理解艺术提供了基础。但是，由于知识的不足，他们难以掌握艺术品的整体特征，对艺术品的风格或形式并不敏感①。

如表6-10所示，幼儿艺术创作的发展可以着重关注音乐、绘画和手工创作三个方面。

表6-10　艺术领域的学习轨迹

	音乐能力	绘画能力	手工创作能力
水平1	**本能的** 能对声音做出反应，自发地、本能地“创作”并唱歌	**乱线涂鸦** 画图实际上是随便乱涂，只是将兴趣集中在由手的有节奏运动而产生的快感上	**无目的的** 纯粹的玩耍，只是满足于手工操作的过程
水平2	**模仿的** 能将听到的歌曲或声音片段模仿地唱出	**命名涂鸦** 将涂鸦图形与相似的事物相联系	**象征的** 制作的东西能体现物体的基本部分，但整体感不佳
水平3	**可识别的** 能感知旋律轮廓，初步辨别音高、音区	**前图式** 能用所画的图像来表达自己的意象，但多半是粗略、不完整地表达；所画图形无远近、立体之感	**样式化** 出现曲线、有角度的式样，物体连接更为流畅，细节表现更丰富
水平4	**进一步识别** 能进一步辨别音高、音区、响亮之声与柔和之声，能从简单的旋律中辨认出相同的部分	**图式** 绘画开始作为客体从个体身心中独立出来，但是图画的内容仍受个人经验的和兴趣的影响；表现出空间感	
水平5	**前鉴赏的** 知道有调性的音乐更好听		

借鉴心理学家舒特·戴森对婴儿期至成年期音乐能力一般发展历程的研究②，幼儿会从起初对声音的本能反应，逐渐发展至开始模仿声音，而对旋律特点的感知是幼儿音乐能力的重要发展，他们将对音高、音区、音色等表现出一定的敏锐性。在学龄前，幼儿基本上只能达到对成调之音的初步鉴赏，在节奏感、韵律感等方面的发展尚不完善。

---

① 李红，刘兆吉．儿童审美心理的发展[J]．西南师范大学学报(哲学社会科学版)，2000(2)：53-57.

② 张奇．儿童审美心理发展与教育[M]．北京：北京师范大学出版社，2000：85.

儿童绘画的发展研究起始于19世纪末的欧洲，德国学者柯申斯忒纳历时7年对58 000名儿童共30万张图画的研究是其中最普遍、最精细的[①]，以柯氏对儿童绘画发展路径的研究成果和我国学者陈鹤琴对其长子陈一鸣研究提出的儿童绘画发展阶段论为主要依据，结合其他东西方国家学者的研究成果[②]，下文将幼儿绘画发展轨迹大致分为四个水平。

幼儿早期的绘画处于乱线涂鸦水平，既无系统，又无秩序，但是这种涂鸦行为的混乱程度会随着幼儿生理的发育和绘画经验的增加而逐渐降低，从最初的涂抹出纸外到出现曲线和圆形。命名涂鸦阶段是幼儿从乱画走向象征期的过渡，他们开始意识到所画与自己经验之间的联系，会自言自语地说明自己画的东西，画出的内容也逐渐开始形成简单的象形图样。前图式水平上的幼儿能对自己画出的内容赋予意义，但是由于画面上基本是一些"几何的线条"，所以不能真正且完整地表现出所画对象的真实面貌，"蝌蚪人"便是此阶段的一个典型表现，并在空间构图上表现出"X光底片"式图画。图式水平意味着幼儿能有意识地将周围事物与自己的经验较合理、完整地用图画表现出来，基底线的画法会在此水平出现，但是在透视关系、写实性和色彩表现上均还有所欠缺。

手工创作是幼儿美术创作活动的重要部分，但是人们对幼儿手工创作发展的研究相对薄弱。与绘画发展类似的，幼儿手工创作的发展大致可分为三个阶段[③]：最初的手工活动在幼儿看来只是一种纯粹的玩耍，他们享受着自主活动的快感，不理解也不能正确地使用手工工具和材料；当幼儿开始呈现出有意图的尝试，他们能粗线条地做出物体的基本形状，或将一些形状机械地相加为一个整体，但总体上还不够协调且缺乏细节；样式化水平的幼儿在作品表现上更加丰满，在手工式样、整体流畅度和细节呈现上均有所提升。

三、"探究'小鸡从哪里来'"课程的活动目标与发展重难点

以课程知识结构为基础，以幼儿在各领域上的发展路径（即学习轨迹）为依据，结合《指南》的相关要求，从科学、社会、健康、语言、艺术五个领域分别确定小班、中班、大班的活动目标与发展重难点。

---

① 北京市教育科学研究所.陈鹤琴教育文集[M].北京：北京出版社，1983：378.

② 张奇.儿童审美心理发展与教育[M].北京：北京师范大学出版社，2001：3-17.

③ 孔起英.幼儿园美术领域教育精要：关键经验与活动指导[M].北京：教育科学出版社，2015：182-187.

(一) 活动目标

如表 6-11 所示,五大领域覆盖了幼儿的学前教育全过程,而小班、中班、大班在同一领域上的活动目标又呈现出逐级提高的特征,以实现发展的连贯性与一致性。

表 6-11 "探究'小鸡从哪里来'"课程的领域目标与阶段目标的双向细目表

	小班	中班	大班
科学	1. 经历孵化小鸡的探索过程,对小鸡的生长过程产生好奇,获得一些随机性的发现; 2. 在指导下通过观察了解、辨别小鸡的基本外显特征,知道小鸡的各种需求、行为; 3. 在孵蛋与饲养活动中积极思考,大胆讲述自己的发现	1. 在饲养小鸡的活动中积极提出问题,并尝试探索问题的答案,感受小鸡的成长变化; 2. 能辨别和比较不同种类的鸡的特征,知道小鸡需求、行为的产生与变化的原因; 3. 能客观描述探究中的发现,能自己设计记录方法,用多种方式进行记录	1. 在主动承担饲养小鸡的活动中,自主探究遇到的问题; 2. 感知小鸡的生命周期,了解生物与环境的相互作用; 3. 能记录探究中的要点,针对探究中的发现提出自己的观点,做出推论或猜测
社会	1. 认识幼儿园中的同伴和教师,初步了解自己与他们的关系; 2. 能表达并尝试调节自己的情绪,能察觉常接触的人的情绪; 3. 对群体活动有兴趣,能在成人的提醒与引导下了解并遵守集体生活的基本规则	1. 知道自己和同伴有不同; 2. 能尝试化解人际交往中的冲突或寻求成人的帮助,能理解他人情绪的变化; 3. 愿意并主动参加群体活动,在群体活动中承担一些力所能及的工作	1. 知道自己的班级和中班、小班不同; 2. 能理解他人情绪产生或变化的原因,知道个人与集体的关系; 3. 积极、快乐地参与群体活动,在活动中表现出团结、合作、承担责任等亲社会行为
健康	1. 了解自己身体的基本外部特征,能从性别和外形等特征上初步比较自己与他人; 2. 通过照顾小鸡,知道要养成良好的生活与卫生习惯,并能在提醒与引导下做出相应的行为	1. 知道自己的身高、体重与外貌特征; 2. 从小鸡的生长过程中受到启发,能主动地认识并做出一些有利于健康的举动	1. 能发现将人们区分开来的个人特征; 2. 通过为小鸡生长提供良好的条件,促进自身根据实际情况积极地养成一些健康行为习惯

续表

	小班	中班	大班
语言	1. 愿意讲述自己的所见所闻，愿意倾听他人介绍自己的发现； 2. 主动要求成人读图书，能意识到符号具有意义，知道拿书的方法，能爱护图书； 3. 喜欢用涂涂画画表达一定的意思	1. 能清晰且较完整地讲述自己在饲养活动中经历的事情，能耐心倾听他人讲述的故事； 2. 基本掌握阅读规则，能描述少量画面的情节，积极获取文字与符号的意义； 3. 能用简单的图形、符号和汉字记录饲养过程	1. 能有条理、有层次地连贯讲述饲养中的故事，并生动地描述更多细节，能倾听并理解他人对小鸡领养任务或计划的讲解； 2. 具有初步的独立阅读能力，善于思考内容主旨，在阅读中习得一些汉字； 3. 能结合多种形式充分记录自己的饲养过程
艺术	1. 能对自然界中的声音做出回应； 2. 能用声音、动作、姿态模仿小鸡在自然生活中的情景； 3. 能用简单的线条和色彩大致描绘小鸡的基本形态	1. 感知小鸡叫声的特点，知道小鸡与其他动物声音的不同； 2. 能有意识地用绘画、手工创作等方式表现自己观察到的小鸡	1. 能用丰富的色彩，通过适当的构图画出小鸡的生活日常； 2. 尝试用自己制作的艺术作品布置鸡窝； 3. 愿意和别人分享、交流自己的艺术作品和美感体验

科学领域的知识、过程、态度等多方面的发展构成了相对融合的活动目标。小班幼儿主要以孵蛋活动初步认识小鸡从哪里来，其间对幼儿观察、记录等能力发展的指导是十分重要的，也将为后续阶段的科学活动奠定基础。进入中班，幼儿对小鸡孵化和饲养过程的探究更加深入，尤其是了解小鸡生活习性进而更好地满足其成长需求的饲养活动，并且幼儿要逐渐学会对活动中发现的问题有目的地进行相关探究，相对独立地设计探究过程。尽管中班幼儿的探究结果可能还不足以让他们完全解决某一问题，但这也是他们提升探究能力的一个过渡。进入大班，幼儿的探究形式、探究内容、探究结果都应有进一步的扩展，主要体现在活动发起的自主性、活动设计的目的性，以及活动结果的延伸性。这一阶段不仅要继续让幼儿了解更多有关小鸡生长的细节要点，更要拓宽幼儿对自然界关系的认识，使之在探究活动中获得可持续发展的能力。

幼儿对社会关系的认识要以自己为出发点，逐步扩展到认识他人以及他人的多样性，进而感受集体的变化，这些发展将在课程的一系列合作活动与集体游戏中实现。小班幼儿尽管在一定程度上要关注自我，但是仍然要认识到周围人的存在并试图感知自己与他人的关系，也要在教师的引导与帮助下学会参与集体活动。中班幼儿需要在人际交往上有一定发展，尤其要提升其观点采择能力。大班幼儿则需要对集体有更深入的认识，从群体活动的角度来习得一些基本的亲社会行为。

健康领域的目标指向对身体的认知和习惯养成两方面。幼儿在观察小鸡外形的同时，需要了解自己与他人的身体特征。对于小班幼儿来说，他们只需要对高矮胖瘦等基本外部特征以及性别有初步认识，而对身高、体重等用于具体描述身体特征的指标是中班幼儿应了解的，大班幼儿则需要从“个人特征”的角度来认识自己与他人。在良好习惯养成（即身体管理）方面，三个阶段的目标分别以引导遵守、主动认识、自发行动为核心要点。

小班幼儿在讲述能力和读写能力上还处于发展的起步阶段，此时应着力于使幼儿获得能够助其有实质性发展的心向，即对讲述、读写的兴趣与意愿，对于讲述和读写的质量不做过高的要求。随后，幼儿需要在了解小鸡和饲养活动中提高听、说、读、写的能力，重点关注讲述的完整性以及符号文字的意义获取与表达。进入大班，语言领域的发展将是对“精致化”的追求，这意味着讲述过程的生动化、内容的细节化和情感的丰富化。同时，领养活动为幼儿提供了更大的自主活动空间，幼儿需要通过主动的阅读图画书来增加有关饲养小鸡的知识，以帮助其克服可能的困难，记录饲养过程的创造性表达也应更为明显。

在艺术领域，幼儿应在与小鸡互动的过程中不断增加对生物乃至整个自然界的认识，其具体形式以艺术创作为主。小班幼儿只需要对其所见所闻做出较粗略的回应，主要是模仿听到的声音，将看到的内容和自己绘画的内容建立初步联系。中班幼儿需要进一步理解小鸡叫声的特点，这也与他们对音乐基本要素的感知有关，同时，艺术创作的意图性要提高，要让幼儿尽可能充分地画出自己想画的各种内容，帮助他们朝着图式水平的创作能力发展。大班幼儿应在艺术欣赏与创作的整体性上有所提升，让幼儿学会画出包含更多对象的图画，在领养小鸡时尝试自己设计鸡窝的布局，并将自己的艺术体验与他人分享。

（二）发展重难点

根据课程知识结构的分析，科学、社会、健康是“探究‘小鸡从哪里来’”课程的重点领域，而结合各领域学习内容及其发展轨迹的描述，可以认为科学、社会、语言是该课程的难点领域。下面就各领域分别确定其发展重点与发展难点。

围绕“小鸡从哪里来”的探究活动，其侧重点从小班的孵蛋，到中班的饲养，再到大班的自主探究，其内容不断丰富，开放性也逐渐提高。科学探究始终是科学领域的难点，由于小班幼儿专注力较差，且缺少系统探究的经验，所以掌握基本的探究方法（主要是如何观察）是难点。中班与大班的探究难点分别是幼儿的主动性与自主性，前者指向了幼儿能否发现并尝试解决问题，后者更侧重于探究全过程的自发组织。

相应的，社会领域的发展重点应是以科学探究为载体的集体活动中的各种能力与品质。以教师引领为主的小班活动应关注幼儿对集体活动的初步适应，遵守基本规范对于此阶段的幼儿来说有一定难度，因为他们可能还无法很好地处理自己与他人的关系。随着幼儿对同伴以及集体游戏的熟悉，人际交往的冲突可能会明显，学习理解与尊重他人的行为与想法是中班社会性发展的难点。进入大班后，合作活动的自主性提高，重点是要合理分配幼儿在集体活动中的角色，既要让幼儿知道自己在团体中适合哪一项工作，也要鼓励他们勇于承担具有挑战性的任务，所以团体的和谐、凝聚以及个人的专注与责任感是该阶段的发展难点。

健康、语言、艺术三个领域的发展重点与发展难点在小班、中班、大班三个阶段内的差异不大，尽管在内容上未做区分，但是对其程度的把控需视幼儿所处阶段而定。就该课程而言，健康行为、听说读写的基本技能，以及艺术创作是三个可以重点发展的方面，但是将健康行为转化为幼儿生活中常规的习惯需要幼儿认同行为并具有毅力。高质量的阅读与书写对幼儿来说也是一项挑战，而看似自由发挥的艺术创作，在处于课程情境中时应基于小鸡的需求，实则是融合了科学领域发展的艺术创作活动。

各阶段、各领域的发展重点与发展难点如表 6-12 所示。

表 6-12　“探究‘小鸡从哪里来’”课程的发展重难点

		科学 ［重］［难］	社会 ［重］［难］	健康 ［重］	语言 ［难］	艺术
发展重点	小班	孵蛋过程	集体活动适应	认识、理解并执行健康行为	听、说、读、写的基本技能	基于观察小鸡及其生活的绘画与手工创作
	中班	饲养活动	冲突与分歧的化解			
	大班	自主探究	活动中的角色分配			

续表

		科学 [重][难]	社会 [重][难]	健康 [重]	语言 [难]	艺术
发展难点	小班	科学探究方法	集体活动的基本规范	积极、自发地做出健康行为	倾听的耐心；口头表达的清晰性、完整性、连贯性、条理性；阅读的规范性、独立性；书写的多样性	根据小鸡的习性需求进行环境布置
	中班	主动探究	理解与尊重			
	大班	自主探究	责任承担与团结合作			

四、“探究‘小鸡从哪里来’”课程的活动评价

基于生态观的幼儿活动评价，教师应重视在活动过程中建构幼儿的真实反应，让幼儿在活动情境中充分表现自己。因此，此次探究活动选择对幼儿表现进行观察和记录的评价方式。

具体而言，首先，课程学习轨迹的刻画以及活动目标与发展重难点的确定，为活动评价提供了评价目标。评价并非结果导向，而是以发展为导向，将幼儿学习轨迹作为参考路径，基于最近发展区的理念，通过观察后的评价分析来提供进一步的支持策略，以评价促发展，而非将评价作为活动的终点。其次，课程知识结构的搭建初步预设了课程发展的可能维度。同时，评价内容又需要依据实际的活动设计进行调整，始终留有不确定的余地。最后，评价的实施主要体现观察记录的即时性，通过教师随堂记录或借助现代技术工具，尽可能多地获得关于幼儿表现的信息，用于后续的进一步分析。本章的后三节将选取小班、中班、大班的部分活动，以轶事记录的方法呈现活动评价，依据评价目标和评价内容对事件实录进行解释，并提供可能的支持性策略。

五、“探究‘小鸡从哪里来’”课程的活动安排

基于对“探究‘小鸡从哪里来’”课程的整体分析，试图对小班、中班、大班的活动进行整体规划，表 6-13 至表 6-15 仅是对该课程做出的一种可能的活动设计方案(扫描二维码可以查看具体活动设计)。在活动内容的选择与设计上，以前期的整体分析为参照，却不受其限制，以充分体现生态课程的开放性与动态性；在活动的组织与安排上，突出单个活动所指向的重点发展领域，同时渗透其他领域的内容，逐步提升各年段的发展要求，以体现生态课程的整体性与层次性。

表 6-13 “探究‘小鸡从哪里来’”课程的小班活动安排

活动主题	活动内容	活动材料
第一周： **探秘鸡蛋** 通过了解鸡蛋的结构图和对受精的解读，了解动物胎生和卵生现象	1. 区分生蛋与熟蛋； 2. 了解受精蛋； 2. 寻找受精蛋； 4. 验证受精蛋	各种鸡蛋、放大镜、记号笔、电筒、碗
第二周： **了解孵蛋** 幼儿的生活经验较少，他们都觉得有蛋就能孵出小鸡来，那么怎样才能孵出小鸡呢？带着他们满满的好奇，再次展开一场关于怎样孵蛋的探秘之旅	1. 讨论怎样才能孵出小鸡； 2. 确定孵蛋方案； 3. 认识孵化器	亲子调查表、平板、电脑、孵化器、统计表
第三周～第六周： **孵蛋进行时** 在漫长的等待中，幼儿通过亲自操作、直接感知、仔细观察、认真记录等方式，进一步感受蛋宝宝在成长过程中的不断变化	1. 照顾蛋宝宝； 2. 观察蛋宝宝； 3. 孵蛋倒计时； 4. 记录蛋宝宝的成长； 5. 小鸡出壳	计时器、温度计、电筒、喷壶、孵化器、受精蛋、遮光布、记录笔、记录表
第七周： **孵化后** 和幼儿一起通过饲养活动，感知生物的多样性和独特性，以及生长发育、繁殖和死亡的过程	1. 寻找孵化失败的原因	遮光布、温水、电脑、记录纸、铲子
第八周： **小鸡初印象** 幼儿对于这个新生命十分喜爱，应鼓励幼儿继续照顾小鸡，通过视、听、嗅等多种感官，仔细观察小鸡，培养其爱心、细心、耐心、责任心等良好品质	1. 认识小鸡	小鸡、投票统计表、纸箱、保温灯、温水、小颗粒饲料

表 6-14 “探究‘小鸡从哪里来’”课程的中班活动安排

活动主题	活动内容	活动材料
第一周： **我是小小饲养员** 饲养活动是幼儿园生活教育的重要组成部分，可以让幼儿更真切地感受动物的成长变化、感受生命的神奇魅力	1. 绘本阅读； 2. 了解小鸡的生活习性和饲养方法	录像、绘本《小鸡从哪里来?》、饲料、纸箱
第二周： **鸡窝诞生记** 经历“设计鸡窝—寻找材料—布置鸡窝”的探究过程，幼儿在亲身体验、观察、实验操作中能逐渐拓展经验，还能更加直观地了解小鸡对生长环境的适应性，并积累探究方法和提高解决问题的能力	1. 设计小鸡的家； 2. 打造温暖的家； 3. 为小鸡的家取名； 4. 为鸡窝挂牌	纸箱、稻草、保温灯、标记牌、食盆、尿片
第三周～第六周： **小鸡成长记** 在陪伴小鸡成长的过程中，幼儿观察、照顾、感受小鸡细微的变化，不仅仅可以了解小鸡，更多的是学着理解生命的奥妙	1. 带小鸡散步、觅食； 2. 小鸡创意画； 3. 给小鸡唱歌、讲故事； 4. 和小鸡赛跑	
第七周～第八周： **鸡的一家** 想知道小鸡的品种、性别、食物，就要引导幼儿用适宜的方法探究问题。通过记录帮助幼儿丰富经验，让记录更有意义	1. 辨别公母； 2. 调查小鸡品种、饮食习惯、生活环境	公鸡、母鸡、调查表、记录单、记号笔

表 6-15 "探究'小鸡从哪里来'"课程的大班活动安排

活动主题	活动内容	活动材料
第一周～第二周： **我来领养你** 让孩子自己做能做的事情，在照顾小鸡的过程中，孩子们能逐步养成为他人、为集体服务的意识以及良好的劳动习惯	1. 给鸡搬新窝； 2. 了解鸡蛋的营养价值	纸、笔、砖头、麻布、铁丝网、邀请函、乔迁之喜礼物（青菜、气球、红丝带……）、挂牌、鸡蛋
第三周： **臭臭的"便便"** 孩子们从"抵触便便—知道便便的好处多—主动清理便便"的过程中，不仅能克服内心的抵触，还能学到有关小鸡"便便"发酵的知识	1. 了解并正确处理"便便"	电脑、绘本、铲子、薄布、口罩、手套、扫把、簸箕
第四周～第六周： **小鸡怎么了？** 饲养活动中，让幼儿围绕小鸡为什么生病展开激烈讨论，让幼儿之间的经验得以传递，形成新经验、新问题。他们互相分享自己的疑惑，互相解答着同伴的问题，一起通过实践、探索解决困难	1. 应对生病的小鸡； 2. 迎接新生命	药、铲子
第七周～第八周： **我和小鸡的故事** 通过孵蛋、饲养小鸡的活动，幼儿能正确认识生命、感悟生命的来之不易，从而敬畏生命、爱惜生命，形成受益终身的学习态度和能力	1. 记录和小鸡的美好故事	勾线笔、涂色笔

通过对课程进行整体化设计，将同一主题贯穿小班、中班、大班，根据幼儿发展的阶段性特征确定不同的活动内容与发展目标，有助于实现幼儿在各领域上发展的连贯性。横跨三个年段的课程覆盖了所有领域，这样在年龄段和内容领域上均一体化的设计是生态课程转化为教学实践的核心要义。

第二节　小班的个性化活动

以小班“生蛋 & 熟蛋?”“这颗蛋受精了吗?”“孵蛋进行时”“小小蛋儿把门开”共四个活动为例，每个活动均先呈现活动设计，然后对活动实施后的典型片段实录、事件解释、支持性策略三个方面进行分析，以回应小班“探究‘小鸡从哪里来’”课程的活动评价。

一、“生蛋 & 熟蛋?”

【活动目标】

1. 通过摇摇、看看、照照等方式初步获得正确区分生蛋和熟蛋的经验；
2. 尝试用多种方法记录自己的实验结果，并能大胆与同伴分享自己的发现；
3. 乐意参与区分生蛋和熟蛋的探索活动，体验探究和发现的快乐。

【活动准备】

盘子；生鸡蛋、熟鸡蛋若干；盐水、电筒、记录卡、记号笔等。

【活动过程】

(一) 导入活动，激发兴趣

教师：老师这里有两个鸡蛋，一个是熟鸡蛋，一个是生鸡蛋，请你们想一想可以有什么办法来区分?（注意引导幼儿仔细观察两个鸡蛋的外壳，大胆猜测、讲述分辨生蛋、熟蛋的方法。）

环节评析：开门见山，直接导入，让孩子的注意力一下子就集中在蛋宝宝上了，同时锻炼了幼儿的口语表达能力。

(二) 师幼讨论，鼓励探究

教师：除了用“打开”的方法区分生蛋和熟蛋，还有其他方法吗?（讨论多种区分生蛋和熟蛋的方法）

随后使用课件向幼儿展示区分生蛋和熟蛋的方法。（在播放课件的时候引导幼儿仔细倾听分辨生蛋和熟蛋的方法有哪些，激发他们动手操作实验的欲望。）

环节评析：幼儿的思维特点是以具体形象思维为主，教师应注重调动幼儿的已有经验，引导幼儿通过直接感知进行学习。因此，此环节采用生动形象的课件，引导幼儿在欣赏中主动地倾听、了解分辨生蛋熟蛋的方法，萌发操作实验的兴趣和意识。

（三）尝试实验，自主探究

1. 将操作材料分为三个区域：旋转区、摇一摇区、光照区，鼓励幼儿自主选择喜欢的区域进行实验，提醒幼儿在实验过程中通过仔细观察、感受、倾听来分辨两个鸡蛋的不同，并把自己的发现用贴标记的方式记录下来，同时提醒幼儿在操作时要轻拿轻放，保护好鸡蛋。

2. 幼儿分组，自主选择方法探索操作，并进行记录。

（1）用旋转区分生蛋与熟蛋。（可引导幼儿观察两个鸡蛋旋转的速度和时长，哪个鸡蛋转得快，转得时间长。）

（2）用摇一摇区分生蛋与熟蛋。（可引导幼儿将鸡蛋放在耳朵边摇一摇、听一听，有没有什么声音，手上仔细感受一下哪个鸡蛋里面在晃动。）

（3）用光照区分生蛋与熟蛋。（可引导幼儿透过光仔细观察两个鸡蛋的不同，哪个鸡蛋有光透现象。）

环节评析：幼儿分组进行合作实验、观察、交流，通过与活动材料和环境的互动学习，不断解决问题并得出结论。教师则创设轻松的探究氛围，帮助幼儿通过实验发现两个鸡蛋的不同，及时给予技术支持，促使幼儿解决问题的能力以及独立学习的技能在合作中得到发展，更为可贵的是幼儿的探究欲望得到了满足，探究能力得到了提升。

（四）集体交流，分享发现

1. 分享发现，猜测结果

教师：刚才你用了什么方法来区分生蛋与熟蛋的？你发现了什么？那你觉得哪个蛋是生的，哪个蛋是熟的呢？（鼓励幼儿根据自己的记录卡，在集体面前大胆并连贯地讲述自己的操作方法、发现及猜测。）

2. 集体验证

教师：他们的猜测对不对呢？我们一起打开来看看。

3. 根据小组谈话分享情况，集体记录实验结果。（在集体验证的过程中，和幼儿一起总结出生、熟鸡蛋在不同情况下的不同状态特征。）

教师小结：生鸡蛋摇的时候有晃动感，熟鸡蛋没有；用旋转方法分辨时，生蛋转得慢些，熟蛋转得快些；用电筒照的时候，生鸡蛋光能透过去，熟鸡蛋光透不过去。

环节评析：要支持幼儿通过直接感知、实际操作和亲身体验等方式积累经验。在这个环节中通过分享活动，孩子们能够互相分享自己的发现，积极地表达，观察力、社会性、语言表达能力都得到了充分的发展，在互动中获得新的认知。

（五）再次实验，体验成功

教师：原来在区分生鸡蛋和熟鸡蛋的实验中会有这么多有趣的发现啊！你们还想不想用这些方法再来试一试，看看这一次能不能一下就分辨出来？

教师：这次在实验中一定要仔细观察、感受两个鸡蛋的不同。

环节评析：再一次给予幼儿探究发现的机会，让幼儿在宽松的氛围中与同伴一起合作，幼幼互动，生动有趣，使孩子真正地做活动的主人，最终他们通过活动锻炼了自己的操作、观察和讲述能力。

【延伸活动】

家园共育：还有什么方法也能区分熟蛋和生蛋？回去和爸爸妈妈一起试一试。

附：操作记录卡

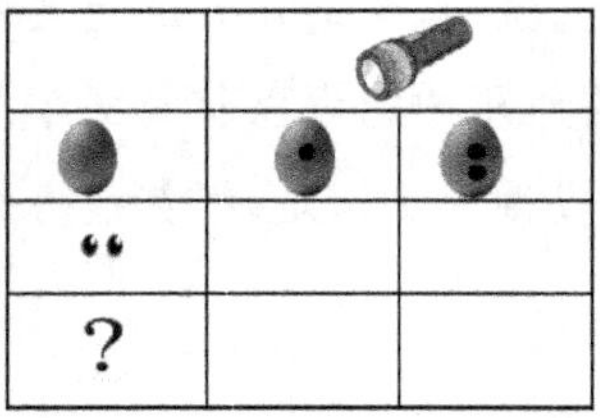

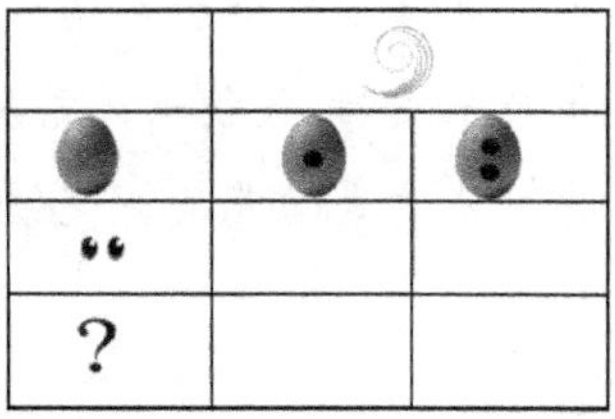

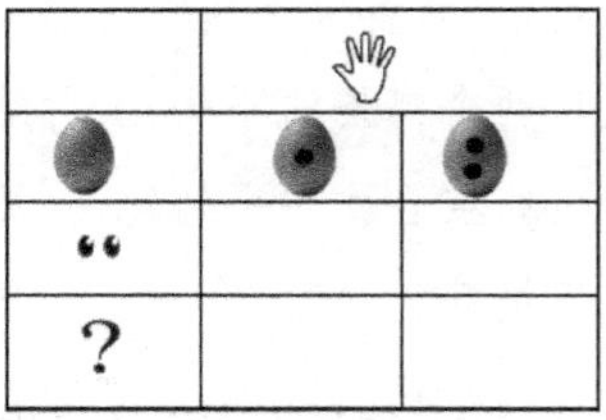

下面是在活动实施中捕捉到的两个片段：

片段一

教师带来两个鸡蛋(一个熟鸡蛋、一个生鸡蛋)，引导幼儿仔细观察两个鸡蛋外壳的不同，猜测分别对应什么鸡蛋。接着介绍三种区分办法：照一照、转一转、摇一摇。教师提醒幼儿等一会要进行记录。幼儿A转手中的鸡蛋，并发出“它转得好慢呀”的感叹，幼儿B愣在原处，不知道如何操作，教师指导“这个是一个点点的蛋，是不是呀，转转看，转得快还是慢呀”。幼儿B说“慢”。随后教师指导幼儿进行记录。另一边的幼儿C没有摇晃鸡蛋，教师拿起鸡蛋问，“握紧了摇一摇，有声音吗?”，幼儿

C答"没有","那我们就给它打一个(×)",教师道。幼儿B未理解教师意思,描绘了一个黑点在对应位置。

事件解释:

科学探究是反映幼儿科学态度的重要载体。操作中,幼儿B愣在原地,听到教师的要求后只是注视鸡蛋,进行简单的随机式探究,获得零散的发展,没有明确的问题意识。幼儿A在听到教师指令之后能够进行尝试性探究,不会随意地提出大量问题,而是开始具有一定问题意识,能够在转动鸡蛋之后判断鸡蛋的转动速度。但是他们的探究水平有限,往往只停留在现象表面。幼儿C的摆弄行为是在教师手把手地指导下完成的,没有经过幼儿个人的思考和想象,导致幼儿不知道应该画出什么结果。

支持性策略:

皮亚杰关于建构主义的基本观点是:儿童是在与周围环境互相作用的过程中,逐步构建起对外部世界的认识,从而使自身认知结构得到发展。幼儿园阶段的儿童处于感知运动发展阶段,这一阶段的幼儿心理发展特点决定幼儿园的科学探究要以真实性、适宜性为主。鸡蛋是生活中常见的、幼儿感兴趣的物品。同时选用适宜的材料和孵蛋环境,能更好地促进幼儿的探究欲望,培养幼儿自主探究的能力,端正幼儿的探究态度[①]。

在科学探究的过程中,成人要将幼儿卷入好奇和探究的情境中,但重点不是告诉幼儿答案,而是给幼儿一个探究过程的经历。教师应给予幼儿A足够的鼓励,满足幼儿的探究欲,激发幼儿的兴趣。此时,探究活动是随机的、无计划的、感官操作的,教师可以适当提示幼儿操作的场景,对幼儿做的事情进行及时反馈,使幼儿关注动作产生的结果。

对于幼儿C的摆弄行为,教师可以给予充分的肯定,这个阶段的幼儿需要的只是摆弄物体的机会,而不是其他。教师可以让幼儿自己动手操作,提出适宜的问题,例如"我们想知道它是生蛋还是熟蛋可以怎么做?""你发现了什么?",让幼儿介绍他们在摆弄过程中的发现,或者和幼儿一起摇晃鸡蛋,分享经验和乐趣。

片段二

教师和幼儿一起经历了手电筒照射、转鸡蛋、摇晃鸡蛋之后,带领幼儿一起验

---

① 姜旭.幼儿科学探究精神养成的教学策略[J].吉林省教育学院学报,2020,36(3):24-27.

证。幼儿A展示自己用手电筒照射的操作卡，教师问，“一个点点的鸡蛋能透光吗?”，幼儿齐声回答“能”。教师问，“两个点点的蛋宝宝能透光吗?”，幼儿A答“不能”，并做好标记。教师请用转一转验证生熟蛋的幼儿展示，“一个点点的鸡蛋转得……?”幼儿A小声回答“转得慢”，教师直接回应，“两个点点的鸡蛋转得快”。

事件解释：

此片段中的幼儿A、B在讲述中出现的最大特点是不完整性，其在描述鸡蛋时使用孤立、零散的词语，用“能”或“不能”进行描述，不能完整地表述一个句子。另外，幼儿A、B能注意听教师的提问并做出回应，讲话时眼睛能够看着对方，但还不能主动提出疑惑，只能对教师提问做出相应回答。

支持性策略：

语言是人类思维方式的外在体现，是人际交往中的主要工具。幼儿时期，是掌握语言最迅速的时期，也是培养幼儿口语表达能力极其关键的时期[①]。由于幼儿年龄小，其维持注意力的时间较短，因此，在教师的讲述活动中，可采用多种方式，最大限度提高幼儿在活动中的积极性，提高幼儿的语言表达能力。

考虑到儿童具象思维的心理发展特点，发展儿童观察语言时要注意帮助儿童积累与语言学习相关的直接经验。如在本片段中，教师引导幼儿，“你转鸡蛋时看到了什么，与你之前看到的什么现象类似?”可先唤起儿童的已有经验，并通过触觉、视觉、味觉等媒介进一步丰富儿童的经验，循序渐进地引导幼儿正确理解各类语言，进而引导他们向更简洁、准确的讲述方向发展。另外，叙事性讲述和说明性讲述均有可能出现在幼儿的科学探究过程中，教师可以通过阅读的方式帮助儿童积累高质量的词汇、较为专业的句式，促使儿童模仿使用相对简洁且准确的语言来进行表达。

二、“这颗蛋受精了吗?”

【活动目标】

1. 通过观看视频、亲子调查等途径，了解受精蛋的相关知识；

2. 尝试用看一看、照一照的方式初步获得辨别受精蛋的技能，并尝试说出理由；

3. 愿意在集体中表达自己的猜想和认识，与同伴分享自己的想法。

---

① 胡华丽．浅谈幼儿语言表达能力的培养[J]．生活教育，2014(18)：93-94.

【活动准备】

手电筒、大纸箱、课件、鸡蛋若干；经验上，通过亲子调查表，了解受精蛋的相关知识。

【活动过程】

(一) 谈话导入，激发兴趣

教师：小朋友们，你们知道小鸡是从哪里来的？那是不是所有的蛋宝宝都能孵出小鸡呢？（引导幼儿根据已有经验大胆讨论关于小鸡从哪里来的话题，引出活动主题。）

环节评析：世间万物在自然地生长，在小朋友们的眼里“生命”神奇而又美好，在一次富有生活体验的漫谈中，再次开启了孩子们对鸡蛋的探究之旅。

(二) 实施调查，初识受精蛋

1. 幼儿分享亲子调查结果。（鼓励幼儿根据自己的调查表，与大家分享自己的调查结果，在分享互动中，相互学习，初步了解受精蛋的相关知识。）

2. 打开鸡蛋仔细观察，进一步了解受精蛋的知识。（在两个小碗中分别打入一个鸡蛋，引导幼儿仔细观察两个鸡蛋中间的特征，发现它们的区别。）

教师：将鸡蛋轻轻打开，仔细观察，在蛋黄表面有个小圆圈，类似鱼的眼睛，这就是受精蛋。从正面看，囊胚像覆盖在卵黄表面的圆盘，中央为明区，边缘为暗区。

教师小结：原来鸡蛋里面还藏着小秘密，有普通鸡蛋和受精蛋，没受精的鸡蛋只是鸡卵的一部分，不可以孵化小鸡，受精的鸡蛋才可以孵化小鸡。

环节评析：和爸爸妈妈一起做调查，集体分享调查结果。孩子们将自己的已有经验与大家分享，在分享的过程中孩子们知道了得是有受精的鸡蛋并要在一定的温度和湿度下才能孵化出小鸡。幼儿在这样宽松自由的表达中增强了自身的勇气。

(三) 了解方法，寻找受精蛋

1. 观看动画，了解分辨受精蛋的方法。（引导幼儿仔细观看动画视频，学习用光照来辨别受精蛋的操作步骤及观察方法。）

教师：除了把鸡蛋“打开”来分辨受精蛋，还有没有其他方法呢？我们一起来听听科学家可以用怎样的方法来辨别？

2. 幼儿自主交流讲述，回忆科学家说的方法。（鼓励幼儿用完整的话讲述动画片里看到的操作方法）

教师小结：原来用光照的方法能更方便地找出受精蛋，用手电筒照一下，能看到里面点点的蛋才是受精蛋。

环节评析：对于孩子们的疑惑，直视实物的解答方式更符合小班幼儿具体形象思维的特性，能够充分调动孩子们的好奇心，孩子们在观察、对比分析、归纳和表达的过程中，自然而然地提升了相关科学启蒙意识。

（四）自主尝试，体验乐趣

1. 幼儿自主选择小组实践操作分辨受精蛋。（在实验过程中指导幼儿两两合作进行操作，边操作边仔细观察两个鸡蛋透过光里面会有什么不同，并进行记录。）

2. 集体交流自己使用的方法，验证结果。（鼓励幼儿大胆并且完整地讲述自己的实验过程及发现）

环节评析：幼儿活动的核心是激发探究兴趣，体验探究过程，发展初步的自主探究能力。在孵化小鸡的课程活动中，我们要善于发现和保护幼儿的好奇心，充分利用多种机会，引导和帮助幼儿不断积累关于孵化鸡蛋宝宝的经验，并运用于后期的孵化过程中。

【延伸活动】

家园共育：用学到的方法在生活中寻找受精蛋，并把找到的受精蛋带到幼儿园。

附：鸡蛋孵化调查表

鸡蛋孵化调查表

金港中心幼儿园　　调查者：

我的问题	我找到的答案
1. 什么样的鸡蛋能孵出小鸡？ 	
2. 孵蛋的方式有哪些？ 	
3. 孵化小鸡的条件是什么？ 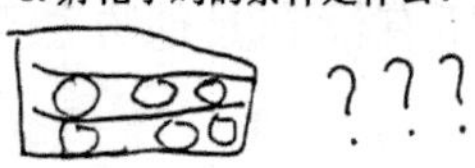	

下面是在活动实施中捕捉到的两个片段：

片段一

在学习只有受精蛋可以孵出小鸡后，教师组织幼儿观看录像，探究受精蛋和未受精的蛋有何区别以及观察受精蛋的方法。

幼儿A在观看视频时发出疑问："是受精蛋吗？"

教师问："他是怎么说的？他说把鸡蛋怎么样？敲开来。"（教师自问自答，幼儿无回应。）

教师指导："来观察一下什么样的是受精蛋呀？有这个像小鱼眼睛一样的白白的小点，这个叫胚盘。有这个胚盘的就是受精蛋。这个没有胚盘的蛋呢，是没有受精的蛋，就是我们平时吃的普通的鸡蛋。我们怎样才能区分受精蛋呢？第一种方法要怎样做？"

幼儿齐声："敲开来。"

教师追问："那这个有胚盘的是什么蛋？"

幼儿齐声："受精蛋。"

教师请幼儿上前观察已经敲好的蛋。

教师问："这个是什么蛋？"

幼儿齐声："受精蛋。"

教师："到时候就变成小鸡宝宝了，看到了吗？这个呢，有没有小白点？是什么蛋？"

幼儿齐声："没有，普通蛋。"

事件解释：

从该片段中可以看出小班的幼儿在观看视频时将注意力放在视频的内容上，更多的是好奇视频中的人在干什么。有的幼儿会自己发出疑问"是受精蛋吗？"大多数幼儿都能做到认真观看。但是当教师针对视频内容提问幼儿时，他们无法说出些什么，由此可知，幼儿在观看视频时缺乏目的性，呈现随机式探究，他们没有明确的问题意识，无法针对教师的提问做出回应。在教师提示和讲解后，他们开始能发现关键之处，并能针对教师的提问做出正确的回答，会用一些简单表征来表达自己的发现，而此时幼儿的表达是零散的，他们只会使用简单的短语或词组罗列观察的现象。

支持性策略：

观察能力是培养儿童注意广度的一个要点。儿童的观察能力越强，注意力的集中程度就越高。因此教师需要对幼儿观察进行细心指导。由于小班幼儿的科学观察往往是随机的、无目的的，在儿童从事观察活动之前，一定要为他们制订明确的观察目标，并且详细地列出观察计划[①]，让幼儿能够带着疑问有目的地观察。如，教师可以在播放视频前提问，“我们可以怎么观察鸡蛋？受精蛋和没有受精的蛋有什么不同？哪里不同？带着这些疑问，我们一起来看科学家是怎么解答”，帮助幼儿明确问题，并引起幼儿的好奇心和求知欲。

同时，小班幼儿的语言表达能力尚未形成，教师可以在科学探究过程中，鼓励幼儿勇于尝试用简单的语句清晰完整地讲述自己的发现，锻炼幼儿的语言组织能力。因此，教师可以边观看视频边做出言语提示，让幼儿边看边说，引导幼儿逐渐说出完整的句子，表达完整。在共同观看结束后，鼓励幼儿总结发现，锻炼其讲述能力。

片段二

在知道了敲开鸡蛋这一观察鸡蛋的方法之后，教师继续播放视频，带着幼儿共同了解第二种观察鸡蛋的方法——用手电筒照。

教师：“有没有看到这个受精蛋里面有什么？”

幼儿 A：“蛋黄。”

教师引导幼儿回答：“有小黑点，还有血丝。”

教师：“这个是没有受精的蛋。”

幼儿 B 手指视频，大声说：“胚盘，我看见了胚盘。”

教师无回应，并继续说：“我们来看看这个受精蛋用电筒照了以后，可以看到里面有一个什么？看有一个小黑点的影子对不对？还可以看到很多的什么？”

幼儿：“有血丝。”

教师追问：“那这个没有受精的蛋呢？有没有呀？这个普通的蛋有没有血丝呀？”

幼儿齐声回答：“没有。”

教师总结视频内容：“第二种办法就是用电筒，用光照的办法来区分。受精蛋里面有什么？”

幼儿齐声回答：“有黑点、有血丝。普通的蛋没有。”

事件解释：

幼儿 A 针对教师“受精蛋里有什么？”的提问没有做出正确的回答，她的观察发现还停留在表面，只能关注到事物非常明显或表面的特征，对观察到的内容没有实质性的认识。而教师未对幼儿 A 的回答做出评价，并直接告知幼儿有小

---

① 于帆．0～6 岁，儿童注意力训练[M]．北京：中国纺织出版社，2019．

黑点和红血丝，是缺乏指导的。同时幼儿在小班阶段有着非常强烈的表达欲望，乐意去分享科学发现。如幼儿 B 在视频播放过程中大声分享自己的发现，期望得到同学和老师的认同，但教师针对幼儿 B 的分享没有做出回应。

支持性策略：

小班幼儿在进行科学观察时的发现没有深层的认知，往往是浮于表面的，只能关注到事物非常明显或表面的特征。教师需要在言语上进行详细的引导，让幼儿自己根据所观察到的现象，一步步说出事物的本质特征。在该片段中，当幼儿 A 说出“蛋黄”后，教师应当及时引导幼儿进一步发现“蛋黄上面有什么?”，让幼儿自己说出“小黑点和红血丝”，而不是直接告知。

教师也需要掌握回应的艺术，教师在倾听幼儿的基础上要有效地回应幼儿，同时还要观察、分析幼儿的反馈信息，对幼儿进行积极的帮助和指导[①]。幼儿 B 的分享与教师接下来要讲授的内容关系不大，因此教师并未对此做出任何的回应，而是忽略。这很有可能使幼儿感到失落，打击幼儿自信心，不再愿意分享自己的发现。因此针对幼儿 B 这类与课堂相关度较低的积极分享行为，教师需予以鼓励并做出引导，将幼儿的发现引到教师想要的答案上，如“你观察的真仔细。除了胚盘你还发现了什么?”，不仅可以增强幼儿自信心，还可以给幼儿提供观察的方法，指明思考的方向。

三、“孵蛋进行时”

【活动目标】

1. 学会仔细观察蛋宝宝的外形和内部特征，尝试用语言表达自己的发现；
2. 能用感官、动作等多种途径探索小鸡的孵化过程；
3. 对孵化活动感兴趣，体验探索发现的乐趣。

【活动准备】

孵蛋器、受精蛋若干；观察记录表、记号笔。

【活动过程】

（一）认领蛋宝宝

教师：蛋宝宝在孵化成小鸡之前是需要精心照顾的，你们愿意照顾它们吗?

---

① 刘晓红，闫振刚．师幼互动方法与实践[M]．武汉：武汉大学出版社，2015．

你想照顾哪一个蛋宝宝，可以做上你的标记哦！（由于小班幼儿的绘画能力还比较薄弱，还不具备在蛋壳上绘画标记的能力，因此教师可以准备不一样图案的贴纸供幼儿选择，在认领的蛋宝宝上面贴上自己的专属贴纸。）

把蛋宝宝放进孵化箱，正式开始孵化。

环节评析：在认领蛋宝宝的活动中，可以激发幼儿参与孵蛋活动的兴趣，提高孩子们照顾蛋宝宝的责任感。

（二）孵蛋第一周

1. 了解、回顾数字孵化器孵蛋的过程及使用规则

教师：之前宝宝们已经和爸爸妈妈一起查找资料了解孵蛋的过程了，谁来说一说？（通过事先调查，孩子们有一定的知识储备，教师引导孩子们进行回顾，为接下来照顾蛋宝宝做好准备。）

2. 师幼共同商定护蛋公约

（1）每天翻蛋三次，轻轻拿取。

（2）不乱按孵化器上的按钮。

（3）发现问题，呼叫老师。

（4）排队轮流照顾蛋宝宝、不拥挤。

（5）认真观察、记录发现。

（在商量护蛋公约时，鼓励孩子们大胆表达自己的观点。）

3. 制作孵化日历

教师：宝贝们，你们知道蛋宝宝需要多久才能孵出小鸡吗？那我们一起来制作孵蛋日历吧！（21 天大大超出了小班孩子的认知范围，于是我们将 21 天拆分成了三个星期，用三种不同颜色的卡纸表示不同的星期，每过一天就划掉一天，这样的孵蛋日历就能直观地让孩子们感知等待的时间。）

环节评析：孵蛋的前 6 天蛋宝宝是没有变化的，除了翻蛋，孩子们还可以做些什么呢？为了减少消极等待现象，我们与孩子们共同制定护蛋公约、制作孵化日历，让等待变得有意义。而且在师幼共同商定护蛋公约的过程中，老师和孩子梳理知识经验，建构对规则的新认识，这个过程也是孩子们渐渐完善自己内在秩序的过程。

（三）孵蛋第二周

1. 照蛋

教师：这周开始可以照蛋啦，该怎么照蛋呢？（教师示范照蛋的方法，引导

幼儿发现蛋宝宝的变化，并在有黑点的地方用记号笔做上记号。）

2. 剔除不合格的蛋宝宝

教师：是不是每一个蛋宝宝都有小黑点和红血丝呢？（引导幼儿观察，找出孵化不成功的蛋宝宝，学会筛选。）

3. 观察、记录变化

环节评析：在科学领域的发展上，幼儿需要对事物或现象进行观察比较，发现其相同与不同之处。作为教师，我们要保护好孩子的好奇心，支持、鼓励孩子通过观察、比较，发现蛋宝宝的变化，孩子们在探究中主动学习，逐步形成受益终身的学习态度和能力。

（四）孵蛋第三周

1. 学会照顾蛋宝宝

孵化进行到第 17 天，需要将孵蛋器的滚轴撤掉，将鸡蛋放置在托板上，调整温度为 37.8 ℃，湿度增加到 70，一天喷水三四次增加湿度，软化蛋壳，增加后期的小鸡出壳率。（孵蛋器的参数由教师设定，孩子们负责喷水，教师需提示孩子们给蛋宝宝喷水时的注意事项。）

2. 第 19 天给蛋踩水

（引导孩子们把蛋宝宝放在温水中进行踩水，观察蛋宝宝在温水中的变化，如果有小鸡，等水静止后，鸡蛋就会摇动起来，就是所谓的胎动。）

3. 小鸡出壳倒计时

教师：你们猜哪个蛋宝宝会先孵出小鸡呢？（引导孩子们通过观察蛋壳破壳程度、听小鸡叫声等方法来猜测。）

环节评析：小朋友们在护蛋、探蛋、孵蛋的过程中，不仅了解了鸡蛋的秘密，知道鸡蛋在孵化过程中的变化，还学会了耐心等待和细心观察。从一颗颗鸡蛋到破壳的瞬间，21 天的等待，我们看到了孩子们坚持探索，积极思考的过程。在这一过程中，小朋友们通过直接感知、实际操作和亲身体验不断探索与学习，在获得知识的同时，也真切感受到生命的奇妙，逐渐懂得了热爱、尊重和保护每一个生命。

【延伸活动】

家园共育：和家长一起查找资料，学习照顾小鸡的方法。

附：孵化日历、操作记录卡

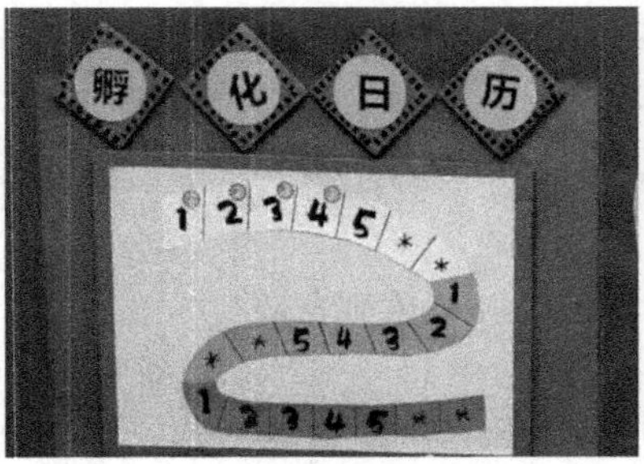

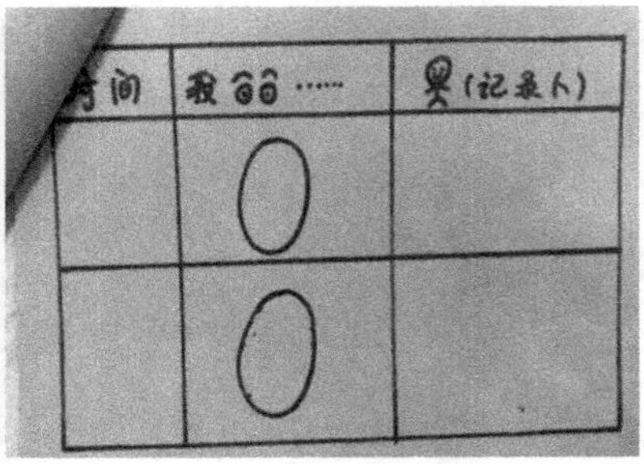

下面是在活动实施中捕捉到的两个片段：

片段一

第 11 天照蛋之前幼儿已经有一定的照蛋经历，第 8 天时教师指导幼儿轮流照蛋，观察蛋中是否有黑色物质，以此判断鸡蛋的健康情况，照蛋过后教师引导幼儿记录观察结果，幼儿将红色、黑色、空心用笔画出来。第 11 天教师再次指导幼儿在科发室用孵化箱上的灯照蛋，看鸡蛋宝宝的变化情况并记录。

教师："这个蛋宝宝会是什么样子的？我们来看看，轻轻地转一转。"

幼儿 A："红血丝。"

幼儿 B："很长很长。"

教师："像什么？"

幼儿 A 和幼儿 B："像树枝。"

教师请蓝衣男孩将小鸡轻轻地送回孵化箱。

幼儿 A 和幼儿 B："我也要。"

幼儿 A 把手伸进孵化箱："好暖和呀！"

教师指导幼儿 C 观察："尖尖朝下，看见了吗？"

幼儿都大声回答："红血丝。"

教师："哇！这颗蛋好像好多红血丝呀！看看红血丝是什么样子的？"

幼儿 D："对呀，是一个三角龙呀！"

描述过后其他幼儿继续完成照蛋，并进行观察，教师提示幼儿轻轻地将蛋放回。

事件解释：

幼儿在照蛋过程中会投入更多的行动力和专注力，正是因为经历了连续照蛋的过程，他们对鸡蛋中的红血丝产生更多的兴趣，并逐渐能将其与现实事物相联系，幼儿能够使用多种感官获得事物的表面特征，包括视觉观察发现鸡蛋在孵化过程中的内部结构及颜色特征，以及触觉感受孵化鸡蛋的适宜的环境温度。多数幼儿能对鸡蛋进行长期且系统的观察，在教师的引导下积极思考，提出自己的猜想。另外，在讲述鸡蛋的样子时，幼儿能够使用词组、短语或简单的句子，将鸡蛋内部结构比作具体事物，在探究中获得发现，根据教师指令完成相应操作。

支持性策略：

幼儿已经能够运用多种感官感知事物的特征，其观察呈现出随意性，可引导其按照一定顺序系统观察，尝试比较各个观察对象的差异和联系，更加细致地观察事物，产生好奇并尝试探寻观察对象背后的原因。“静态”观察是观察的初级阶段，适合小班幼儿，在引导幼儿观察孵蛋过程时，应以幼儿的兴趣为出发点，不限制幼儿观察内容的种类，从视觉形态和感知层面引导幼儿自主观察[①]。

视觉形态主要是对颜色和结构进行观察，通过绘画方式来加强观察记忆。如将鸡蛋中的红血丝、黑点等作为色彩观察认知的基础要素，再从鸡蛋的体貌特征上构建绘画的结构框架。感知层面上主要是从嗅觉、触觉等角度加深观察记忆。比如，鸡蛋孵化时的温度是怎样的，有什么味道，不同阶段的触感又是怎样的。运用形容词来描述观察结果，也将增强幼儿的观察记忆。

片段二

幼儿完成照蛋观察之后，教师引导幼儿进行记录，并巡回指导幼儿记录观察结果。

教师：“今天是第4天，要画几个点呀？”

幼儿齐声回答：“4个。”

教师指导幼儿B记录的位置。

教师：“自己数好1,2,3,4；再把刚才看到的样子画下来。”

教师：“刚才我们看到鸡蛋里面的黑块变得怎么样了？”

幼儿齐声回答：“大了。”

教师：“红血丝呢？”

幼儿C：“变长了。”

教师：“有的像什么？”

幼儿C：“有的像鱼鳞。”

幼儿B：“有的像三角龙。”

教师：“像三角龙的刺尖尖的。把你观察到的样子记录下来。”

幼儿A将第4天的记录画在第5天的位置上，画出无序且杂乱的线条。

幼儿B认真记录，能准确将点数和天数对应，并将所观察到的红血丝数量及形态记录在纸上。

---

① 赵红. 自然角中幼儿观察能力的培养策略[J]. 今日教育(幼教金刊)，2022(12)：17.

事件解释：

幼儿记录观察到的蛋宝宝的样子。幼儿 A 未在指定位置进行记录，且随意涂鸦，属于是将兴趣集中在由手的有节奏运动而产生的快感上，没有根据观察现象进行绘画。该阶段的幼儿由于在生理上手部小肌肉的发育不够成熟，认识能力也有限，所以其绘画并没有目的，画出的是简单的线条，没有真正完整地表现出所画对象的真实面貌。幼儿 B 能在纸上“书写”一些随机的符号、图形，但并非正式的书写，能够比较准确地记录观察的内容，能意识到所画与自己经验之间的联系，其图案能初步形成简单的象形图样。

支持性策略：

幼儿 A 的画图实际是随便涂鸦，教师可以提问幼儿刚才观察到了什么，鼓励儿童先用语言描述所见事物，使其大胆按照自己的意愿进行尝试，表达自己的意图，引导幼儿根据观察目的有条理地记录事物，根据已有经验表达出观察的现象。

生活中，教师可以通过多种途径丰富学前儿童的日常生活经验，扩大他们的知识面，让儿童积累丰富的审美心理意向，尝试用图画或其他符号描述一类事物的特征，对其对所观察到的现象进行进一步的信息加工，使其条理化、结构化。同时，在学前儿童的绘画记录中，教师可帮助学前儿童通过各种感官感知、掌握事物的基本形态和主要特征，在此基础上，引导幼儿通过表象的变形、分解、组合、联想等方式生发、创造出许许多多的新表象①。

四、“小小蛋儿把门开”

【活动目标】

1. 初步感知歌曲，在欣赏、倾听、游戏的过程中，进一步理解歌词内容，尝试跟唱；

2. 通过动作参与，尝试理解、记忆歌词，感受并尝试学唱切分音；

3. 乐意参与集体演唱活动，感受小鸡破壳而出的乐趣。

【活动准备】

鸡蛋、小鸡图片；已经获得孵蛋经验。

---

① 孔起英.幼儿园美术领域教育精要：关键经验与活动指导[M].北京：教育科学出版社，2015：193-194.

【活动过程】

(一) 回顾导入，调动经验

教师：这是什么？鸡蛋里面藏着谁？你们知道小鸡是怎样从蛋壳里出来的吗？我们来听一听。(引导幼儿与小鸡打招呼，大胆猜测小鸡是如何从蛋壳里出来的。)

环节评析：直接导入，出示鸡蛋和小鸡的图片，调动幼儿的生活经验，让他们的注意力集中在鸡蛋和小鸡身上，激发他们进一步倾听歌曲的兴趣。

(二) 倾听歌曲，初识大意

1. 教师清唱

教师：小鸡想出壳，小小蛋儿怎么样了？谁出来了？小鸡是怎么出来的？(引导幼儿初步感受旋律与内容，并说出小鸡出壳的歌词内容。)

教师：小鸡是怎样唱歌的？我们一起来学一学。(引导幼儿说出最后一句歌词内容“叽叽叽叽叽叽叽叽唱起来”并尝试跟唱。)

2. 师幼接唱

教师：老师唱小鸡出壳的部分，到小鸡唱歌的时候，小朋友一起来唱。(引导幼儿通过接唱的方式增强对歌词的记忆。)

环节评析：幼儿喜欢模仿，教师的一举一动是他们模仿、学习的对象。在歌唱教学中，灵活地采用各种教学手法和途径，比如接唱，接唱就是将一首歌曲分成几个乐句，分组或一个人一个人轮流地、一句句地唱，对幼儿学习歌词内容有着事半功倍的效果。

(三) 创编动作，记忆歌词

1. 幼儿根据歌词内容创编相应的动作

教师：小鸡躲在蛋壳里是什么样子呀？蛋壳是怎么打开的？“毛茸茸”“胖乎乎”怎么用动作表现？(引导幼儿结合生活经验，创编动作来表现歌词内容“把门开”“毛茸茸”“胖乎乎”。)

2. 教师边范唱边做幼儿创编的动作

教师：仔细看一看在歌曲的每一句上我们都做了什么动作？一起来加上动作演唱这首好听的歌曲吧。(引导幼儿欣赏歌曲并明确每一个创编的动作。)

环节评析：肢体语言是幼儿情感表达、记忆歌词的直接的、重要的方式，鼓励幼儿根据歌词内容创编肢体动作，能让他们更好地理解并记忆歌词内容。

(四) 结合游戏,学唱歌曲

教师：现在让我们变成小鸡,准备出壳吧,看一看,这次会孵出几只小鸡来?(教师在歌曲的最后一句,用双手做小鸡的嘴巴造型,点在边唱边做动作的幼儿身上,表示这些小鸡被孵出来了。)

环节评析：在活动过程中,通过创设轻松、愉快的氛围,通过“孵化小鸡”的游戏鼓励幼儿进一步学唱歌曲,也将活动推向高潮。

(五) 唱玩结合,体验乐趣。

教师：在草地上变成鸡蛋藏好,我们一起来玩“小小蛋儿把门开”的游戏吧!

环节评析：幼儿最感兴趣的就是游戏,通过边唱边玩的方式,让幼儿扮演小鸡能激发幼儿的兴趣,发挥自己的想象力、创造力,从而更好地记忆歌词,体验小鸡出壳的乐趣。

【延伸活动】

区域活动：表演区提供蛋壳和多种由蛋孵化而来的小动物的头饰或胸饰等道具,供幼儿听音乐进行歌词创编和自由表演。

附:《小小蛋儿把门开》乐谱

小小蛋儿把门开

陈镒康　词
王志刚　曲

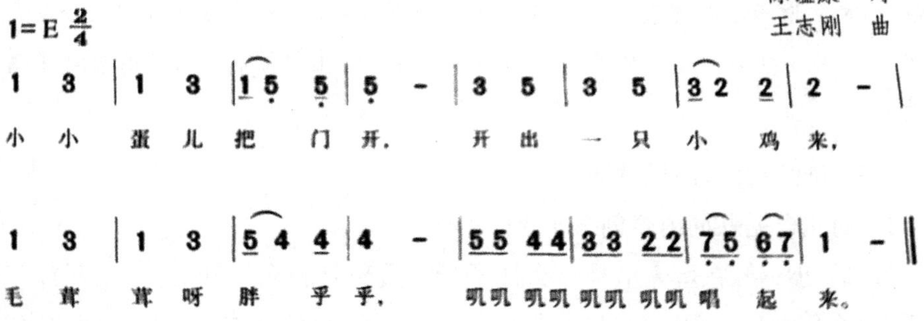

下面是在活动实施中捕捉到的三个片段：

片段一

在亲身经历并仔细观察小鸡孵化的整个过程后,教师安排了一节音乐课,与幼儿欣赏歌曲《小小蛋儿把门开》,师幼在歌曲中共同回顾小鸡孵化的细节。

教师提出要求:“一起来听一听吧,请你们仔细听歌里唱的是什么,等会告诉我。”

播放音乐。

教师:"谁来说说看你听到了什么?"

幼儿A举手站起来回答:"小小蛋儿把门开。"

教师:"还有什么?"

后排几位男生站起来高举右手,期待教师点名自己回答问题。

教师提出规范:"要坐神气,我才提问题哦。"

幼儿B举手:"它胖乎乎。"

教师回应:"胖乎乎的,它不仅胖乎乎的还怎么样?毛茸茸,我们一起说毛茸茸。"

幼儿齐声:"毛茸茸。"

教师:"刚才说到了开出了什么呢?"

幼儿C:"开出了小鸡。"

教师:"开出一只小鸡来,一起说开出一只小鸡来。"

教师提问:"还有它是怎么叫的呢?"

幼儿D:"叽叽叽叽叽。"

教师回应并清唱:"叽叽叽叽叽叽叽在干吗呀?好像在唱歌一样。叽叽叽叽叽叽叽叽唱起来。"

事件解释:

该片段中的幼儿根据歌曲内容和教师提问积极举手踊跃发言,他们愿意主动交流,十分喜欢并乐意与老师和其他幼儿谈论自己感兴趣的话题,会积极表达自己的观点,对讲述的兴趣和讲述的表现性有所提高,能够在讲述中抓住主要关系与内容。甚至有少数幼儿过于积极,表现出了迫切想要表达自己的行为。由此可见小班的幼儿已经能够在交流中做到愿意与他人讨论问题,敢于在众人面前说话,能使用合适的语言清楚表达自己的观点。同时他们已经开始具有集体意识,懂得遵守集体规范,如知道老师说坐神气就是要坐端正,但是还有部分幼儿的规范意识需要老师的提醒。

支持性策略:

幼儿的语言表达意愿已经获得了充分发展,但缺乏交流秩序。教师应当引导幼儿遵守交流秩序,认真倾听他人讲话,并对他人的观点做出回应,懂得轮流交谈。如教师可以适当提醒"别的小朋友发言的时候,我们其他的小朋友应该怎么办呀?"同时,教师需要进一步发展幼儿的讲述能力,注重对幼儿讲述层次性、连贯性和条理化的培养。可以对幼儿的回答做出进一步的要求,如鼓励幼儿尝试使用连贯的句子完整说出歌曲中关于小鸡的细节。

片段二

教师带领幼儿学习歌曲之后，再次播放歌曲，与幼儿共同演绎歌唱。

教师："呀！我刚才听到，有的宝宝都轻轻地跟着学唱了，还做了动作呢。"

教师："我们可以做什么动作呢?"

播放音乐，引导幼儿根据歌词创编动作。

教师："你们想不想完整地跟着音乐来一次呀？你可以做你自己喜欢的动作。"

师幼完整表演歌曲。

教师："刚才我们看到有的宝宝的'毛茸茸'是怎么做的呀？'胖乎乎'有的宝宝是这样子的？有的宝贝是这样子的？那你还想用什么做"毛茸茸"呢?"

教师引导幼儿创编不同的动作。

教师："那我们就做自己喜欢的动作好吗？我们跟着音乐来试一试哦！如果你会唱，可以唱得响亮一点儿。"

播放音乐，教师与幼儿再次边做动作边唱歌。

教师："后面要变难了，没有歌词啦。它不唱了，只有音乐了，我们自己唱试试看。"

播放伴奏，边做动作边唱歌。

事件解释：

小班幼儿的音乐能力还在本能与模仿阶段，他们能对声音做出反应，自发地、本能地"创作"并歌唱，配合肢体动作，同时能将听到的歌曲片段模仿地唱出和表演出来，如跟着音乐有节奏地点头，根据歌曲内容做出动作，模仿小鸡形态。通过跟唱和动作模仿感知音乐节奏、获取音乐快感。

支持性策略：

学龄前儿童基本上只能达到对成调之音的初步鉴赏，在节奏感、韵律感等方面发展尚不完善。但教师需要开始有意识地培养幼儿旋律、音调等音乐知识，为幼儿在音乐方面的进一步发展打好基础。根据心理学家舒特·戴森对婴儿期至成年期音乐能力一般发展历程的研究①，教师可以对幼儿下一阶段的音乐能力发展做相关训练，除了让幼儿跟唱外，教师可以让幼儿根据歌曲旋律自己改编歌词，模仿歌曲唱出自己的歌谣，深刻感受歌曲旋律。并且可以增加音调、音高等的区分内容，设计高低音小游戏，让幼儿对音乐知识有更进一步的了解。

---

① 张奇. 儿童审美心理发展与教育[M]. 北京：北京师范大学出版社，2000：85.

片段三

在歌唱歌曲之后，教师组织幼儿分组进行情景表演。

教师："我们小鸡要跟着鸡妈妈去散步呢。你们想来表演吗？"

幼儿齐声："想。"

教师："好，那我们先请前面的小宝贝上来试一试吧，来找一个空地方，后面的宝宝先帮忙唱歌。等会我们再交换好吗？"

播放音乐，幼儿表演。

教师："他们表现的好不好呀，给他们掌声。"

交换进行表演。

幼儿 A 在第二组幼儿表演时一直竖起大拇指。

教师："你们更喜欢谁的表演呀？喜欢他的表演给他一个大大的赞。表演完了说谢谢大家。"

幼儿纷纷给他们竖起大拇指。

幼儿："谢谢大家。"

掌声。

事件解释：

该片段表明，小班幼儿已经具有一定的社会意识，不再只关注自我，他们开始尊重并理解他人，能在其他幼儿表演时认真观看，并欣赏他们的表演，通过给其他幼儿竖拇指的行为表现出自己对他人的认可。教师充分抓住现阶段幼儿开始关注他人对自己的看法的特点，鼓励幼儿学会欣赏他人的表演。同时教师也做出了正确引导，对获得赞扬的幼儿，教师提醒他们要说谢谢，做到礼貌回应他人对自己的赞扬和许可，进一步发展幼儿的社会关系。

支持性策略：

在此基础上，幼儿后一阶段的发展需要开始建立并巩固集体意识，形成自己是集体一员的意识，逐渐理解集体价值观[①]，并学会为集体的共同荣誉作出贡献。教师可以多组织一些集体活动，如以班级为单位组织一些趣味运动会、知识竞赛、外出游玩等活动，拉近幼儿彼此间的交流，让幼儿感受到集体力量的强大，不断融入集体、爱护集体。

① 杜媛，毛亚庆. 基于关系视角的学生社会情感能力构建及发展研究[J]. 教育研究，2018(8)：43-50.

第三节　中班的个性化活动

以中班“小鸡从哪里来”“我陪小鸡同成长”“公鸡和母鸡”“小鸡王国”共四个活动为例，每个活动均先呈现活动设计，然后对活动实施后的典型片段实录、事件解释、支持性策略三个方面进行分析，以回应中班“探究‘小鸡从哪里来’”课程的活动评价。

一、“小鸡从哪里来”

【活动目标】

1. 在听听、看看、猜猜中关注故事发展线索，感知故事内容；

2. 会仔细观察画面，能较准确完整地讲述“鸡蛋—孵化—小鸡”的成长变化；

3. 在阅读和表达绘本的过程中，萌发喂养小鸡的情感。

【活动准备】

绘本课件、鸡蛋。

【活动过程】

（一）观察绘本封面，引发阅读兴趣

教师：看，它们是谁？猜猜它们之间发生了什么故事？

（二）阅读观察，猜想情节

阅读、观察绘本前半部分。

教师：这个鸡蛋与众不同，我们仔细来看一看，与众不同在哪里呢？

教师：这颗与众不同的蛋你们知道是从哪里来的吗？我们接着往下看。（活动中，孩子们可能会议论起来，什么样的鸡蛋是受精蛋？哪里能买到受精蛋？超市里的鸡蛋有受精的吗？）

教师小结：每一个鸡蛋里面的结构都不同，公鸡和母鸡交配后，就会形成受精蛋。温暖的鸡蛋里还有小鸡成长所需要的一切营养。

（三）分组阅读，探索小鸡变化

教师：鸡妈妈已经坐在窝里孵蛋3天了，小鸡正在蛋里面慢慢发生着变化。

会发生什么变化呢？答案就藏在后面的书里。

1. 幼儿分组阅读，自主记录阅读中的发现。

2. 观察、理解画面，感受并用语言表达鸡蛋中小鸡变化的过程。

(1) 讲述鸡蛋原来以及现在的样子。

(2) 讨论交流：小鸡孵化过程中先长出了什么，再长出了什么？（孵化的过程是比较漫长的，应引导幼儿仔细关注画面中的细节，进行简单记录，并能有序地与同伴讲述自己的收获。）

环节评析：故事里通过生动形象的图画和浅显易懂的语言，循序渐进地介绍了基础的自然科学的概念，满足孩子对科学世界的好奇心。在这一环节中孩子们通过自主阅读、交流分享，在互动中理解了鸡蛋的知识以及小鸡的孵化过程。

(四) 完整阅读故事，理解“鸡蛋—孵化—小鸡”的变化过程

1. 阅读绘本，鼓励复述

教师：一个蛋经过鸡妈妈漫长而细心地孵化终于破壳而出，是一件多么神奇的事情呀，我们一起听着录音完整地阅读这本书吧。

教师小结：经过一系列的奋斗，小鸡终于出壳了，但也累坏了，有点站不稳，不过母鸡这个时候就会张开翅膀保护刚刚出生的小鸡，让小鸡在他们的翅膀下休息。几个小时后，毛茸茸的小鸡就会开始去谷仓寻找食物吃了，小鸡就这样诞生了。

2. 交流感受

教师：读了这本书，你心里有什么感受或想法呢？你想对鸡妈妈说些什么？

环节评析：生活是课程的基础、来源、出发点，生活也是课程的进程。在这里孩子们通过完整阅读进一步巩固了小鸡孵化的知识，更是在分析、讨论、交流中体验到了鸡妈妈的伟大。

【延伸活动】

区域活动：在科学区观察小鸡孵化并记录21天的成长过程。

下面是在活动实施中捕捉到的片段：

片段

在第一个场景中，幼儿结合绘本猜想小鸡是从哪里来的，接着幼儿之间对这一问题进行讨论，在讨论过程中教师偶尔会参与讨论对话。讨论结束后幼儿陈述讨论的结果。接着教师结合绘本图画向幼儿介绍母鸡的下蛋过程，幼儿观察鸡蛋的结构图。

教师："看，这是蛋里面的样子。观察一下，里面有什么？"

幼儿A："蛋黄。"

教师："哦，中间一个大大、圆圆的就是蛋黄。"

幼儿B："这是一个鸡蛋。"

教师："这就是一颗鸡蛋呀。它是什么样子？里面是什么样的？C，你来说。"

幼儿C："它里面有蛋黄。"

教师："我们早上吃的鸡蛋，你们觉得是受精蛋吗？"

幼儿齐声："不是。"

教师："那么在哪里可以买到受精蛋呢？"

幼儿D："在超市。"

教师："在超市里面能买到吗？"

幼儿们摇头："不能。"

幼儿E："在农场有可能会买到受精蛋，而受精蛋就是能孵出小鸡的鸡蛋。"

在第二个场景中，幼儿分组用图片、电脑进行自主学习。电脑组的四位小朋友和教师一起观看小鸡孵化的视频。

教师："小鸡蜷缩在鸡蛋里。"

（此时，两个幼儿做出了双手环抱的动作。）

幼儿F："小鸡长大了，翅膀就会展开。"

当视频播放到小鸡孵化出来的画面后，一位幼儿大声说了一句"哇，小鸡破壳了！"，接着四位幼儿同时很激动地鼓掌。

在第三个场景中，图片组的两位小朋友和教师一起观看鸡蛋内部结构的图片。

幼儿G："看，这个小鸡在鸡蛋里，像一个字母C。"

幼儿H："对呀。"

教师："那它这里面还有个什么呀？黑黑的，这个是小鸡的什么？有可能是它的……"

幼儿G："心脏。"

教师："我们再来看，蛋壳里又怎么样了呢？这个小鸡变得怎么样了呢？"

幼儿H："变大了。"

教师："再翻一页，看看还有什么变化。看，它变得怎么样啦？"

幼儿G："眼睛。"

教师："哦，它的眼睛长出来了。我们再看，到了第十天之后，又变成什么样啦？长得有点像什么了呀？"

幼儿H："长得有点像小虫。"

教师："这是它的什么呀？"

幼儿H："羽毛。"

事件解释：

在第一个场景中，幼儿在教师的引导、询问下描述自己从绘本图画中观察到的画面，结合自身的经历讲述自己的生活经验，描述鸡蛋的结构。在第二个场景中，幼儿对视频画面表现出明显的兴趣，并且作出身体动作上的反应，并完整地陈述了画面的内容。在第三个场景中，幼儿在教师的引导下使用短语回应教师的提问，简单讲述看到的画面的内容。可以看出，中班幼儿尽管能够较为精准地表达出观察到的内容，但在讲述中表现出用语的短小、零散。此外，在讲述活动中可以看出幼儿对事物的感兴趣程度，幼儿对于感兴趣的内容的思考和讲述较为主动，且表现性有所提高。

支持性策略：

讲述能力是幼儿综合语言能力的评价标准之一，讲述能力的发展有助于幼儿经验思维能力的提高。中班幼儿可以使用常见的形容词、名词表达自身看法，但讲述是简单的、短小的、片段式的、表面的，缺少讲述内容的完整性。教师在对幼儿讲述活动的引导中，不能过多地使用零散的问题。教师可以利用自主游戏，例如绘画、纸偶等形式[①]，组织幼儿开展以“小鸡从哪里来”为主题的木偶游戏活动。在游戏中，幼儿可以扮演小鸡生长各个阶段的角色，立足绘本中的经典画面，分角色表演，讲述小鸡生长的过程。教师还可以引导幼儿与同伴合作，在充分阅读绘本、掌握知识内容的基础上，在同伴之间进行讲述。教师在这一过程中要鼓励幼儿清晰完整地围绕主题进行较长的讲述，帮助幼儿正确组织句子结构、表达讲述内容等，提高幼儿讲述的兴趣、自信心和表现性。

二、“我陪小鸡同成长”

【活动目标】

1. 能对小鸡个体或者群体生活中的简单行为进行观察、比较，并尝试运用简单的记录方式表现活动的探索过程或结果；

2. 通过小鸡的饲养活动，感知小鸡生活的多样性和独特性，以及生长发育和繁殖的过程；

3. 知道小鸡生长发育的基本需求，如饮食、运动、睡眠及卫生等习惯；

4. 在饲养活动中能基本完整、连贯地讲述自己的所见所闻和经历的事情；

---

① 陈婷婷．提高大班幼儿叙事性讲述能力的策略研究[J]．当代家庭教育，2023(8)：65-67.

5. 能积极探究有关小鸡生长的问题，会分工合作，乐意与同伴分享和交流，并愿意倾听同伴的想法。

【活动准备】

饲料、草地、食盆、小篮子、记录表；对小鸡孵化、饲养、搭窝的前期经验。

【活动过程】

（一）前期经验导入

教师：经过大家的努力小鸡的鸡窝终于搭建成功了，你们心情怎么样？小鸡会陪伴我们很长一段时间，那在这段时间里，我们要怎样才能让小鸡健康、快乐地成长呢？（链接合作搭建鸡窝的经验，通过谈话活动，激发幼儿照顾小鸡的欲望，引导幼儿积极动脑筋，共同商讨怎样让小鸡健康、快乐地成长。）

环节评析：教师注重调动幼儿的已有经验，激发了幼儿探究兴趣，体验了探究过程，发展了初步的探究能力。孩子们对小鸡有了更深刻的认识，也能更科学地进行饲养。

（二）自主讨论，制订计划

1. 自主讨论、表征记录让小鸡快乐成长的方法

教师：请你们互相讨论后把自己的想法在记录表上画下来吧。（为幼儿提供记录表、记录笔，鼓励幼儿大胆交流、讨论、记录、讲述让小鸡快乐成长的各种方法。）

2. 集体分享，对方法分类

（根据幼儿分享的计划，用网络图的方式将照顾的方法分类。）

教师小结：大家的方法都很好，经过你们的分享，现在我们知道了让小鸡更好地成长可以从饮食、体育锻炼、心情等方面来照顾它们。

环节评析：应当支持、引导幼儿学习用适宜的方法探究和解决问题，能通过简单的调查收集信息。中班幼儿能用数字、图画、图表或其他符号记录，我们在这其中还进行了一对一倾听记录，孩子们在这过程中的表征能力和语言表达能力能够有所提升。

（三）组队合作照顾小鸡

1. 饮食照顾小分队

（提供关于不同阶段小鸡适合吃什么的亲子调查表、不同阶段小鸡食量的活动记录表，引导幼儿在每一次投喂过程中仔细观察、记录、汇总，并根据结果及时

调整食谱。)

教师小结：小鸡食物的变化，磨碎的大米—温水化小米—饲料—大米—玉米碎—玉米粒。小鸡越吃越多，吃的东西种类也变多了。

环节评析：《幼儿园保育教育质量评估指南》附件 A1B3 第 7 条指出：充分尊重和保护幼儿的好奇心和探究兴趣，相信每一个幼儿都是积极主动、有能力的学习者，最大限度地支持和满足幼儿通过直接感知、实际操作和亲身体验获取经验的需要。在这一活动中，幼儿在前，教师在后，并给予幼儿足够的支持，让幼儿在投喂的过程中观察、发现、总结，从而丰富知识经验。

2. 体锻照顾小分队

(引导幼儿通过查阅资料了解小鸡的成长除了有健康的饮食，还需要适当的锻炼来适应变化的环境。引导幼儿选择适合小鸡散步、锻炼的场地，并仔细观察小鸡在活动中的状态。)

教师小结：带着小鸡去晒太阳、到草地里散步、赛跑等游戏可以让小鸡变得更快活，长得更健康。

环节评析：跟小鸡一起散步、玩耍的游戏发展幼儿身体躲闪跑的能力，提高动作协调性，并发展合作与竞争意识，陶冶了情操，增强了自信。

3. 娱乐怡情小分队

(支持幼儿用肢体动作、节奏、声音等不同方式表现自己对小鸡的喜爱)

教师小结：给小鸡唱歌、讲故事、聊天等活动可以给小鸡营造温暖、轻松的心理环境，还可以让小鸡形成安全感和信赖感。

环节评析：孩子们通过多种肢体动作、节奏、声音等方式，对小鸡的成长有了更直观的感受，对照顾小鸡的兴趣更加浓烈了。

4. 绘画写生小分队

(引导幼儿学会用心感受美和发现美，用自己的方式去表现和创造美。幼儿通过画、剪、贴等形式表现自己观察或想象到的小鸡。)

环节评析：基于幼儿现有的经验，开展了一系列的活动来帮助他们架构新经验。开展多样的创意绘画活动，从而进一步表现观察或想象到的小鸡。让幼儿在做中玩，玩中学，认识小鸡。

(四) 活动讲评

1. 幼儿分享游戏过程中的收获及问题，并讨论解决的办法及生发新的游戏内容。

2. 幼儿互相欣赏有关小鸡的创意作品，获得创新与成功的体验。

3. 评奖并颁发奖牌，鼓励幼儿养成良好的学习品质。

附：饮食调查表、成长记录表

小鸡成长饮食调查表

调查者：

不同阶段的小鸡适合吃什么？ 	
不同阶段的小鸡吃多少？ 	

小鸡成长记录表

记录人	食物	食量

下面是在活动实施中捕捉到的片段：

片段

教师通过调查表的形式让幼儿画出饲养小鸡的物品，幼儿画出的物品包括饲料、水等。幼儿一边思考如何照顾小鸡一边绘画。在绘画过程中，幼儿出现自言自语的现象，如一边画一边说要给小鸡喝水喂食：小鸡喝一杯水，大鸡喝两杯水……之后，在教师引导下，幼儿之间就这一话题进行对话讨论，一问一答。接着，幼儿使用平时喝水的水杯给小鸡饮水器里倒水，给饲料槽里倒满饲料，在教师指导下把饲料和水放进鸡窝内。喂食后，幼儿围在小鸡的家旁边，认真观察小鸡吃食的样子，一边观察一边进行充满童趣的对话，如，一幼儿对小鸡说："慢一点，一个一个排队慢慢来，这样才能吃到美味的食物。"

事件解释：

处于绘画经验发展过渡期的幼儿相比于初期阶段的幼儿所画出来的画更具备系统性和秩序性，不只是简单的涂鸦行为了。幼儿意识到所画之物与自己经验之间的联系，在绘画中自言自语自己所画的东西，表述绘画的意图。但这一阶段幼儿的作品，还只是"X 光底片"式的图画，用粗线条画出物体的基本形状，总体上来说，还缺乏所画物体的细节。

在活动中，幼儿的讨论意愿较为强烈，他们能够与他人谈论自己观察的内容及绘画的内容，表达自己的观点，能够回应他人，与他人进行几个回合的对话，但是回应内容简单，还不具备表示因果关系、假设等结构相对复杂的提问或陈述。幼儿语气自然，声音大小适中，有眼神之间的交流。

支持性策略：

结合已有经验及前期的观察活动，幼儿已初步感受到所观察事物的外形、色彩等特征，对将这些信息以绘画的形式表达出来有着浓厚的兴趣。但幼儿由于缺乏绘画的技巧，只能以粗线条勾勒的方式进行。教师不能单纯重视幼儿的兴趣，忽略绘画技巧的训练。在教学活动中，教师除了指导幼儿应用各种简单线条进行绘画，还应当营造轻松的绘画氛围，提供丰富的绘画材料，鼓励幼儿大胆上色，感受和掌握物体的色彩，打造美丽富有生机的画面。教师还应当按照指导性和激励性原则，从多角度对幼儿的绘画作品进行合理评价，培养幼儿欣赏美、描述美的能力[①]。

讨论是促进幼儿思维能力发展的有效方法。幼儿积极主动地参与话题讨论是出于对小鸡的兴趣，教师作为幼儿讨论活动的引导者、倾听者，应当对幼儿的语言表达行为进行及时的肯定和鼓励，比如"你对小鸡的观察真仔细"等，给幼儿创设一个开放的、自由的、轻松的讨论氛围。此外，教师通过多种方式在活动中让幼儿逐步掌握与人交往的技巧，引导幼儿处理好听和说的关系，不仅能够安静倾听，更能够在倾听中关注小伙伴们说出的小鸡的信息，准确地理解小伙伴们的语言，做出与对方所表述内容相关的回应，让幼儿不仅成为能说、会说的孩子，也能成为能回应、会回应的孩子。

---

① 张奇.儿童审美心理发展与教育[M].北京：北京师范大学出版社，2000：3-17.

三、"公鸡和母鸡"

【活动目标】

1. 围绕"公鸡和母鸡"的话题,能清楚地用语言讲述自己的观察和发现;

2. 通过拼图、与同伴交流、在集体面前表达等方式,了解公鸡和母鸡的不同特征;

3. 有观察小动物的兴趣,愿意与小动物相处。

【活动准备】

饲养角的公鸡和母鸡;公鸡、母鸡的拼图。

【活动过程】

(一) 听鸡叫声,激发兴趣

教师:今天老师请了两位好朋友来做客,你们猜猜是谁在唱歌?

播放录音1:"咯咯嗒,咯咯嗒",是谁在叫呀?(出示母鸡图片)

播放录音2:"喔喔喔,喔喔喔",这又是谁呀?(出示公鸡图片)

(引导幼儿根据生活经验,首先从声音不同来了解公鸡和母鸡的区别,鼓励幼儿大胆说出自己的猜想和理由。)

环节评析:开门见山,直接导入,鼓励幼儿大胆讲述,锻炼孩子的语言表述能力。

(二) 初识公鸡、母鸡

1. 引导幼儿观看图片,观察公鸡、母鸡的外部特征。(引导幼儿大胆表达自己观察到的公鸡和母鸡的特征)

(1) 教师:这是公鸡和母鸡的图片,瞧!它们长得一样吗?请你来"找茬",它们哪里不一样?

(2) 幼儿讨论,相互交流自己的发现,教师引导幼儿观察公鸡和母鸡的体型。

2. 引导幼儿按照顺序观察比较公鸡与母鸡的外形特征,并讲述。(经过幼儿交流讨论后,教师引导幼儿有层次地按照从上到下、由外到内的顺序,进行全面细致的观察,方便幼儿更好地辨别公鸡和母鸡。)

(1) 教师:你们仔细看看公鸡头上有什么?母鸡有吗?

教师小结:公鸡鸡冠大而鲜红,母鸡鸡冠较小。

(2) 教师:公鸡的羽毛和母鸡的羽毛有什么不同吗?

教师小结:公鸡颜色更漂亮一些,母鸡颜色比较单一。公鸡尾部的毛更挺立一些,母鸡的更短小一些。

(3) 教师:公鸡的腿和母鸡的腿有什么不同?

教师小结:公鸡的腿比母鸡长一点。

(4) 教师:公鸡和母鸡有什么不同的本领?

教师小结:公鸡会打鸣,母鸡会下蛋。

环节评析:幼儿能通过图片观察公鸡、母鸡的明显区别,但是语言表述会比较简单。在幼儿说到点时,老师给予语言补充,引导幼儿用比较完整的话语来表达自己的想法。图片需要选择比较直观明显的对比图,可以使用课件里的放大镜,当幼儿说到重点地方时把特征放大来加深印象。

(三) 拼图游戏,增进认识

1. 介绍拼图,激发兴趣

教师:这里有公鸡或母鸡的拼图碎片,需要根据你们对公鸡和母鸡外部特征的了解,复原图片。

2. 小组操作,完成拼图

(小碎片拼图中根据中班年龄可以分为 12 块,并且把公鸡和母鸡图片混合在一起,增加难度。)

环节评析:幼儿在小组合作拼图时,引导他们学会分工合作,不争抢图片,根据鸡的结构能快速回忆不同位置,最后再进行精细调整,在拼图中加强对公鸡、母鸡的特征印象。

(四) 经验迁移,现场辨别

1. 观看鸡群,辨别公母

教师:根据你们的了解,你们能分辨我们养的公鸡和母鸡各有几只吗?(幼儿小组合作,有的孩子可以数数,有的孩子做记录,鼓励幼儿一起交流,验证是否意见统一。)

2. 小组交流

教师:请小组派一个代表跟大家分享你们的结果。(幼儿在分享总数和公鸡、母鸡各几只时,鼓励幼儿现场数一数,最后教师再总结验证公鸡、母鸡统计数的结果。)

环节评析:幼儿在对公鸡、母鸡外部特征进行了解后再对真的公鸡、母鸡进行辨识,他们能比较好地说出鸡棚里的公鸡和母鸡,进而可能会产生各种疑惑,比如公鸡和母鸡有多高呢?《幼儿园保育教育质量评估指南》中所提道:“善于发现各种偶发的教育契机,能抓住活动中幼儿感兴趣或有意义的问题和情境……”此时孩子们对于新的问题兴趣很高,我们接下来可以追随孩子的兴趣,利用不同的测量工具给鸡比高矮。

【延伸活动】

家园共育:向爸爸妈妈了解公鸡、母鸡的生活方式。

材料收集:和幼儿一起收集可以测量鸡的身高和鸡棚长短的工具。

环节评析:追随幼儿兴趣,引导幼儿的探索活动向更深层次发展。

附:操作记录卡

公鸡、母鸡统计	

下面是在活动实施中捕捉到的片段:

片段

教师播放公鸡、母鸡的图片让幼儿猜测公母,并说出理由。幼儿自主讨论,发现公鸡和母鸡羽毛、爪子、嘴巴的颜色不一样。随后,教师引导幼儿说出发现的公鸡和母鸡的不同。幼儿们发现公鸡尾巴上羽毛多、大、像一把镰刀;母鸡的尾巴短短的,翘翘的;母鸡的爪子没有尖尖,公鸡的爪子有尖尖,并且它们的爪子颜色不一样;公鸡大大的,母鸡小小的;公鸡的嘴巴是坚硬的,母鸡的嘴巴短短的,小小的,弯弯的;公鸡的鸡冠像一朵花,又大又红,母鸡的鸡冠小小的。教师总结:“原来,公鸡和母鸡在外形上有鸡冠、羽毛、爪子等地方不一样。公鸡和母鸡还有其他不一样的地方，母鸡可以下蛋，公鸡可以打鸣。"之后，教师教幼儿分辨小鸡的公母的方法，"母鸡的翅膀更宽，尾巴长出来比较早，公鸡的翅膀像一把镰刀，用手捋过，更像镰刀的形状了，母鸡的尾巴比较短"。最后，教师带领幼儿前往饲养区，让幼儿尝试分辨鸡的公母。教师提供调查表，让幼儿填写一共有多少只公鸡，多少只母鸡，并且与大家说一说。

事件解释：

幼儿的讲述经验是一种通过思考和构思，在完整表达自己对讲述对象的感受和想法的过程中获得的语言运用知识、态度和能力，本片段体现的是幼儿的说明性讲述。幼儿在回答公鸡和母鸡有什么不同时，能清晰且较完整地讲述结构简单的内容，能围绕教师给出的主题进行叙事，有讲述的兴趣。

前往饲养区探究的过程中，幼儿通过用手向身边的同伴指他们的发现，来再现观察现象，向身边的同伴转达自己发现的惊喜。用简单的口语向同伴展示或使用画圈、写数字等表征来描述获得的直接信息，即小鸡公母的数量。

支持性策略：

幼儿可以通过描述自己观察到的现象、叙述自己的经历、讲解绘本等多种内容形式获得讲述经验。幼儿前期已经出现了"大纲式"的讲述，教师可在"大纲式"讲述的基础上，促进幼儿的讲述水平向"整体讲述"发展。达到"整体讲述"水平就要求幼儿的概括、抽象能力得到发展，叙事性讲述更具层次性、逻辑性，说明性讲述能基本反映事物的本质特征。教师可以通过"绘本阅读"讲述活动、"说出自己观察的现象"讲述活动、"叙述自己的经历"讲述活动，使幼儿意识到讲述要有层次，有条理和连贯性，能够进行结构完整且较长的讲述[①]。

科学探究中的表达交流是总结、传达、分享科学发现的过程，这一能力的发展与语言能力、表征能力，乃至逻辑思维等均有关[②]。幼儿前期的发展已经能够使用简单的表征来描述获得的信息，后期教师可以通过讨论活动、绘画活动、模型制作活动满足幼儿想要提供关于事物更深入描述或变化规律信息的需求，使幼儿的论述更具观点性、组织性、逻辑性，能相对完整地对探究的发现进行客观陈述、合理推测。

---

① 余珍有.幼儿园语言领域教育精要：关键经验与活动指导[M].北京：教育科学出版社，2015：44，49.

② 爱泼斯坦.科学和技术：关键发展指标与支持性教学策略[M].霍力岩，等译.北京：教育科学出版社，2018：50-51.

四、“小鸡王国”

【活动目标】

1. 认识不同品种的鸡，感知它们之间的不同；

2. 通过观察和比较的方式，按照鸡的不同品种进行分类；

3. 体验探究活动的乐趣，激发幼儿的探究欲望。

【活动准备】

《鸡的品种分类》PPT；优美的背景音乐。

【活动过程】

（一）谜语导入，引出话题

教师：小朋友们，今天老师给你们请来了一位神秘的客人，就藏在下面这个谜语里面，看看谁能猜出这位神秘的客人是谁呢？（引导幼儿仔细聆听谜语的内容并且根据生活经验猜一猜是谁）

教师：头戴大红帽，身披五彩衣，好像小闹钟，清早催人起。

教师小结：你们知道头上有鸡冠，每天叫人起床的是公鸡，说明对公鸡很熟悉，对它的特征也很了解。

环节评析：用谜语的方式，间接导入，孩子的注意力转移到了谜语上，同时孩子根据自己现有的经验来猜测，将实际生活和活动相结合。

（二）认识鸡的品种，尝试分类

1. 结合生活经验说一说自己认识哪些鸡

教师：小朋友，你们都认识哪些鸡呢？（引导幼儿结合生活经验进行讲述）

教师：小朋友们说的都是我们生活中常见的鸡，但是鸡的品种可不止这些哦。

2. 了解不同品种的鸡

（在播放课件的时候引导幼儿仔细观察这些鸡有哪些不同之处）

（1）教师出示“鸡的图片”和“鸡的名字”请幼儿猜猜这些名字分别对应哪一只鸡。

教师：今天老师给小朋友请来了“小鸡王国”的成员，这些“鸡成员”来到我们班级想和小朋友玩个游戏，玩游戏之前，先请小朋友们猜猜它们都叫什么名字？（通过观察、猜测、论证的方式来学习认识不同的鸡，提醒幼儿观察鸡的细节。）

（2）幼儿通过观察“鸡成员”的特征，将名字贴在对应的鸡下面。

（3）教师和幼儿一起验证猜想，将“鸡成员”按照正确的名字对应上。

教师：小朋友们通过对鸡的外在特征的观察，分辨出了三黄鸡、乌鸡、芦花鸡、火鸡等。

3. 按照“鸡成员”的特征进行分类

教师：小朋友们成功地猜对了这些“鸡成员”的名字，“鸡成员”们也邀请了它们的好朋友来和我们一起做游戏。

（1）出示不同鸡的图片，引导幼儿按照鸡的种类进行分类。（巩固幼儿对新事物的认知）

教师：请小朋友们想一想，这些鸡分别是谁请来的好朋友呢？

（2）幼儿按照鸡的种类和特征，将相同品种的鸡放在一起。

教师：小朋友们太棒了，成功地帮助这些小客人找到了他们的朋友，不过这些小客人还给我们小朋友出了一道难题，他们故意隐藏起了身体的一部分，请你们帮忙找出来，你们有没有信心呢？

4. 找“鸡成员”拼图

（在拼图的过程中，和孩子们一起总结不同的鸡有不同的特征。）

（1）教师出示“鸡成员”的拼图，请幼儿将他们完整地拼好。

（2）幼儿说一说拼好的“鸡成员”分别叫什么名字。

教师：小朋友通过认真观察“鸡成员”的头部和身体的特征，成功地将“鸡成员”完整拼好，并且能够正确地叫出它们的名字，太棒了。

环节评析：幼儿在对自然事物的探究和运用数学解决实际生活问题的过程中，不仅获得丰富的感性经验，充分发展形象思维，而且初步尝试归类、排序、判断、推理，逐步发展逻辑思维能力，为其他领域的深入学习奠定基础。

（三）游戏“找朋友”

教师：小朋友们认识了很多“鸡成员”的名字，能够根据它们的特征将他们进行分类，又能将“鸡成员”隐藏的身体找出来，你们简直太棒了，不仅记忆力好，而且观察力也非常出色，但是不知道你们反应力怎么样呢？

1. 教师将若干“鸡成员”的图片贴在小朋友的身上，请幼儿根据自己身上的图片，找到和自己一样的好朋友。

2. 教师播放音乐，音乐结束后幼儿要找到自己的好朋友，并和他手拉手站好。(鼓励幼儿用学到的知识进行游戏,在游戏中进一步巩固自己的认知。)

环节评析:帮助幼儿不断积累经验,并运用于新的学习活动,形成受益终身的学习态度和能力。

【延伸活动】

家园共育:除了今天认识到的鸡,生活中还有哪些其他种类?回家和爸爸妈妈一起去找一找。

游戏活动:教师可以将"鸡成员"的拼图卡片,放到益智区,请幼儿进行操作练习。

下面是在活动实施中捕捉到的片段:

片段

在第一个场景中,幼儿A、B、C蹲在小鸡饲养箱前观察小鸡。小鸡回窝的行为激发了幼儿的兴趣,幼儿A对此发出了感叹:"小鸡怎么跑那么快!"幼儿B、C尝试抓鸡,但小鸡跑太快了抓不住。幼儿B感慨:"小鸡跑那么快会不会飞走啊,我们手一靠近它它就要跑。"接着幼儿A把小鸡放在怀里,幼儿A抚摸小鸡的头部。教师提醒幼儿根据小鸡的翅膀软硬程度判断小鸡的公母,于是,幼儿A抚摸小鸡的翅膀并观察。

在第二个场景中,小鸡站在桌面上,四个幼儿对小鸡产生了浓厚的兴趣,挨个抚摸小鸡,一边摸一边观察。

在第三个场景中,教师出示不同类型的鸡的图片,与幼儿一起通过鸡的不同特征辨识鸡的种类。在此过程中,教师与幼儿进行互动,具体的形式包括教师问幼儿答以及幼儿主动陈述两种。

事件解释:

幼儿使用视觉和触觉对小鸡进行近距离观察,通过观察小鸡的翅膀来判断其公母。幼儿的观察行为是直接的,他们借助视觉和触觉感知小鸡的特征,并对观察到的信息进行加工,通过小鸡的颜色、外形和行为来判断和识别小鸡的种类,但在判断和识别的过程中只关注到小鸡表面的特征。

支持性策略:

直觉是人脑的一种高级机能[①],是儿童认识客观事物的重要形式[②]。幼儿通

---

① 李冬胜.直觉思维及其培养[J].教育理论与实践,1993(6):47-49.

② 李殿森.布鲁纳的直觉思维论及其教学意义[J].外国教育研究,2003(1):14-17.

过视觉和触觉来观察小鸡,可以直接观察到小鸡的外形、颜色以及皮毛的软硬程度,但对小鸡的观察是浅显的,对小鸡的特征的了解程度是不够深入的。除了采用视觉、触觉两种感官,还可以借助听觉和嗅觉这两种感官,耐心地听一听小鸡的叫声,靠近小鸡闻一闻小鸡身上的气味。

小鸡的回窝行为激发了幼儿的兴趣,好奇心和兴趣是幼儿主动进行探索、学习的起点。教师要全面地观察幼儿在活动中表现出的专注力情况,捕捉幼儿专注力发展的契机,适时介入,以问题形式加以指导,强化幼儿专注力这一学习品质的养成。此外,在幼儿利用感官感知小鸡外在特征的同时,鼓励幼儿将观察到的信息记录下来,巩固观察的成果,养成良好的观察习惯,以此培养幼儿的专注力。

第四节　大班的个性化活动

以大班“小鸡‘越狱’了”“搬新家”“我来照顾你”“下蛋咯”“我和小鸡的故事”共五个活动为例,每个活动均先呈现活动设计,然后对活动实施后的典型片段实录、事件解释、支持性策略三个方面进行分析,以回应大班“探究‘小鸡从哪里来’”课程的活动评价。

一、“小鸡‘越狱’了”

【活动目标】

1. 能用连贯的语言围绕“小鸡‘越狱’了”这一话题进行谈话;

2. 引导幼儿认真倾听别人谈话,能迅速掌握别人的谈话内容,向同伴学习谈话经验;

3. 在小组活动中发展幼儿的交往技能,鼓励幼儿大胆与别人交往。

【活动准备】

小鸡“越狱”的相关视频;画纸、记号笔。

【活动过程】

(一) 视频导入,激发兴趣

教师:视频中出现了谁?发生了什么事情?有什么特别的地方?(引导幼

儿仔细观看视频中的小鸡,大胆猜测、讲述小鸡发生的事情。)

环节评析:利用小鸡“越狱”视频导入,吸引孩子的注意力。

(二) 自由交谈,集体谈话

1. 教师引导幼儿交谈并提出要求:和你同组的朋友说一说“小鸡为什么要‘越狱’”。(幼儿分组自由交谈,注意倾听幼儿的谈话,引导幼儿注意围绕话题,用轮流的方式交谈。)

2. 集体谈话“我认为小鸡‘越狱’的原因是……”(教师请几位幼儿向大家介绍自己的猜想。教师及时帮助幼儿用连贯的语句表达。)

环节评析:“小鸡‘越狱’了”这一话题是有趣的,幼儿对话题具有一定的经验基础,有一定的新鲜感,与幼儿近日生活的共同关心点有关,更有利于提高幼儿的倾听能力和语言能力。

(三) 拓展谈话范围,丰富相关经验

1. 教师:小鸡“越狱”可能会有那么多的原因呀!你会怎么帮帮它呢?请你用纸笔把你的方法画下来,并和你的好朋友一起说一说。(引导幼儿将谈话内容从事件产生的原因延伸到解决问题的办法)

2. 播放视频,了解鸡笼定期更换的优点。

教师:鸡笼需要定期更换,小鸡才能成长得又快又健康,让我们一起来听听小博士是怎么说的吧!

3. 鼓励幼儿叙述相关经验,将新经验记录下来。

教师:听到小博士的科普了吗,和同伴继续说一说,将你获得的新知识继续记录在你刚刚拿到的纸上。

环节评析:在此环节增加“记录”这一步骤,让幼儿在动嘴、动脑的同时,也能有动手等其他操作活动,这有利于保持幼儿谈话的兴趣,增进他们说话的积极性。

【延伸活动】

家园共育:和爸爸妈妈一起给小鸡搭一个适宜的鸡笼。

环节评析:鼓励幼儿持续探究,在直接感知、动手操作、解决问题中,对小鸡的成长有了更深的认识。

下面是在活动实施中捕捉到的片段:

片段

教室里,幼儿围着教师坐成半圈。

教师："孩子们，我们养了一群小鸡，它们现在发生了一点状况哦，你们想不想知道它们发生什么事了？"

幼儿齐声回答："想！"

教师："那我们一起来看看好不好？"

教师播放视频，幼儿认真观看。观看完视频，教师重新坐回到幼儿中间继续回顾讨论。

教师："从视频中，我们看到鸡妈妈怎么样了？"

幼儿："跳出圈了。"

教师："那小鸡们呢？"

幼儿："钻出来了。"

教师："它们为什么跑出来了呢？谁来说一说？"

幼儿 A："鸡可能想要出去玩游戏，或者是它们饿了。"

教师："嗯，有可能饿了要出去找东西吃。"

幼儿 B："它们想要自由。"

教师："小鸡为什么想要自由？因为这个鸡窝怎么样？"

幼儿集体回答："太小了。"

教师："嗯，有点变小了，待不下了，它们才'越狱'了。"

事件解释：

大班幼儿在教师引导下，围绕"小鸡为什么'越狱'"进行了谈话活动。所有幼儿能够坐在座位上认真观看视频，并能根据视频内容对教师提出的问题作出积极的回应。大班幼儿已经具备了与他人沟通交流的能力，能够做到认真倾听教师的讲话，并积极主动地举手回答问题，懂得按次序轮流发言，在其他同学发言时能够做到认真倾听，不随意打断别人讲话。大班幼儿通过和教师一问一答的方式进行对话交谈，能够在教师的引导下发现问题、分析问题并且初步解决问题。幼儿通过视频发现小鸡"越狱"了，然后在教师的提问下思考了小鸡"越狱"的原因有哪些，最后得出了统一的结论——鸡窝太小了导致小鸡的"越狱"。

支持性策略：

教师在与幼儿的交流过程中，应该依据具体情境应用多元化的语言使幼儿易于理解，并且能够根据幼儿的具体回答，提供及时、具体、有针对性的回答和反馈，还需要注意说话时的语音语调等，使幼儿感知与体验到语言的艺术魅力。树立科学合理的师幼互动观对于教师和幼儿的交谈和互动十分重要，要求教师在活动中创设开放、自主的对话环境，充分尊重幼儿，突出幼儿的主体地位。3～6岁是幼儿语言发展的加速期，幼儿会通过对教师言语行为的模仿，习得更为丰富、深刻的语言表达，这就要求教师要在与幼儿交谈的过程中，既强化自身语言表达的规范性，又注意自身语言表达的可理解性，便于幼儿接受和模仿[①]。

二、“搬新家”

【活动目标】

1. 通过观看短片，了解小鸡生活的习性以及适宜它生活的环境；
2. 尝试设计邀请函，并送给想要邀请的人；
3. 乐意参与活动，体验帮助小鸡带来的快乐。

【活动准备】

动画短片；彩色卡纸、记号笔。

【活动过程】

（一）谈话导入，激发兴趣

教师：小朋友们，一开始的时候小鸡的家是一个纸盒子，可是我们发现小鸡经常会从纸盒里跳出来，这是为什么呢？（引导幼儿回忆以往经验，大胆讲述自己的观点，要给小鸡找什么样的家。）

环节评析：承上启下，既是对幼儿前期经验的回顾，又很好地引出主题。幼儿在讨论的过程中，不仅锻炼了思维能力，也发展了口语表达能力。

（二）为小鸡找合适的家

1. 讨论小鸡喜欢的家

教师：我们该给它找一个什么样的家呢？

2. 了解小鸡生长所需

（引导幼儿仔细观看短片，在学习养鸡知识的同时，为下面的活动环节铺垫。）

教师：到底小鸡喜欢什么样的生活环境呢？让我们通过短片来了解一下。

环节评析：动画短片既能激发幼儿参与活动的兴趣、好奇心和探索精神，又能提高幼儿的动手动脑能力。通过动画的形式，可以让幼儿在学中玩、在玩中乐，充分

① 张芳芳.幼儿教师言语行为问题及对策探究[J].教育理论与实践，2023(14)：33-36.

发挥幼儿学习的主体作用，既使他们对所学的知识掌握牢固，记忆深刻，又使他们的学习能力得到培养，教学效果好。

教师小结：原来，小鸡长到30天之后，就不需要保温箱了，但还是要找一个安静、干爽通风的地方生活。这样，它们才能开心、健康地长大！

3. 实地考察，选新家

教师：小鸡的家有了，把家安置在哪里？在我们的校园里，有哪些适合小鸡生活的地方呢？让我们一起去找一找吧！

（1）滑滑梯旁。（引导幼儿发现，小朋友们经常来玩滑滑梯，小鸡喜欢安静的环境，这里不适合做小鸡的家。）

（2）沙池里。（沙池里有很多细沙，小鸡可能会误食，天热的时候沙子太烫，小鸡生活在这里会不舒服。）

（3）草地上。（绿油油的草地是小鸡的乐园，非常适合它们居住。）

环节评析：利用现场情境教学，创设幼儿喜欢的活动情境，引发他们的积极情绪，使其在这样的情境中能愉快地投入活动中。

（三）计划搬家

1. 设计搬家宴邀请函

（引导幼儿初步了解邀请函的内容，要注明邀请的人、时间、地点等信息。）

教师：小鸡乔迁宴，我们邀请谁呢？让我们一起给它们画一张邀请函吧。

2. 分组设计

（鼓励幼儿用绘画表征的方法，大胆表达自己的想法。）

3. 发送邀请函

教师：经过你们的精心准备，邀请函已经完成啦！让我们把准备好的邀请函送到朋友们手里吧。

4. 乔迁准备

教师：在小朋友们的帮助下，小鸡终于有新家了，接下来还有一件非常重要的事情，小鸡搬家我们需要准备些什么呢？

环节评析：幼儿在宽松的氛围中与同伴一起合作，使孩子真正地成为做活动的主人，他们把自己搬新家的生活经验迁移到小鸡搬家的任务中，就连邀请客人的方式也要有一定的仪式感。

教师小结：让我们一起准备起来，找一个好日子，一起帮小鸡搬新家吧！

(四) 正式乔迁

1. 送给小鸡的礼物

教师：终于迎来我们小鸡搬新家的大喜日子啦！大家还准备了大大小小的礼物，都有什么呢？(鼓励幼儿说明准备礼物的用意，大胆表达对小鸡搬新家的祝福。)

环节评析：大班幼儿已能迁移已有经验来设想当前的事物与研究的问题。在活动中幼儿表达自己的想法，其他幼儿提出不同见解，不仅可以锻炼幼儿的表达能力，还能够促进幼儿观察经验的交流，对观察能力的提升有重要作用。

2. 乔迁庆祝会

教师：今天是小鸡乔迁新居的日子，让我们一起给小鸡新家装扮一下，举办一场庆祝会吧。

【延伸活动】

区域活动：幼儿在语言区通过绘画的形式，将搬家的故事做成连环画。

下面是在活动实施中捕捉到的两个片段：

片段一

教师："我们发现现在的鸡窝对于小鸡来说太小了，那我们该怎么设计、改变鸡窝的形状和大小呢？我们一起和旁边的人轻声讨论一下吧。"

幼儿两三人为一组，积极参与讨论，悄声讨论完了之后发表自己的见解。

幼儿A："我想给它们换个大点的家，给小鸡宝宝们放一些玩具，再给它们准备喝的和吃的，布置好它们的窝，它们又能吃又能玩。"

幼儿B："我想给它们弄一个很大的盒子，然后放上吃的和喝的，还有玩的。"

幼儿C："我要给小鸡做个更大的屋子。"

教师小结："小朋友们的想法很棒，给它们做一间更大的屋子，有吃的喝的，那这个场地要很大很大了，也就是说要让它们有自由的什么？"

幼儿答："空间。"

教师："刚才呀，你们的想法都非常好，因为原来小鸡的家非常小，缺少了很多的自由，所以我们要给它们设计一个什么？"

幼儿答："可以自由活动的房子。"

事件解释：

教师让大班幼儿自行分组，和身边人组成两人或者三人小组，小声讨论"设计什么样子的鸡窝"的问题。幼儿每个人都找到了小组成员，非常愿意与小组成员讨论这个问题，能够使用合适的语言表达清楚自己的观点并说明理由，也能够认真听取他人的想法和观点。此时大班幼儿已经可以与他人进行三个回合以上的较长时间的交谈，能够在表达、反驳和争论中有秩序地轮流发言，合理控制自己的情绪，并且能做到正确理解和尊重持有与自己不同的观点他人。在小组交流之后，幼儿敢于在众人面前表达小组讨论后的结论，与其他幼儿和教师展开进一步的分享和交谈。

支持性策略：

幼儿小组合作动机的产生主要来源于对合作结果的认知，让幼儿体验到通过合作可以更快、更好地达成目标，并且在合作中也会体会到愉悦的情绪①。想要充分发挥小组合作交流的积极性，需要教师对小组成员的组合方式进行一定的干预，让幼儿小组成员搭配更合理②，如有的幼儿动手能力强但是表达能力弱，因此可以在小组成员中加入表达能力较好的幼儿；也有的小朋友纪律性差一点，可能会在讨论过程中跑题或者走神，可以为其小组配备一位组织能力较强的幼儿，从而引导活动的正常进行……总之，教师适当的重新分组有利于保证每一组幼儿的能力都比较平均，更有利于活动的推进和任务的完成。

片段二

幼儿和教师一起总结想法，设计一个可以让小鸡活动更自由的鸡窝。

教师："那接下来，请小朋友们一起为鸡妈妈和小鸡宝宝们设计一间你认为符合它们所有要求的房子好吗？"

幼儿："好！"

幼儿使用彩笔通过画画完成对鸡窝的设计。

教师："小朋友们帮鸡宝宝设计的新家已经好了对吧？那接下来谁给大家介绍一下你是怎么设计的？"

幼儿 A："我给小鸡设计的家是红色的屋顶、红色的大门和棕色的围栏，有小蝴蝶，还有海鸥。"（彩色的画，有三种以上的颜色。）

幼儿 B："我给大家画的是一个三角形的屋顶，还有太阳，还有一个鸡宝宝，还有一个鸡妈妈，还画了一个围栏，还有一只乌龟。"（黑白色的画）

幼儿 C："我给小鸡设计了一个半圆形屋顶，房子里有小鸡，小鸡可以在上面玩，这里是它的床，这里是它可以喝水的地方。"（黑白色的画）

① 塞利.儿童自然体验活动指南[M].肖凤秋，尚涵予，译.北京：教育科学出版社，2017：22.

② 计悦芬.在"养植"活动中幼儿的小组合作学习及支持策略[J].科技资讯，2021(7)：147-150.

幼儿D:“鸡窝的家旁边有好多花,旁边有它玩的地方,还有休息的地方。”(彩色的画,有两种颜色。)

幼儿E:“我给小鸡设计的是城堡一样的家,这里是进去的门,这里是睡觉的地方,这里是吃饭的地方,这里是可以玩游戏的地方。”(彩色的画,有三种颜色。)

事件解释:

在经过小组讨论、课堂交流之后,大班幼儿已经在自己心中对“如何设计鸡窝”有了初步的构想,他们拿出空白的A4纸和彩笔对自己构想出的鸡窝进行绘画展示。绘画完成后,由幼儿对自己的绘画结果进行展示和讲述。对于幼儿的绘画,在内容上,可以发现大班幼儿基本上已经能够熟练地使用线条等绘画技巧,能够完成一幅较为完整并且内容丰富的绘画。但是在绘画的色彩上,仍有欠缺。虽然教师都向幼儿提供了彩笔,但是仍然有两位幼儿仅选择了黑色的笔来完成绘画,有两位幼儿虽然使用了彩色笔但是颜色较为单一,仅有一位幼儿充分使用了彩笔完成了一幅五彩缤纷的绘画。对于幼儿地讲述,五位大班幼儿基本上都能够清晰且完整地讲述自己的绘画思路和内容,设计的“鸡窝”大多分了各种功能区,以使其能够尽可能多地满足小鸡的需求,包括小鸡吃饭、睡觉、娱乐等多种功能区。幼儿在表达过程中基本上能够使用合适的表达声音和语音语调,但也有幼儿出现了不连贯、声音较小等问题。

支持性策略:

在艺术创作中,情感起着动力性的作用,它又对想象起着定向和组织材料的作用,同时情感又参与表象的内化过程。在大班幼儿绘画创作过程中,教师可以从以下几个方面进行指导:创设宽松的心理环境,让幼儿能够专注于绘画,在心情良好的状态下幼儿的创作思路更开阔、思维更敏捷,让幼儿自由且自信地去主动进行美术创作;引导幼儿进行想象和体验,帮助幼儿将自己内心的情感模式与外在的生命模式同构,从而理解事物的情感表现性,激起创作的冲动①。

讲述活动要求幼儿在集体面前表达自己对某一图片、事物或情境的认识和看法,目的是培养幼儿按照一定思路进行语言表达的技能。教师应该在日常活动中多提供给幼儿在集体面前讲述的机会,让幼儿有充分的机会去实践已有的

① 孔起英.幼儿园美术领域教育精要:关键经验与活动指导[M].北京:教育科学出版社,2015:191-193.

讲述经验;教师还应该亲身示范讲述的方法和技能,注意使用语言要清晰和简洁;在组织讲述活动时,教师首先要帮助幼儿感知、理解讲述对象,然后鼓励幼儿自由讲述,当幼儿出现讲述困难时,教师提醒他不要着急、慢慢说,耐心倾听并给予必要的补充,帮助他厘清思路并清晰表达①。

三、“我来照顾你”

【活动目标】

1. 掌握常见的几种鸡生病的特殊信号及对应的疾病名称;
2. 了解鸡的科学喂养方式及鸡生病时的照顾方法;
3. 愿意照顾生病的鸡,想办法让鸡恢复健康,体验与小动物相处的快乐。

【活动准备】

操作卡若干。

【活动过程】

(一) 导入活动,引起幼儿兴趣

教师:小朋友,你们生过病吗?生病的时候有什么感觉?谁会关心和照顾你呢?他们是怎么关心照顾你的?(引导幼儿回忆生病的感受,激发对生病同伴的关爱之情。)

环节评析:通过幼儿的自身经验导入,让孩子们代入自身的感受,更能引起幼儿的情感共鸣,引起幼儿对接下来活动的兴趣。

(二) 初步了解鸡生病的原因(受伤、拉肚子、感冒、鸡瘟)

1. 出示鸡生病图片

教师:这只鸡怎么了?你仔细观察一下,它看起来和平时有什么不一样?(引导幼儿说出鸡可能生病了,看起来身体不舒服,眼睛里好像有眼泪。)

2. 观察鸡生病时的行为特点

教师:这里有一段关于这只鸡的视频,想请小朋友们来帮忙看一看,这只鸡还有哪些奇怪的地方?(引导幼儿观察视频,发现鸡有点咳嗽、流鼻涕,就像人感冒了一样。)

教师:我们连线请教一下动物医生,看看这只鸡到底是生了什么病?(引导

---

① 余珍有.幼儿园语言领域教育精要:关键经验与活动指导[M].北京:教育科学出版社,2015:96-102.

幼儿观察生病的鸡奇怪的行为特点，通过连线动物医生，进一步了解鸡常见的疾病名称及相对应的病症。）

小结：这只鸡的便便是黄绿色的；拉得稀，精神状态也不好，总是蹲在一个地方，没有力气散步，它可能是吃坏肚子了。

环节评析：大班幼儿逐渐开始对有一定挑战性的内容或问题表现出探究兴趣，喜欢关注事物的变化、奇特的现象等。借助PPT引导幼儿了解鸡生病的奇怪行为，知道鸡常见的几种疾病名称及相对应的患病症状。

（三）再次观察，判断生病原因

1. 集体观察，分析原因

教师：这是这几天的喂养记录，我们来找一找、想一想，这几只鸡为什么会生病呢？

2. 记录结果，小组分享

（引导幼儿发现鸡会生病是因为鸡棚温度太低着凉了，还有喝了不干净的水。）

环节评析：大班幼儿已能关注到当前不在眼前的事物和现象，并能迁移已有经验来设想当前的事物与研究的问题。幼儿分组讨论，利用自己的生活经验，并结合养殖场喂养记录，判断鸡生病的各种原因。

（四）商量、讨论照顾鸡的方法

1. 分组讨论照顾方案

教师：我们的小鸡朋友生病了，我们可以做些什么呢？

2. 记录讨论结果，全班分享

教师：刚才你想到了用什么方法来照顾小鸡朋友？（鼓励幼儿根据自己的操作卡，在集体面前大胆分享自己的想法。）

（五）师幼共同总结

教师：无论是鸡或者小朋友都会生病，生病了很难受，同时也需要别人的关心和照顾。以后你的父母或好朋友生病了我们要好好地关心和照顾他们，让他们早日恢复健康。

环节评析：幼儿的社会性主要是在日常生活和游戏中通过观察和模仿潜移默化地发展起来的。因此，通过游戏的方式，为幼儿创造照顾同伴的情景，更好地让幼儿感受为同伴提供关心与帮助的友好之情。

【延伸活动】

家园共育：和爸爸妈妈一起再找一找还有哪些鸡的常见病，小鸡患这些病时需要饲养员怎么样照顾它。

下面是在活动实施中捕捉到的三个片段：

片段一

教室里，教师坐在前面，小朋友们围坐成半圆形。

教师："上次去看我们的小鸡，我们的小鸡怎么样啦？"

幼儿："小鸡长大了。"

教师："小鸡长大了很多对不对？但是小鸡在生长过程中也发生了很多问题，我们一起来看看小鸡在成长的过程中，遇到了哪些问题吧！"

教师播放视频，视频中是一只生病的小鸡，小朋友们认真观看视频。

幼儿A："小鸡看起来不太开心。"

幼儿B："小鸡的脚扭到了。"

幼儿C："我觉得是小鸡想要生蛋但是生不出来。"

幼儿D："小鸡可能在想它应该把蛋生在哪里好。"

幼儿E："我觉得小鸡在生气。"

教师："同学们有没有发现，这只小鸡的眼睛都睁不开了，这是为什么呢？"

幼儿F："我觉得是小鸡的眼睛抽筋了。"

幼儿E："我觉得小鸡生病了。"

幼儿D："我觉得小鸡的肠子发炎了。"

教师："是的，我们可以看到视频里的小鸡整个状态都不好，是的，因为它生病了。"

事件解释：

大班幼儿主要通过视觉细致、专注地观察视频中的小鸡，通过观察发现了小鸡在情绪、走路姿势、状态和外观等方面的表现，并能够将观察到的现象进一步通过简单的口语表述出来。但幼儿在表述的过程中存在着用词上可能不太准确和吐字上不太清晰的问题。大班幼儿在观察到小鸡的一些异常表现后，能够在教师的引导下进一步探寻小鸡出现这种表现背后的原因，最后找到答案——原来是小鸡生病了。

支持性策略：

相较于小班和中班幼儿，大班幼儿的思维发生了较明显的变化，初步具备了科学思维，这个阶段的探究不仅仅是问题驱使的探究，还是方法和目的的探究。

教师应该充分理解此阶段幼儿的探究特点，帮助幼儿明确研究问题、寻找可行的方法，并为幼儿的探究提供条件支持①。观察是一种有目的的知觉活动，是运用各种感官直接获取第一手资料。观察的意义在于帮助幼儿分清主、客观，通过感官获取客观事实。为了培养幼儿的观察能力，教师应该提供充足、多样的材料以保证幼儿能够观察、操作；引导幼儿主动参与观察活动，并对其认真观察，必要时给予一定的观察技巧指导②。大班幼儿在成人支持下，能展开持续性的探究活动，对所研究的问题或观察到的事物、现象进行简单的推理，解决问题或发现事物明显的规律与关系，建构前科学概念③。

观察后的表达和交流是总结和分享发现的过程，这一能力的发展与幼儿的语言能力、表征能力和其逻辑思维的发展有关。教师应该继续丰富大班幼儿的词汇，让其掌握更多的实词和形容词，学习一些常用的虚词和连接词；鼓励幼儿在日常生活中坚持说普通话，并注意发音和声调的正确性④。对于大班幼儿，教师应重点支持和引导幼儿间、幼儿与富有经验的成人间基于事实的相互交流、分享和讨论，引导他们聆听别人的观点，并通过广泛的交流与讨论，拓展幼儿个体对事物与问题的关注点和认识、探究和记录的方式方法等⑤。

片段二

教师播放视频过程中，其中一个幼儿突然站起来，不断说“我知道”，并举着手。教师制止她，“我们把视频看完再一起讨论”，随后该幼儿乖乖坐下继续认真观看视频。

事件解释：

在教师要求大班幼儿认真观看视频过程中，有一幼儿忽视了课堂上的要求和规范，其自我控制能力较差，通过语言和动作打断了课堂节奏，该幼儿想让教师注意到自己，让自己能够优先表达观点。但最终幼儿在教师再次的语言提醒后，乖乖坐下直至视频结束。

支持性策略：

大班幼儿对外界事物富有独特想法，行为容易具有冲动性，自我控制能力较

---

① 张俊，等.幼儿园科学领域教育精要：关键经验与活动指导[M].北京：教育科学出版社，2021：48.

② 同①67-70.

③ 彭琦凡.3～6岁幼儿科学探究的年龄特点及其引导[J].学前教育研究，2010(12)：27-30.

④ 余珍有.幼儿园语言领域教育精要：关键经验与活动指导[M].北京：教育科学出版社，2015：26.

⑤ 同③.

差，但已经能够在成人的提醒和监督下，约束自己的行为①。幼儿对规范的认识一般会经历从服从、模仿到理解的过程②。大部分大班的幼儿都已经能够初步感知规范的意义，并通过对成人或者同伴的模仿来遵守规范，逐步养成规范意识。教师应该在日常教学活动中重视向幼儿传递遵守课堂规范的重要性，并通过监督和提醒提高幼儿的自我控制能力，比如在课堂上要听从教师的流程安排，能够选择合适的时间和方式加入讨论，并做到按次序轮流发言③。教师还应该注意引导幼儿聆听别人的观点，通过争论、辨析和反复验证进一步学习倾听、表达、合作和探究④。

片段三

教师："那小鸡如果生病了，该怎么办呢？"

教师播放视频，视频内容主要是关于鸡病的治疗方式以及禽类疾病的预防方式。幼儿们全程保持安静。

教师："除了小鸡生病的时候要用药，还有什么时候要用药呢？"

幼儿 A："预防的时候。"

教师：就像我们的小朋友预防生病要做什么？

幼儿 B："要打预防针。"

教师："是的。小鸡也像小朋友们一样可以通过预防的方式防止疾病的侵袭。"

幼儿 C："小鸡的肚子里有寄生虫。"

教师："那我们给它针对性地用药要注意什么？"

幼儿 D："要适当用药。"

教师："是的。我们可以在小鸡生病的时候给它投喂药片，种类要适当，剂量也要适当。用少了，好不了，用多了，对小鸡身体有伤害。那我们可以通过什么方式给小鸡用药呢？"

幼儿 A："我们可以把药拌在小鸡的饭里。"

幼儿 B："我们可以给小鸡喷洒药。"

幼儿 C："我们可以每天给小鸡洗澡，打扫一下。"

教师："孩子们说得真好。是的，我们不光可以给小鸡消毒、打针、喂药，我们还可以把小鸡生活的环境打扫干净哦！"

---

① 张岩莉. 学前儿童社会教育[M]. 上海：复旦大学出版社，2021：18.

② 刘国雄，李红. 儿童对社会规则的认知发展研究述评[J]. 华东师范大学学报(教育科学版)，2013(3)：63-69.

③ 邱娟飞. 小学语文口语交际教学现状及对策研究[D]. 上海：华东师范大学，2006：25.

④ 彭琦凡. 3～6 岁幼儿科学探究的年龄特点及其引导[J]. 学前教育研究，2010(12)：27-30.

事实解释：

在观看完讲解视频后，教师通过提问引导幼儿思考关于小鸡用药的问题，其中包括用药的原因、种类、剂量、方式等等。在一问一答中让幼儿学习到用药的目的包括治病和预防，用药时要注意适当的药品种类和剂量，用药的方式主要包括拌在饭里和喷在空气中，同时还需要注意生活环境的干净卫生。教师进一步引导幼儿将从小鸡身上学到的知识迁移到自己身上来，养成良好的生活习惯。

幼儿在与教师的交谈过程中，能够认真听老师说话，并积极主动地回应老师的提问和陈述，也能够根据需要调整自己的音量、语气和语言内容，懂得了按次序轮流讲话。

支持性策略：

幼儿疾病的预防既需要成人进行晨检、健康检查、日常消毒等保护性工作，也需要幼儿自己养成良好的生活习惯。教师应该向幼儿传递更多关于疾病预防和保护措施的知识，并能够在日常生活中以身作则，树立榜样示范作用，让幼儿能够学习到与健康相关的知识，并且自觉将其应用到日常生活中①。教师在教授大班幼儿疾病预防健康知识时，可以充分挖掘绘本的意义和价值，并探索集体教学和个别教学、线上和线下等多种形式运用绘本开展疾病预防健康宣教活动，有效促进幼儿园疾病预防健康教育工作的发展②。

交谈是人与人之间交流思想、感情和信息的基本方式。幼儿语言的发展对其日后智力的发展有着至关重要的影响，因此，重视幼儿语言发展显得十分重要，而交谈正是促进幼儿语言发展的重要方式③。谈话经验是指两个或两个以上的人围绕某一话题进行的即时交流的经验，幼儿与他人交谈的能力在此阶段仍处于萌芽期，需要保证有趣的话题中心才能激发幼儿继续交谈的兴趣。因此，教师应该保证发起的话题是幼儿有一定了解的，并且在生活中对该话题保持关注、好奇心和新鲜感，从而让幼儿产生交流和分享的愿望④。教师在与幼儿交谈

---

① 叶平枝，等. 幼儿园健康领域教育精要：关键经验与活动指导[M]. 北京：教育科学出版社，2021：55，176-177.

② 陈伟芳. 挖掘健康绘本资源，丰富健康教育形式——幼儿园保健人员运用绘本开展疾病预防健康教育探究[C]//广州市卫生健康宣传教育中心. 广州市第十三届健康教育与健康促进学术交流活动稿集，2022：3.

③ 王丽萍. 教师与幼儿交谈的几种技巧[J]. 学前教育研究，1996(6)：49.

④ 余珍有. 幼儿园语言领域教育精要：关键经验与活动指导[M]. 北京：教育科学出版社，2015：34-35，43.

时应该注意做到以下几点：一是教师采用启发式提问的方式，让幼儿思考后再回答；二是依据各个幼儿不同的情感、心理和行为特征，有针对性地确定面向不同幼儿的不同的交谈内容、方式、难度和频率等①；三是教师与幼儿交谈时，不需要特意放慢语速，用正常的语速和大班幼儿交谈有利于促使他们言语中枢高度兴奋并进行快速思考，从而发展幼儿的思维敏捷性②。

四、"下蛋咯"

【活动目标】

1. 借助情境导入、图谱演示、游戏等多种形式，让幼儿感受歌曲的趣味并学唱歌曲；
2. 在理解歌曲的基础上，能根据情节创编简单的动作；
3. 体验与同伴合作表演的快乐。

【活动准备】

母鸡头饰若干；爱心卡片；农场和歌词图片一套。

【活动过程】

（一）情境导入，激发兴趣

教师：小朋友们，今天我们的母鸡朋友来邀请你们去农场玩儿，你们想去吗？看来大家都很想去呀！好的，小耳朵听好音乐，排好队，我们一起去农场参观啦！（幼儿在音乐声中，跟着老师欢快地走入"快乐农场"。）

教师：让我们和母鸡朋友打个招呼吧，你们谁来学一学母鸡是怎么叫的？

环节评析：以情境的方式导入活动，可以提高孩子的兴趣，更容易集中他们的注意力并发展想象力。

（二）学唱歌曲，理解歌词

1. 初步感知旋律

教师：今天大母鸡有一件喜事要告诉你们呢，我们一起来听听它有什么喜事！

2. 再次揣摩旋律

教师：大母鸡是在哪里下的蛋？大母鸡下蛋的心情是怎么样的？下蛋以后

---

① 王丽萍. 教师与幼儿交谈的几种技巧[J]. 学前教育研究，1996(6)：49.
② 罗欣环. 幼儿教师不可忽视语速问题[J]. 学前教育研究，2003(11)：51.

又是怎么表现的呢?(引导幼儿仔细聆听,体会母鸡下蛋的心情,并能通过想象表现出来。)

3. 出示图谱,理解歌词

教师:大母鸡生完蛋之后怎么告诉人们呀?(引导幼儿仔细观察图谱,提高幼儿的观察能力和表达能力,鼓励幼儿开展想象,大胆表现自我。)

4. 唱唱大母鸡的喜事

教师:大母鸡想让更多的人都知道它下蛋的喜事,让我们来做它的宣传员,唱给大家听吧!

环节评析:给孩子一个情境,就能让孩子们在情境中更快地融入音乐歌曲中,寓教于乐,幼儿会更乐于开口演唱。

(三) 演唱歌曲,创编动作

1. 师幼表演

教师:小鸡们都坐下休息一下吧! 现在你们来当草窝,我当母鸡。鸡妈妈要下蛋了,看看它是怎么做动作的吧。(通过观看示范表演,引导幼儿了解母鸡下蛋的过程,让舞蹈更充满生动性。)

2. 幼儿集体表演

请个别幼儿尝试当母鸡,其余幼儿当草窝。

3. 自由合作表演

(1) 交代游戏规则:自由组合以5个孩子为一组的表演队,1个孩子当母鸡,4个孩子当草窝,边唱边表演。

(2) 幼儿自由组合并排练,教师巡回指导。

环节评析:在活动中,孩子们会很容易就被有趣的情节吸引,能大胆想象、积极参与游戏。在掌握节奏、熟悉旋律的基础上,最后孩子们都能完整地边唱边表演,用身体动作表现出音乐的特征,让孩子们感受到不同的艺术形式,进一步激发孩子们对音乐活动的兴趣,也鼓励孩子们敢于用不同的形式表达自己的理解和感受。

(四) 分角色玩音乐游戏

1. 教师当鸡妈妈

教师:大母鸡想要有自己的小宝宝了,你们知道它们躲在哪里吗? 对啦,鸡宝宝躲在蛋里,要鸡妈妈坐在上面孵20多天才能出来呢! 现在我是鸡妈妈,看看能不能孵出鸡宝宝们。

2. 角色转换，多次感受

男女宝宝进行鸡妈妈、小鸡的角色转换，幼儿自主体验鸡妈妈下蛋的乐趣。

环节评析：佩带头饰游戏、自由结合组队、角色互换等都能使舞蹈变得更加有趣，使幼儿在伴随游戏本身的生成与更新的过程中得到全方面发展，身心充满愉悦。

(五) 结束部分

教师：小鸡们，恭喜你们今天都通过自己的努力“生”出了鸡宝宝！瞧，鸡宝宝也给你们送来了爱心卡，谢谢你们赋予了它们新生命哦。(表扬幼儿的想象力，总结新生命的奇妙。)

环节评析：通过奖励，孩子们更能体会到活动接近尾声时的乐趣，他们会想象自己真的“生”出了鸡宝宝，并体会到成功带来的喜悦。

【延伸活动】

区域活动：在表演区为幼儿提供鸡妈妈的头饰、录音机，让幼儿自己使用道具，分角色进行表演。

下面是在活动实施中捕捉到的两个片段：

片段一

教师使用多媒体播放音乐。

教师：“母鸡想要告诉我们什么喜事呀。”

幼儿齐声：“下蛋了！”

教师：“哦，原来想要告诉我们这么大一件喜事。那我想问问你们，这时候它下蛋是坐在哪里？”

幼儿齐声：“草窝。”

教师：“哦，在草窝里下蛋，我们一起来学学它的样子。”(另一个教师在旁边弹钢琴配合幼儿模仿母鸡下蛋的肢体动作。)

教师：“母鸡坐在鸡窝里下着蛋，那它下蛋的时候它的心情是什么样的。”

幼儿 A 举手，在被叫到后回答：“我觉得它很开心。”

教师：“你觉得它是很开心的？那你是从哪一句听出来它很开心呢？”

幼儿 A：“它在邀请我们，跟我们打招呼，咯咯咯咯哒，咯咯咯咯哒。”

教师：“哦，是这样吗？你们大家觉得是这样吗？”

幼儿齐声：“是这样。”

教师：“母鸡下蛋时候的心情，到底是不是很开心呀？”

幼儿 B 直接回答：“又开心又不开心。”

教师:“你是从哪里听出来的又开心又不开心?”

幼儿B:“有一句歌词唱到‘脸蛋涨红’。”(回答声音较小)

教师:“这句你们有没有听到?”

幼儿齐声:“听到了。”

教师:“听到是怎么唱的? 那我们一起来学这一句好不好?”

师幼:“涨红脸蛋下蛋咯,呦呦喂~”

教师:“‘涨红脸蛋’感觉母鸡怎么样呀?”

幼儿齐声:“有点害羞。”

幼儿C直接回答:“而且又有点开心。”

事件解释:

在听过歌曲后,幼儿在教师的引导下围绕歌词内容进行谈话活动。所有在场幼儿都能够注意倾听教师讲话并理解、积极回答教师提出的问题。幼儿A能够主动举手回答问题,并在未叫到自己时选择等待,能够意识到轮流讲话这一交谈的规则,有关日常交谈的礼貌和规则已经发展完善。幼儿B和幼儿C未举手直接回答问题,虽未打断他人谈话,但未能根据场合灵活运用交谈规则与礼仪,有关日常交谈的礼貌和规则意识相较幼儿A稍弱。在教师进行追问时,幼儿A和幼儿B都能够通过语言以较为适当的语气做出有实际意义的回应,但幼儿B声音较小,幼儿A则能够根据课堂回答问题这一场合以适当的音量回答问题,在日常交谈中的语言发展相较另外两位幼儿更为完善。

支持性策略:

在提问引导幼儿讨论后,教师可以结合情景使用更加丰富的语言,促进幼儿的理解。根据大班幼儿的理解水平,有意识使用一些反映因果、假设、条件等逻辑关系的句子,扩展幼儿的语言经验范畴①。对于如幼儿B和幼儿C这类尚未具有举手发言意识的幼儿,教师可以结合课堂情境,通过表率、引导的方式提醒幼儿按照课堂中谈话的规则举手回答问题,学习并注意践行交流礼节②。

片段二

教师使用多媒体播放歌曲。(听歌期间幼儿的脑袋随着音乐的节奏摆动)

教师:“从哪里可以听出来母鸡很开心?”

---

① 余珍有.幼儿园语言领域教育精要:关键经验与活动指导[M].北京:教育科学出版社,2015:83.

② 同①.

幼儿："一声一声来唱歌。"

教师："它是怎么唱的呀，怎么唱呢？"

师幼："咯咯咯咯哒，咯咯咯咯哒，咯哒咯哒咯咯哒。"（另一教师弹钢琴伴奏）

教师："母鸡好像在唱歌给大家听，告诉大家什么呢？"

师幼："蛋儿大蛋儿多，蛋儿大蛋儿多～"（另一教师弹钢琴伴奏）

教师："那接下来我们一起把母鸡下蛋的这件事情完整地唱一唱好不好？"

一位教师和幼儿们一起唱，另一位教师弹钢琴伴奏，在唱歌过程中，幼儿的身体随着节奏在摆动，挥舞手臂模仿母鸡下蛋时的动作。（唱歌的教师同时使用多媒体呈现与歌词相关的图片或情境）

事件解释：

在听歌曲的过程中，幼儿能够专注认真地听歌曲并主动地随着音乐的节奏摆头，表现出对音乐欣赏的意愿和初步的音乐欣赏能力，达到了大班幼儿音乐发展的较好水平。在教师的钢琴伴奏下，幼儿能够感知到歌曲的旋律轮廓，初步辨别每一句歌词的音高和所在音域，在教师的带领下跟着钢琴伴奏演唱歌曲，旋律基本与示范音频及钢琴伴奏一致，但演唱时音高有时略有不准。

支持性策略：

在幼儿主动随着音乐节奏摆头或挥舞手臂时，教师可通过不同动作的设计引导幼儿对于不同节拍组成的歌曲节奏进行感知，并引导幼儿在有身体表演的演唱的过程中尽可能把握不同乐句的节奏①。在幼儿完成音乐欣赏和身体动作表演环节后，教师可以引导幼儿尽可能去掉动作进行歌曲演唱，引导幼儿将注意力投向歌曲的旋律和声音的表现上，对音高进行区分并辨认，发现旋律中相同的部分，进一步把握歌曲的音准②。

五、"我和小鸡的故事"

【活动目标】

1. 能通过观察、比较、实验与分析，记录和描述不同种类小鸡的特征或小鸡生长前后的变化；

2. 能连贯、有序、清楚地讲述饲养过程中有趣的一件事，讲述时能使用常见的形容词、同义词等，语言生动；

---

① 王秀萍.幼儿园音乐领域教育精要：关键经验与活动指导[M].北京：教育科学出版社，2021：130-131.

② 同①126.

3. 愿意用多种工具、材料或不同的表现手法表达自己在探索小鸡过程中的感受和想象；

4. 会分工合作，与同伴发生冲突时能协商解决，能坚持完成任务；

5. 对区域活动感兴趣，对探索有所收获感到兴奋和满足。

【活动准备】

生活区：鸡蛋、面粉、电磁炉、锅子、拖线板、一次性手套、不锈钢盘子、碗、筷子、叉子、保鲜膜、不锈钢盆、生菜、胡萝卜、小番茄、色拉、刀、砧板。

科学区：鸡饲料、米、玉米粒、水、食盆、孵蛋器、记录表、电筒、纸箱、铲子。

美工区：纸、水粉、勾线笔、马克笔、轻黏土、彩纸、胶水。

语言区：平板电脑、与小鸡相关的绘本、纸、灯光、背景及手偶。

数学区：迷宫图、记号笔、三只不同小鸡的图片、小米、玉米粒、虫子图片、"↑""↓""←""→"四个不同方向的箭头标记图、测量工具、电子秤。

建构区：计划书、辅助物、清水、积木、稻草。

【活动过程】

(一) 问题导入

教师：上次，有小朋友在饲养小鸡的时候发现有很稀很稀的便便，不知道小鸡怎么了？你们觉得有什么好办法解决？(鼓励幼儿通过讨论、交流延伸到自己生活中的经验，发现小鸡拉稀的原因，从而推进问题的进一步解决。)

幼儿讨论，教师小结，提出本次活动要求：

1. 完成自选区域任务后，在不影响别人的情况下开始"跑区"游戏。

2. 游戏时仔细观察"我和小鸡的故事"任务卡或小提示完成任务，碰到困难先自己动脑筋解决，大困难也可请朋友或老师帮助。

3. 游戏结束，我们将开展"我和小鸡的故事"活动中专注奖、创意奖、进步奖的评选，希望大家都能遵守规则、开心游戏、友好合作、进步多多！

环节评析：为了支持、引导幼儿学习用适宜的方法探究和解决问题，对于小鸡的探秘故事，当发现小鸡拉稀的现象后，我们抓住幼儿的疑问与兴趣点，与幼儿一起探索小鸡的奥秘，最后决定采取区域活动的方式。区域活动是自由的、开放的，他们可以根据自己的喜好选择相应的区角进行活动，丰富的环境为幼儿提供了探索、求知、交往、合作的机会，使幼儿的欲望得到满足。

(二) 自主进区游戏

生活区：1. 鸡蛋饼；2. 水煮蛋；3. 鸡蛋色拉。(提醒幼儿用刀时注意安全，注意卫生，及时佩戴好手套、口罩等。）

科学区：1. 观察孵蛋；2. 照顾小鸡；3. 收集便便。（在记录过程中，当幼儿发现记录不方便、不合理时，支持幼儿运用前书写的方式，将表格进行调整，更便于记录，使内容更加直观。）

数学区：1. 测量鸡；2. 小鸡吃食路线图；3. 鸡有多重。

环节评析：在测量小鸡身高的探索上，幼儿先根据前期经验用筷子来测量身高，后根据生活经验，让小鸡像人一样在一根棍子旁站着测身高。对于测体重，先尝试把小鸡直接放在电子秤上，看不到测量的数字或还没看清楚，小鸡就跑了，后决定人抱着小鸡称体重，再来称人的体重，这样的数据就更准确了。在测量的过程中，不断尝试、不断调整，探索出了更直观、更准确的测量方法。

艺术区：1. 小鸡的一家；2. 小鸡创意画；3. 我为小鸡做新衣。

语言区：1. 视听区：绘本阅读；2. 绘本区：自制“我和小鸡的故事”相关绘本；3. 修补区：修补图书；4. 皮影区：《小鸡从哪里来》《我和小鸡的故事》《先有》纸偶表演。

建构区：搭建温暖的鸡窝。

教师重点关注科学区和生活区，鼓励幼儿大胆动手，并不断寻找解决问题的办法以积累经验，运用于新的活动。关注没完成任务而去“跑区”的幼儿，适当引导，培养活动的专注性。

环节评析：区域活动为孩子提供了广泛的范围，幼儿在与小鸡相处的空间里感受、发现和创新，孩子的双手和头脑始终处于积极的状态，在自己的区域里探索、发现，获得了新知识，同时也感受到了生命的奇妙与守护生命的喜悦。

（三）活动讲评

1. 幼儿分享游戏过程中的收获及问题，并讨论解决的办法及生发新的游戏内容。

2. 集体欣赏美工区作品并品尝生活区制作的美食。

3. 评奖并颁发奖牌，鼓励幼儿养成良好的学习品质。

下面是在活动实施中捕捉到的三个片段：

片段一

教室，幼儿围坐成半圆形。

教师：“小朋友们，小鸡长大了，在小鸡成长的过程中呀，我们和小鸡发生了许多有趣的故事，是不是啊？”

幼儿齐声回答："是！"

教师："那你们在照顾小鸡的过程中，和小鸡发生了哪些故事呢？"

幼儿 A："我给小鸡喂食，小鸡很喜欢我，我也很喜欢小鸡。"

教师："嗯！你们之间有了浓浓的爱是不是？"

幼儿 B："我给小鸡量一量它有没有长高了。"

教师："那它有没有长高长大呢？"

幼儿 B 点点头。

幼儿 C："我放学的时候会看看小鸡。"

教师："那小鸡看到你去会怎么样？"

幼儿 C："很高兴！"

教师："特别高兴，都围到你身边来了是不是？"

幼儿 D："我感觉我醒了就想和小鸡在一起，想跟它玩一会。"

教师："嗯！看来你也很爱它！"

幼儿 E："我把吃的放手上，小鸡来吃了。"

教师："嗯，很棒，它走到你身边来吃了是吗？很好！"

事件解释：

幼儿在教师的引导下围绕"我和小鸡的故事"这一主题进行谈话活动。所有在场幼儿都能够注意倾听教师讲话，理解教师提出的问题并积极主动地举手回答教师提出的问题。幼儿能够主动举手回答问题，并在未叫到自己时倾听他人的回答，懂得按次序轮流讲话，不随意打断别人。他们已经能够意识到轮流讲话这一交谈的规则，有关日常交谈的礼貌和规则意识已经发展完善。在教师进行追问时，幼儿 B 和幼儿 C 都能够做出有实际意义的回应，但幼儿 B 是通过点头的动作进行回应，幼儿 C 则能够通过语言回应表达自己的心情，在日常交谈中的语言发展相较幼儿 B 更为完善。

支持性策略：

当引出谈话主题、进行由教师引导的谈话活动后，教师可以帮助幼儿进行分小组谈话。教师可以让幼儿自由结合，以确保谈话的氛围是和谐融洽的。在小组谈话时，教师尽量作为旁听者，给幼儿更多的交谈机会，并鼓励每名幼儿积极参与谈话，以期真正实现幼儿之间双向或多向的交流①。在此基础上，逐渐脱离教师引导，由幼儿自主进行遵守交谈规则和礼貌、有秩序的多回合交谈。

---

① 余珍有.幼儿园语言领域教育精要：关键经验与活动指导[M].北京：教育科学出版社，2015：82.

片段二

教师："小朋友们，我们今天发生了很多很多的故事，那我们把和小鸡发生的故事一起来画一画好吗？"

幼儿齐声回答："好！"

幼儿回到座位开始绘画。大部分幼儿将纸分为两部分或四部分，使用黑色马克笔作具有前后顺序的线条画，教师巡回指导。画完后幼儿开始分享。

幼儿A将A4纸分为两部分，左边绘制为小鸡称体重，右边绘制为小鸡量身高。

幼儿B将纸分为四部分，分别绘制自己和小鸡之间喂食、玩耍、赛跑等场景。

幼儿C将纸分为四部分，分别绘制自己和小鸡之间故事的四个场景，情景之间用箭头表示顺序关系。

事件解释：

幼儿A基本能够用线条表示和自己具有联系的事，但画面内容较为粗略，在空间构图上表现出"X光底片"式图画，画面中的内容全部为二维的平面绘制，未体现远近关系、遮蔽关系和三维立体关系。

幼儿B的绘画水平相较幼儿A发展更好，该幼儿能够较好地用线条表示和自己具有联系的事，且能够较好地体现自己和小鸡之间的大小关系，但她并不能够较好地分布画面位置，主要局限于在纸张底部作画，且画作仍主要是二维的平面绘制，未体现远近关系和三维立体关系。

幼儿C的绘画水平较高，能够在同一画面中绘制出具有顺序关系的四个情景，画面与自己的经历紧密联系，但与自身的个体身心相独立。该幼儿不仅能够运用线条表示事件，还可以通过绘制人物动作表示情绪。幼儿C的画作初步表现出了空间感，较好地分布了画面位置，体现了自己和小鸡之间的大小和远近关系。

支持性策略：

除了黑色马克笔外，教师还可以为幼儿提供多种颜色的水彩笔，引导幼儿运用不同的色彩表达自己的意象，并逐渐训练幼儿用方向一致的线条均匀涂上与物体的固有色相似的颜色[①]。

对于幼儿A和幼儿B这类只会二维平面绘画的幼儿，应为他们提供开放的生活经验与视觉经验，引导幼儿通过观察加深对事物和场景的印象，强化其视觉能力，发现生活中物体的远近和遮蔽关系。对于如幼儿B般仅在纸张部分区域

---

① 孔起英.幼儿园美术领域教育精要：关键经验与活动指导[M].北京：教育科学出版社，2015：195.

作画的幼儿，还应引导幼儿逐渐认识布局，鼓励幼儿将画作画在纸张中间，不必害怕画不下①。

而对于如幼儿C这类已经在画面中能够表现出空间感和情绪的幼儿，则可通过图书和影视材料引导他们进一步认识形状、色彩、光线、空间、张力等美术要素，并鼓励他们运用这类要素进行绘画创作，组成完整形象②。

片段三

绘画完成后幼儿开始讲述、分享自己的画。

幼儿A："我给小鸡称体重，还给它量身高，看它有没有长高，还有很多小鸡在鸡窝里称体重。"

幼儿B："这个是我给小鸡喂食，我把菜放到碗里，它们就都来吃了，这个是我来看小鸡，这个是我和小鸡做朋友，我还和小鸡比赛跑步。"

幼儿C："我在给小鸡喂食，这是喝的，这是吃的，这是散步的地方，我可以领着它玩。"

事件解释：

三个幼儿都能够清晰且完整地讲述自己绘画作品中的内容，内容紧扣自己绘画的主题以及"我和小鸡的故事"这一大主题，讲述过程中能够把握自己所讲的内容之间的主要关系，但讲述的内容较短且过程中存在不连贯的情况，表现性仍有待提高。幼儿A和幼儿B在讲述过程中声音大小适中、语气适当，能够保持自然大方。幼儿C在讲述过程中语气适当，状态较为自然，但相较幼儿A和幼儿B声音较小，略有胆怯。

支持性策略：

教师需要引导幼儿积极地感知、理解所要表达的主题，观察讲述对象，即凭借物，在幼儿形成自己想法的基础上，帮助幼儿运用概念、想象、判断、推理等多种思维形式按照主题要求在讲述前先构思，最终形成自己的讲述内容③。对于如幼儿C一样较为胆怯害羞的儿童，教师要给予更多鼓励，帮助幼儿建立讲述自信④。在儿童讲述过程中教师耐心倾听并给予必要补充，为其提供锻炼讲述能力的机会。

---

① 孔起英.幼儿园美术领域教育精要：关键经验与活动指导[M].北京：教育科学出版社，2015：192.

② 同①189.

③ 余珍有.幼儿园语言领域教育精要：关键经验与活动指导[M].北京：教育科学出版社，2015：99.

④ 同③103.

第七章
“人与社会”生态课程：不一样的幼儿园生活

本章内容主要是针对“人与社会”主题中“不一样的幼儿园生活”这一具体问题的幼儿园班本化生态课程的个性化设计的基本思路，以及小班、中班和大班的个性化活动。

第一节　个性化整体设计的基本思路

主要包括“不一样的幼儿园生活”课程的知识结构、幼儿对此的学习轨迹、活动目标与幼儿发展重难点、幼儿发展的评估，以及活动的整体安排。

一、“不一样的幼儿园生活”课程的知识结构

“不一样的幼儿园生活”围绕“不一样”，可以从时间和空间两个维度上展开学习的子主题，其相应的课程知识结构可参见图 7-1。

自然、社会以及自我都在时间的长河中不断更新与变化。

首先，四季更替为幼儿观察、欣赏、了解自然并体会人与自然的关系提供了背景。幼儿可以用多种感官感受不同季节植物的变化，通过视觉观察、触觉感受、嗅觉体会、味觉品尝了解和认识植物的特征，初步形成与植物相关的生命科学认识。自然景观的欣赏或多形式的再现（即艺术创作），都为幼儿提供了发展审美能力的契机，可以让幼儿走进真实的自然世界，或是用媒体向幼儿呈现不同地貌、不同气候下的自然景观，尤其是感受我国的壮美河山，增强幼儿的民族自豪感。同时，四季更替对幼儿生活的直接影响体现在温度冷暖与作息时刻上，可

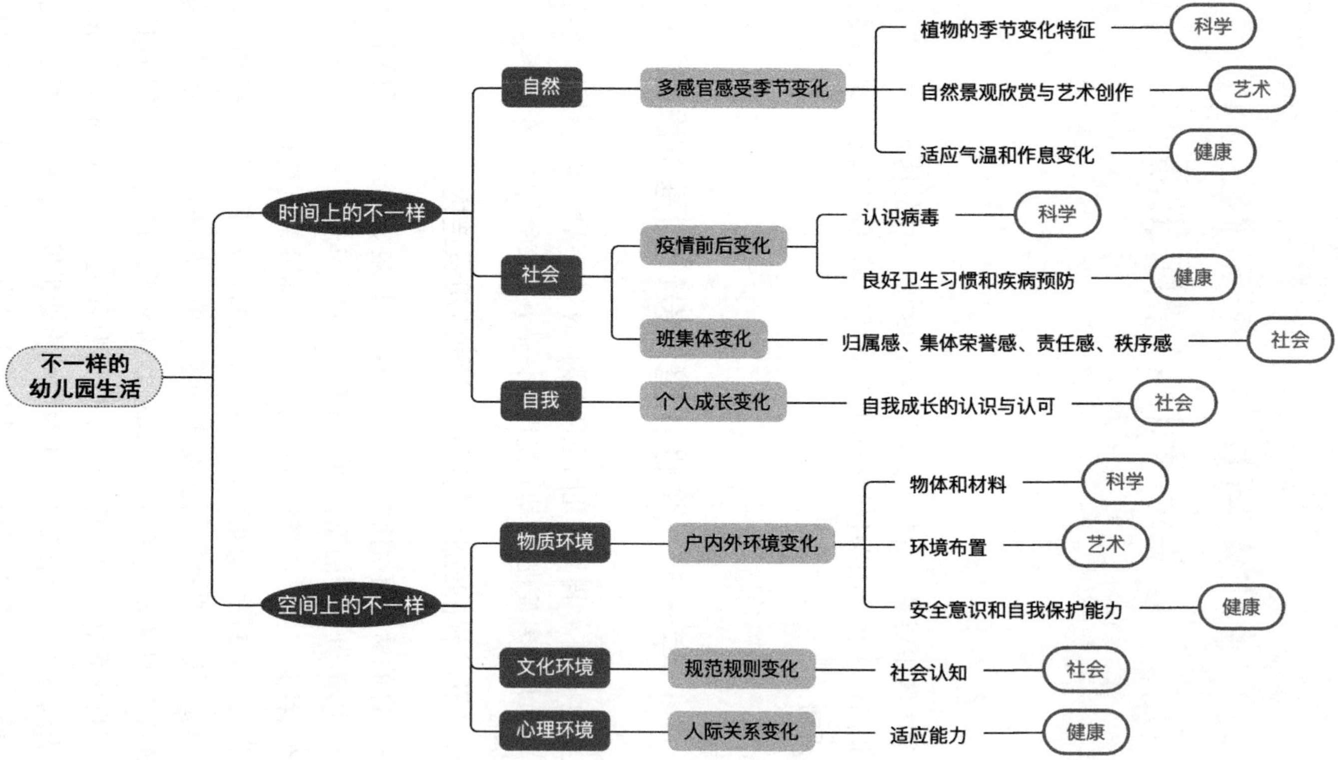

图 7-1 “不一样的幼儿园生活”课程的知识结构

以主要发展幼儿的适应能力，在认识自然变化的过程中学会以自身的主动变化来调整与自然（气候）的关系。

其次，外部社会大环境变迁与幼儿园内部小集体建立都是在幼儿成长中不可规避的因素。近年，从“新冠肺炎”到“新冠感染”，一些幼儿经历了从初期暴发到中期常态化再到后期逐步开放的过程，自身生活便处于这种变化之中，而即使尚未入学的幼儿对此体会并不深，却也可能处于流感的危险之中。在这种情况下，有机会也有必要让幼儿学习病毒是什么及其传播途径，将生命科学的概念拓展到微生物。由此，关于良好卫生习惯、疾病预防，以及对自身健康状况的基本判断等方面的内容便可自然展开。幼儿园内部小集体的建立是幼儿社会性发展的重要过程，随着年龄增长，幼儿之间逐渐熟悉，班集体的规范开始建立，归属感、集体荣誉感、责任感、秩序感等社会情感可以得到持续发展。

最后，幼儿在家庭、社区、学校等环境中吸取知识、获得经验，他们在与这个世界的万般关系中得到了身心多方面的成长。在这里，需要关注的是幼儿对自身各种成长的认识，不仅是作为个体的人，还是社会中的人，让幼儿不仅提高自主性，也发展社会性。比如，要培养幼儿对自己有价值感、重要感的意识，从而促使幼儿接纳自己、喜欢自己，能够信任和认可自己，也要培养幼儿对集体生活的认识，知道人的多样性，以及人与人之间的相互影响与作用。

在空间的视角下，幼儿从各不相同的家庭走入幼儿园，并在幼儿园里度过每天的大部分时间，有的幼儿则可能随父母工作变化而面临转园，由此产生的多种差异可大致概括为物质环境、文化环境和心理环境的改变。

首先，幼儿园的户内外环境往往与家不同（不同幼儿园之间亦是如此），科学、艺术、健康领域的发展在此一脉相承。无论是户外活动设施还是班级环境布置，其目的一是为幼儿了解物质与材料及其特性与功能提供了素材；二是为幼儿艺术创作提供了空间，其间便需要基于对物质材料的认识展开环境布置；三是对幼儿的安全意识提出了要求，根据对各种设备的认识，幼儿不仅要学会运用适合的器材开展活动、增强体质，也要在设备使用中懂得自我保护，避免安全事故发生。概而言之，不同物质的功用在一定程度上决定了它应该所处的空间位置，而多种物质之间的协调又彰显了物与物之间的合理统一，当幼儿进入物质世界中时，又需要处理人与物的关系，既要物尽其用，也要使用得当。

其次，不同幼儿园与家之间会呈现出显著的文化环境差异。文化环境体现了某种基本价值、观念、偏好等，这会以显在或潜在的方式传达给幼儿。其中，最值得关注的是所处环境中的规范与规则。学前期是幼儿养成规则意识的关键时期，发展其社会认知有利于幼儿责任感和秩序感的习得。一般来说，幼儿园的规范与规则意识往往比家庭更强，要求也更加明确。但是，无论是在何种环境中需要培养的规范与规则，其都暗含着对某种社会规范与规则的遵守。具体而言，可以有在公共场所不大声喧哗、爱护公物、不随意拿他人物品等一般性的规范规则，也可以有午睡时不吵闹、在教师指定范围内活动等具体环境中的特殊规范规则。

最后，空间变化为幼儿带来了新的人际关系，从而产生心理环境的改变，适应能力是重点发展内容。新入园的幼儿需要与教师、同伴建立起关系，并逐步形成集体，随后还需要在内部冲突与外部变异中持续动态地维护良好的关系。转园生或新教师的加入还需要集体中的原有成员做出调整，接纳并帮助新成员尽快融入集体生活。

"不一样的幼儿园生活"基于时空的角度，从时间流逝变化与空间方位中提取适宜幼儿发展的学习内容，可以促进幼儿对自然、社会和自我的认识。所涉及的健康、社会、科学、艺术等多个领域融合发展，语言领域尽管没有在课程知识结构中单独列出，却是贯穿所有活动始终的载体。

二、"不一样的幼儿园生活"课程的学习轨迹

基于课程知识结构，分别从健康、社会、科学、艺术、语言五个领域，针对课程在各领域所涉及的具体知识维度，通过梳理已有研究成果建构学习轨迹。

需注意的是，不同内容维度在同一水平上的发展可能相互独立，水平划分的数量也因内容维度不同而异，故学习轨迹表格在使用时无须进行横向上的跨维度水平比较。譬如，在下面建构健康领域中适应能力的学习轨迹时，对其中的"人类发展生态学理论"做了"自然适应能力""社会适应能力"两个内容维度的划分，两个维度的发展路径没有一一对应的关系，即，在"自然适应能力"上达到水平 2，并不意味着"社会适应能力"就应当达到水平 2，所以在跨维度的横向上无须做对照，其他学习轨迹表格中出现类似的情况，亦是如此。

（一）健康领域的学习轨迹

以下从适应能力、卫生习惯、生命安全三个维度上建构健康领域的学习轨迹。

1. 适应能力的学习轨迹

适应能力是个体根据外界环境的变化而进行不断调整以达到与环境保持和谐发展的能力[①]。基于幼儿身心发展的特殊性，对幼儿适应能力的关注不能仅停留在个体对外界自然刺激所产生的身体反应层面，还应包括幼儿从自然人到社会人的社会适应能力。

美国心理学家布朗芬布伦纳提出的人类发展生态学理论为幼儿适应能力的发展提供了扎实的立足点，该理论认为“个体发展的环境是一个由小到大层层扩散的生态系统，每一个系统都会通过一定的方式对个体的发展施以影响”[②]。幼儿的发展并不只是受单一环境的影响，周围各种环境相互联系，对幼儿产生不同程度的作用。“生态环境”和“生态变迁”是人类发展生态学理论的两个重要概念。“生态环境”是环境本身和个体对环境产生的主观体验，为幼儿的自然适应能力发展提供有效理论指导。“生态变迁”是个体自身的角色和位置的变化促使个体调节自身保持与环境互动的相对平衡状态，指导幼儿的社会适应能力发展。因此，可以从“生态环境”和“生态变迁”两方面来揭示幼儿适应能力的发展（参见表7-1）。

表 7-1　健康领域的学习轨迹之适应能力

人类发展生态学理论		
	自然适应能力（生态环境）	社会适应能力（生态变迁）
水平 1	**敏锐感知** 由于身心发育尚未成熟，独立适应环境变化的能力差；换新环境时会产生生理不适和情绪波动	**自我主导** 自我意识强烈，表现出反抗、支配他人行为，要求所有事按照老习惯做；未形成集体意识
水平 2	**基本稳定** 能在较热或较冷的户外环境中活动；换新环境时情绪能较快稳定，睡眠、饮食基本正常	**初步交往** 能参与集体活动，实现与外界的交流，初步融入集体，初步建立规则意识；在帮助下能较快适应集体生活
水平 3	**主动适应** 能在较热或较冷的户外环境中连续活动半小时左右；换新环境时较少出现身心不适	**人际适应** 开始把自己或别人的具体行为与普通行为规则联系；较快适应人际环境中发生的变化

① 叶平枝，等.幼儿园健康领域教育精要：关键经验与活动指导[M].北京：教育科学出版社，2021：102.

② 范箐，于锡.科学探索实施指南[M].昆明：云南大学出版社，2019：251.

续表

人类发展生态学理论		
	自然适应能力(生态环境)	社会适应能力(生态变迁)
水平 4	**积极巩固** 能在较热或较冷的户外环境中连续活动半小时以上;天气变化时较少感冒,能适应车、船等交通工具造成的轻微颠簸	**深度融入** 有辨别是非的能力,重视与家人朋友的关系;较快融入新的人际关系环境

自然适应能力是幼儿逐步探索外界自然事物的基础能力,生态环境可以认为是“幼儿生物学属性的气质和性情,与造就幼儿发展的诸多环境因素的结合体”①。早期的幼儿对外界环境的变化感知敏锐,其体温调节功能尚未完全成熟,娇嫩的身体耐热、耐寒、抗病能力相对较弱,无法独立适应气温温差的骤变,外界环境的突变会导致幼儿情绪失控,并产生心理和生理上的不适。随着身体机能的发展,幼儿能够短暂适应较冷或较热的环境,保持情绪基本稳定,对变化后的饮食和睡眠有一定适应性。逐渐地,幼儿在环境中的活动时间延长,能主动表达对适应新环境的需求,养成良好的作息习惯。最高水平的幼儿能够持续在户外环境中活动,其睡眠和饮食的内在图式不断巩固,形成对气温、环境及交通工具变化后的作息适应。

学前期是个体社会适应能力发展的关键期,幼儿逐渐接受所在群体的生活方式、社会规范,最终达到与社会环境相互平衡的状态②。幼儿周岁以后,随着语言知识和动作技能的掌握,独立意识逐步发展,开始出现执拗、反抗别人要求的行为③,遇事喜欢按原有习惯做,心理上倾向于支配他人,完全没有集体意识概念。逐渐地,幼儿语言、认知、记忆力得到发展,他们有能力与周围小朋友一起做游戏,参与小集体,规则意识开始形成,此时幼儿只是能身处集体中却还没有(充分意识或)接受人际环境的变化,只是在他人帮助下能基本融入社会活动。随着社交经验的积累,幼儿自动结伴交往能力得到进一步发展,能够意识到人际环境发生的变化并较快适应。这个阶段的幼儿逐渐体会到朋友的重要性,开始

---

① 闫婧华.人类发展生态学视野下的幼儿入园适应问题研究[J].基础教育课程,2019(12):21-25.

② 叶平枝,等.幼儿园健康领域教育精要:关键经验与活动指导[M].北京:教育科学出版社,2021:108.

③ 张富昌,高晓彩.儿童启智教育与训练的理论与方法[M].西安:陕西人民出版社,2007:133.

把自己与别人的行为与行为规则相联系，并对自己和他人进行肯定或否定的评价[1]。当个体的生理、心理发展逐渐成熟，幼儿会知道什么能做或不能做，重视与不同群体的关系，当集体环境发生较大变化时能够较快适应并融入。

2. 卫生习惯的学习轨迹

“幼儿园必须把保护幼儿的生命和促进幼儿的健康放在工作的首位，与家长配合，根据幼儿的需要建立科学的生活常规，培养幼儿良好的饮食、睡眠、盥洗、排泄等生活习惯和生活自理能力；教育幼儿爱清洁、讲卫生，注意保持个人和生活场所的整洁和卫生。”[2]幼儿的发展是一个持续、渐进的过程，同时也表现出一定的阶段性特征[3]。根据幼儿的生长发育阶段，可以将幼儿卫生习惯的发展划分为缺乏卫生习惯意识、被动调整不良卫生习惯和主动养成良好卫生习惯三个阶段[4][5]（参见表 7-2）。

表 7-2　健康领域的学习轨迹之卫生习惯

	卫生习惯
水平 1	**缺乏意识** 不知道自己有不良卫生习惯，不具备卫生与健康意识；不注重个人卫生，不能保持自身整洁，也不能主动进行自身清洁工作；缺乏公共卫生意识，会随手乱扔垃圾
水平 2	**被动调整** 能够在成人的提醒和帮助下，意识到自己不良的卫生习惯；形成初步的卫生意识，并对不良的个人和公共卫生习惯加以修正
水平 3	**主动养成** 知道卫生和健康的相关知识，能够主动养成良好的卫生习惯，并理解其原因与意义

起初，幼儿缺乏养成良好卫生习惯的意识，甚至还存在着一些不良的卫生习惯。具体而言，幼儿可能有的不良个人卫生习惯：在进餐方面，饭前饭后不洗手，饭后不漱口、擦嘴；在睡觉方面，睡前乱吃食物，起床后不洗漱；在盥洗方面，手脏了不洗，指甲和头发长了也不剪；在身体和衣着整洁上，不能保持一整天手

① 周学斌，闫虹. 幼儿身体素质特色操[M]. 成都：电子科技大学出版社，2017：7-10.

② 中华人民共和国教育部. 幼儿园教育指导纲要（试行）[S]. 北京：北京师范大学出版社，2001：2.

③ 中华人民共和国教育部. 3～6 岁儿童学习与发展指南[M]. 北京：首都师范大学出版社，2012：4.

④ 叶平枝，等. 幼儿园健康领域教育精要：关键经验与活动指导[M]. 北京：教育科学出版社，2021：15.

⑤ 张静，成少颖，秦建伟. 河北省农村幼儿卫生习惯养成的现状调查[J]. 邯郸职业技术学院学报，2011（3）：33-38.

脸和衣服干净。可能有不良活动卫生习惯：在姿势上，可能出现错误的坐姿、走姿和站姿；在器官保护上，不会正确刷牙，会用脏手揉眼睛、抠鼻子、挖耳朵，爱吮吸手指、咬笔头；在物品清洁上，不能做到用完玩具、图书等器具后洗手。可能有不良公共卫生习惯：随地吐痰、随手乱扔纸屑果皮等垃圾。随着成人的引导，幼儿在卫生习惯上有了一定的改善，会在提醒和帮助下意识到自己不良的卫生习惯，形成初步的卫生意识，并在指导下对在个人卫生、活动卫生和公共卫生方面的不良行为加以修正。最后，当幼儿能较明确地知道卫生和健康的相关知识时，基本会养成良好的个人卫生习惯、活动卫生习惯和公共卫生习惯，并在维持个人生活、参与各类活动、处于公共环境中时，自觉、独立、自主地要求自己执行良好的卫生习惯。他们不仅能在特定情境中自主选择卫生且健康的行为方式，更理解养成良好卫生习惯背后的原因和意义。

3. 生命安全的学习轨迹

美国心理学家马斯洛在“需要层次论”中所说的安全需要，是仅次于生存需要的基本需要，也是获得尊重需要、自我实现需要的前提①。从这个意义上说，了解生命安全对幼儿来说十分重要，具体而言，它包括对安全现象、安全后果、安全行为、安全概念、安全常识等方面的认识。

在生命安全的相关研究中②③④⑤，研究者会使用图片测查法、访谈法等研究方法，让幼儿对危险情境进行识别、判断、阐述想法。经整理，可以将幼儿对生命安全的认知划分为六个水平（参见表 7-3）。起初，幼儿对生命安全的认知是较为含混的，他们不知道也不会描述危险情境的内容，还会混淆危险情境与其他（危险）情境，比如将车祸说成是摔跤，将地震说成是火灾，将幼儿争抢玩具说成是在玩。同时，他们不知道危险行为的后果，不能真正了解事故发生后产生的影响，比如幼儿会认为车祸的后果是被警察打。在“浅显”水平上，幼儿能够描述看到的危险情境的内容，比如抢东西、打架，但是还不能正确判断行为是否合适，即使能做出判断也说不出原因。自这一水平起，幼儿开始对安全相关的概念，比如

① 唐宏贵，李双成，黄靖，等．俄罗斯“生命安全教育”对我国学校体育的启示[J]．体育学刊，2004(6)：69-71.

② 刘雪萍．中班幼儿安全认知研究——以昆明市 S 幼儿园为例[D]．昆明：云南师范大学，2017：21-25.

③ 张秀莲．幼儿安全认知发展特点及影响因素研究[D]．福州：福建师范大学，2019：15.

④ 杨余香．幼儿对安全相关概念认知的研究[D]．南京：南京师范大学，2008：4-17.

⑤ 王兵．幼儿生命教育研究：理论之基与实践之途[D]．长沙：湖南师范大学，2021：141-143.

"红绿灯""斑马线""拥挤"等概念产生初步的认识，一般有"不知道""认知不准确""原词造句"三种表现，比如在面对询问时表示不知道，做出无关或错误回答，或只是用成年人要求解释的概念造句。

表 7-3　健康领域的学习轨迹之生命安全

	生命安全
水平 1	**含混的** 无法识别危险情境，或者混淆各种情境；不知道危险行为的后果
水平 2	**浅显的** 知道并能对危险情境进行描述，但不能正确判断情境中行为适宜与否，或能判断但不能说出原因；不知道危险行为的后果；对安全概念缺乏理解
水平 3	**清晰的** 能准确说出危险情境并判别其中危险行为适宜与否，能说出原因但是不太准确；对后果进行初步的认知，仅粗略描述心情或感受；从具体客体或可直接感知的外部特征掌握安全概念
水平 4	**领悟的** 能准确地解释情境中的潜在危险，但是无法提出或提出错误的应对措施；能够对后果进行具体的认知；能从客体非直觉的内在属性以及人与事物、事物与事物之间的关系来认识安全概念
水平 5	**应用的** 能根据情境中的潜在危险提出应对措施，但有时不太准确，能采取笼统措施或在成人引导下采取正确的具体措施；能基于事物的本质属性，用完整的定义形式掌握安全概念
水平 6	**贯通的** 能针对危险情境提出准确有效的解决措施，正确采取避免伤害或减少伤害的具体措施；有较为完善的关于安全概念、安全常识方面的认识

更进一步的发展是幼儿对危险情境、行为后果，以及具体安全概念有相对"清晰的"认识。此时，幼儿能正确判断、辨别危险情境中的危险行为，给出相关却尚不准确的理由，比如"马路上踢球不好"，所以这种行为是不对的，他们通常是从心情或感受的角度（伤心、难过、会受伤、会疼）来描述行为后果，这些认知对各种行为后果具有一定普适性。这也说明幼儿的安全概念尚处于直观感知阶段，他们往往会借助个别具体实例、客体可感知的外部特征，以及描述"如何做"来理解概念。"领悟"水平上的幼儿将能很好地解释危险行为并对不同情境中的行为后果有具体的认知（比如打架会摔跤），但是他们还不具备良好的应对策略，无法独立应对现实生活中的伤害。这种领悟也体现在其安全概念能发展到认识

客体非直觉的内在属性以及人与物、物与物之间的关系，他们能从重要属性、实际功用、种属关系三种形式上理解概念。比如，他们会说“受伤就是身上破了”“小心就是别让自己受伤”“红绿灯就是信号灯”。

当幼儿能够提出一定的应对措施并以正确定义来理解安全概念时，说明他们已发展至“应用”水平，他们在面对现实中的危险情境时，能自己采取笼统的措施或在成人引导下采取正确的具体措施，能基于事物的本质属性，做出诸如“小心就是注意”“斑马线就是人行横道线”等概念理解。随着幼儿在应对措施上更具有效性和准确性，对安全概念的掌握也更能与现实情境相联系，应用性得到加强，幼儿对生命安全的认识最终将达到“贯通”水平。

（二）社会领域的学习轨迹

以下从社会情感（集体感）、自我意识、社会规则认知三个维度上建构社会领域的学习轨迹。

1. 社会情感（集体感）的学习轨迹

第六章详细描述了幼儿社会情感的一般发展（参见表 6-5），这里将重点分析幼儿集体感的发展。

幼儿的集体感始于对周围环境的关注，并在适应集体日常生活和观察成员如何遵守规则中逐渐形成。根据幼儿自身的主动性程度和在集体中的参与方式，可以将其发展划分为四个水平（参见表 7-4）。起初，幼儿对外界是“被动关注”的，他们能够注意到身边的人和事，对周围环境中的突发事件保持高度注意。幼儿会在感受到外界刺激后产生反应，比如安静下来、身体紧张，或转向某个事物。他们通常是在成人的引导或协助下顺利参与日常生活中的部分常规活动。当幼儿能“主动适应”时，意味着外界的环境刺激只有被主体选择、成为主体的反应对象时，才会对主体的发展产生影响①。此时，幼儿能够对日常生活中的各个环节做出相应调整，并尝试通过自己的努力尽可能完成简单的常规活动和任务。“自觉承担”水平上的幼儿能够主动遵守集体规则并提醒他人注意班级常规和社会规范，进而做出对班集体有益的行为，他们自觉尊重、爱护集体，通过

---

① 蒋建敏. 对幼儿开展集体教学活动的几点思考——基于幸福伦理的视角[J]. 教育探索，2013(9)：147-148.

为群体作出贡献并平等地与同伴合作，搭建了从“我”到“我们”的桥梁①。最高水平上的幼儿可以理解自己的行动对他人和对自己的影响，并根据想象的后果和与之相关的感受改变自己的行为。他们能够分辨他人的行为是否有意，理解别人的无意行为，并能够意识到自己行为的后果，进行反思并弥补自己的过错行为。

表 7-4　社会领域的学习轨迹之集体感

	集体感
水平 1	**被动关注** 能注意到集体发生的事情，会对周围环境中的突发事件保持警觉；在成人的引导或协助下，参与部分日常活动
水平 2	**主动适应** 能适应集体发生的事情，会对日常生活中各个环节的转换做出相应调整；尝试独立从事一些简单的常规活动或任务，但不一定要完成任务
水平 3	**自觉承担** 能主动遵守集体常规，会监督他人遵守班级常规和社会规范；自发地做对班集体有益的行为，自觉承担班集体工作，尊重并爱护集体
水平 4	**行为反思** 能区分他人的行为是有意的还是无意的，并能理解他人的无意行为；意识到自己的行为是如何对别人造成影响的，并能主动弥补自己的过错

2. 自我意识的学习轨迹

自我意识是个体对自己的认识和评价，包括对自己心理倾向、个性心理特征和心理过程的认识和评价。正是自我意识的存在，人才能对自己的思想和行为进行自我控制和调节，从而形成完整的个性②。幼儿的自我意识始于自我尊重的意识，即想要摆脱成人的保护，去独立做一些事情，从而产生自尊和自爱。幼儿自我意识主要包括自我体验、自我控制和自我评价三个方面，三因素之间互相促进、互相制约，其发展具有较明显的规律性③，建构的学习轨迹如表 7-5 所示。

① 爱泼斯坦. 科学和技术：关键发展指标与支持性教学策略[M]. 霍力岩，等译. 北京：教育科学出版社，2018：95，96.

② 张丽丽，贾素宁. 学前儿童社会教育与活动设计[M]. 北京：科学出版社，2016：90.

③ 林崇德. 发展心理学[M]. 杭州：浙江教育出版社，2019：281-282.

表 7-5 社会领域的学习轨迹之自我意识

	自我体验	自我控制	自我评价
水平1	**生理性** 以自我为中心，在与同伴相处时比较任性；能对自己的言行或劳动成果感到由衷的高兴，喜欢或愿意做一些力所能及的小任务；能够自己完成一些小任务，但没有获得明显的自豪感	**冲动性** 对一些事情有自己的想法，试图摆脱成人的控制，但往往是冲动的；对自己会做但是不熟练的事情特别感兴趣，喜欢自己反复做；试图自我控制，但仍然需要他人的持续性监督	**依从性** 在意他人的评价，渴望得到认可，受到表扬或批评后会产生情绪；由于成人的责备，认识到自己做得不对，非自发地产生羞愧
水平2	**认同性** 逐渐脱离自我中心，初步理解他人的感受；能初步认识自己的长处并对此感到满意；尽量独立完成自己的事情，初步有意识地参与挑战性任务	**自觉性** 行为的冲动性减少，自觉性增多，开始比较自觉地控制、调节自己的情绪和行为；能够尝试简单的新活动并基本有始有终地完成，但需要成人的支持；开始自我约束，耐心增强，能在短时间内延缓自己的需求	**主观性** 开始出现自我评价，从个人情绪（而非具体事实）出发，对自己个别的、局部的方面和外在表现进行评价；会意识到自己的错误行为，但仅在成人面前表现出羞愧感
水平3	**社会性** 乐于参与集体活动，愿意为了集体的需要改变自己的愿望；愿意且积极主动地参与有意义的活动，并能对自己的劳动成果感到满意；自己的事情自己完成，有困难时会主动向他人寻求帮助，做事倾向性强，表现欲旺盛	**独立性** 能对一些事情明确表达自己的独立观点，乐意接受成人的建议，行为和情绪趋于稳定；能接受困难任务，能自己制订计划并设法完成任务；能有意识地调控自己的行为，在较长时间内延缓自己的需求	**客观性** 基于具体事实从多角度进行自我评价，当成人评价和自我评价不一致时，会提出申辩；知道哪种行为是可羞的，做出行为时不仅在成人面前而且在同伴面前感到羞愧

自我体验是个体对自己所持有的一种态度，包括自尊、自信、自卑、自豪感等不同的情绪体验①。幼儿自我体验的发展是逐渐去自我中心的过程，就具体情绪体验而言，自卑和自信是同一情绪的两种表现，自豪感是在获得自尊和自信的过程中逐渐发展形成。因此，自我体验的发展可以从自我、自尊、自信三个维度展开分析。幼儿自我体验中各个因素的发生和发展具有阶段性，从低级向高级发展，从生理性体验向社会性体验逐步过渡②。幼儿初期的自我体验呈现出生理性的特征，个体以自我为中心，专注自我需求，在与同伴相处时不愿意让步并

---

① 刘万伦.学前儿童发展心理学[M].上海：复旦大学出版社，2014：122-123.

② 林崇德.发展心理学[M].杭州：浙江教育出版社，2019：286.

拒绝分享。此时的幼儿有一定的自我感知，会因自己的劳动成果而感到愉悦，喜爱做小任务，但并不具有强烈的意识。达到认同性水平的幼儿逐渐脱离自我中心，能够站在他人的立场上考虑问题，不随意乱动别人的东西。在情绪体验上，幼儿能够认同自己的优势，表达出满意感，并开始从事一些对自己具有挑战性的活动。最高水平上的幼儿对融入集体的愿望更强烈，愿意为了集体的利益牺牲自我需求，并逐渐大方展示自己的物品。此水平的幼儿能够积极主动地参与对社会有好处的事情，在团体活动中产出自己的劳动成果，期望得到集体成员的认可和支持，进而产生强烈的自豪感。他们做事的独立性也得到加强，会有选择地从事一些任务来表现自己，并在有问题时愿意听从他人的建议。

初生婴儿没有自我控制能力。随着年龄的增长，幼儿对自己行为的控制力以及根据外界要求调节行为的能力都会有显著提升。研究发现，幼儿的自我控制能力主要表现为能否克制冲动情绪、能否主动或相对独立地从事某些活动、能否持续约束并控制自己的行为三个方面[①②]。言语指导和行为训练对幼儿自控行为的发展起重要作用，其自控行为会由接受外部言语指导的外部诱因驱使逐渐发展到立足自身要求的内部动机，从被动反抗性向独立调控性发展。具体而言，幼儿最初对外界事物富有独特想法，行为容易出现冲动性，比如不愿听从成人的计划和安排、拥有独立愿望和兴趣、喜欢自己行动等。此时的幼儿会试图控制自己的意识和行动，调控自己的需求，但是自我控制能力较差，日常事务的完成主要依靠外界压力而实现。随着自主经验积累，幼儿能够独立选择从事简单的活动，冲动行为减少，自我调控的自觉性逐步发展，会在短时间内出现延缓自己要求的行为，尝试用语言调控自己的行为并逐渐延长时间[③]。开始自我约束的幼儿会根据周围情况判断自己的行为是否合适，他们乐于尝试新奇事物，活动完成度高，并愿意接受成人的支持和引导。心理活动的独立性和目的性以及行动目标的长远性，标志着幼儿的自我控制能力发展到独立性水平[④]。幼儿在主动表达与听取建议中表现出稳定的行为及情绪，在面对新任务时表现出较少的畏难情绪与依从性，他们试图接受有挑战的任务，并根据自己制订的计划设法完成。伴随自我控制语言逐渐从外部过渡到内部，幼儿有意识地调控自己的行为，

① 李旭，刘晶波．4～5岁儿童的发展与教育[M]．南京：南京师范大学出版社，2020：30．
② 张岩莉．学前儿童社会教育[M]．上海：复旦大学出版社，2012：18．
③ 同②．
④ 同①．

并能维持较长时间。

自我评价是个体在对自己身心特征了解的基础上对自己思想、愿望、行为和个性特点的判断和评价。自我评价是幼儿心理健康的重要影响因素，也是幼儿进行自我教育、自我完善的重要途径之一[①]。幼儿自我评价的方式会逐渐从依赖他人的看法发展到客观的自我评价，在早期具有依从性，往往期待得到他人，尤其是父母和教师等重要他人的赞扬，希望得到长辈的认可，会因为受到表扬或批判而高兴或难受。随着年龄的增长，幼儿可以进行个别性的自我评价，即对自身的部分方面和外在表现进行评价和判断，但往往具有情绪性和主观色彩。在最高水平上，幼儿开始从具体事实出发进行多面的独立性评价，特别是在自我评价与成人评价不一致时，幼儿会为自己辩解。与评价方式相应的是，幼儿从关注外界评价到形成自己的评价体系的过程中，羞愧感的表现有所不同。幼儿最初会因为外界评价而产生羞愧感，比如因受责骂而脸红。随着经验的积累，幼儿在与父母或教师交往的过程中，能够发现自己行为的错误并产生羞愧感，对自己做的某一行为进行评价时，会意识到自己做得不对，但仅会在成人面前表现出羞愧感。发展到后期，集体舆论在幼儿心中越来越重要，他们能够知道可羞行为的具体表现并意识到这些行为是如何影响集体成员对自己的评价的，当行为发生时，羞愧感随之体现，不仅表现在成人面前，也会出现在与同伴交往的过程中。

3. 社会规则认知的学习轨迹

社会规则是人类为了社会共同生活的需要，在社会互动过程中衍生出来，相习成风，约定俗成，或者由人们共同制订并明确实行的条例和章程，反映了一个群体的共同价值体系[②]。社会规范是指与社会要求相符的从事社会活动、处理社会关系必须依循的一般要求[③]。尽管规则与规范在本质上有所区别，但是在学术叙事中往往不作区分[④]。同时，幼儿良好的社会行为规范要以其秩序感的发展为出发点[⑤]，所以下文从秩序感和规则（规范）意识两个维度来建构幼儿社会规则认知的学习轨迹（参见表 7-6）。

---

① 李辉.学前儿童社会教育[M].南京：东南大学出版社，2016：68.

② 张明红.学前儿童社会学习与发展核心经验[M].南京：南京师范大学出版社，2014：245-246.

③ 赵瑜，杨梅.学前儿童社会教育与活动设计[M].北京：科学出版社，2016：37.

④ 张康之.在风险社会中看规则与规范[J].江海学刊，2022(1)：144-152+255-256.

⑤ 中华人民共和国教育部.教育部关于印发《幼儿园教育指导纲要（试行）》的通知[EB/OL].(2001-7-2)[2023-4-23].http://www.moe.gov.cn/srcsite/A06/s3327/200107/t20010702_81984.html.

表 7-6　社会领域的学习轨迹之社会规则认知

	秩序感	规则(规范)意识
水平1	**简单表征** 秩序感知的笼统性与感知过程的无目的性；秩序理解的不稳定性，属于直观行动思维；秩序行为的模仿性，可以做出较好的秩序行为	**服从的** 了解集体生活中的基本规则(规范)，出于对长者的尊敬和畏惧而遵守规则(规范)
水平2	**复杂表征** 秩序感知具有情绪性；秩序理解具有情境性，有自己的观点；秩序行为具有自主性和刻板性，整理方式有时出现单一化和绝对化	**模仿的** 具有一定的规则(规范)意识，通过对成人或同伴行为的模仿来遵守规则(规范)，愿意主动学习规则(规范)，知道规则(规范)是可变的
水平3	**系统表征** 秩序感知具有细致性和精确性；秩序理解具有目的性，能够准确表达自己的观点并辅以理由支持；秩序行为具有灵活性，会先对物品分类，再考虑摆放顺序	**理解的** 能理解并主动遵守规则(规范)，能与同伴协商制定游戏和活动规则；法治观念的萌芽

秩序感是指由幼儿内在秩序引发的，对所处环境中各事物的位置、顺序、状态以及规律的感受，对日常规则状态的理解与内化，同时伴随着一定的主观情绪体验，并通过幼儿外显的社会行为表现出来。幼儿秩序感的发展包括三个方面：根据日常生活中的已有经验对所观察到或所处环境中事物的秩序状态进行判断(秩序感知)、理解(秩序理解)，以及在无序环境中做出伴有情绪体验的调整性行为(秩序行为)，总体上会经历从简单表征、复杂表征到系统表征的发展过程。

研究者通过图片测验、故事测验、情景测验等方法来调查幼儿秩序感知、秩序理解、秩序行为的发展情况①。在简单表征阶段，幼儿的秩序感知具有笼统性，感知过程表现出无目的性，这与他们观察的细致性不够有关；秩序理解具有不稳定性，通常根据自身经验或主观喜恶来理解秩序情境中的行为；秩序行为具有模仿性，幼儿只是无缘由地表现出某些较好的秩序行为。在复杂表征阶段，幼儿的秩序感知具有情绪性，他们会出现摇头、用手指划等情绪表现，而后再做出判断；秩序理解具有情境性，一般能结合具体情节内容来理解其中的人物与行为，表达自己的看法，尽管不那么准确；秩序行为具有自主性和刻板性，比如幼儿

① 赵琳. 3～6 岁幼儿秩序感的发展特点[D]. 沈阳：沈阳师范大学，2011：18-20，26-27，34-35.

能主动将物品进行分类和归纳，但是摆放规则单一化和绝对化（如高的玩具必须摆在左边；红色、黄色、绿色必须摆在最前面），不过，这种刻板性仅是相对于生活环境产生的，不是绝对的。在系统表征阶段，幼儿观察的细致性、秩序理解的目的性，以及行为操作的灵活性都有所提升。

规则（规范）意识是在秩序感发展的基础上建立起来的，研究发现[①②③]，幼儿对规则（规范）的认识一般会经历从服从、模仿到理解的过程。起初，幼儿能够了解集体生活中的基本规则（规范），理解日常生活中的规则性信号，但总是出于对长者的尊敬和畏惧而遵守，并无自己的见解。比如，爱说脏话的幼儿因畏于教师的批评而在教师面前不说脏话，幼儿在成人提醒下爱护玩具等。在模仿阶段，幼儿有一定的规则（规范）意识，能初步感知规则（规范）内容的意义，通过对成人或同伴行为的模仿来遵守规则（规范）。幼儿此时有主动学习规则（规范）的意愿，所以是有所进步的，但在很长一段时间内，服从水平和模仿水平可能是共存的。在最高水平上，幼儿能够理解规则（规范）的意义，出于自己的看法，他们会主动地遵守规则（规范），会与同伴协商制订游戏和活动规则，有较强的规则意识。此外，幼儿可能会出现法治观念的萌芽，认识到法律是国家对公民的行为规范[④]。比如，遵守交通规则可以避免交通事故，所以在过马路时遇到红灯，幼儿会自觉等待。

（三）科学领域的学习轨迹

1. 生命科学的学习轨迹

参见第六章表 6-1 的相关内容。

2. 物质科学的学习轨迹

从对物体与材料的认识以及在使用过程中体现的分类能力两个维度来描述幼儿在物质科学方面的学习轨迹（参见表 7-7）。

---

① 赵瑜，杨梅. 学前儿童社会教育与活动设计[M]. 北京：科学出版社，2016：30-122.

② 刘晶波，等. 幼儿园社会领域教育精要：关键经验与活动指导[M]. 北京：教育科学出版社，2021：154.

③ 刘国雄，李红. 儿童对社会规则的认知发展研究述评[J]. 华东师范大学学报（教育科学版），2013(3)：63-69.

④ 中华人民共和国教育部. 教育部司法部全国普法办印发《青少年法治教育大纲》的通知[EB/OL]. (2016-7-4)[2023-4-23]. http://www.moe.gov.cn/srcsite/A02/s5913/s5933/201607/t20160718_272115.html.

表 7-7　科学领域的学习轨迹之物质科学

	物体与材料	分类能力
水平1	**直观的** 在摆弄、操作物体时，会从各个角度观察物体；能通过感官感受和描述不同状态物质材料的简单性质，但还未形成物质三态的概念	**随意的** 对物体的了解是笼统的、模糊的，不能根据物体的某个特征对物体进行分类，只是无依据地将任意物体摆放在一起
水平2	**整体的** 能综合对物体和材料的感知觉、位置及其他特性，从整体上认识物体；发现并认识物体和材料的各种具体特征	**感知的** 能根据物体可感知的表面特征进行分类
水平3	**系统的** 会根据物质材料的特性和差异区分物体，能够发现同类物质的相似性	**情境的** 依赖生活情境的分类，把日常生活中经常放在一起的物体归为一类
水平4	**探究的** 知道物质材料有不同的存在状态，意识到能量变化会改变物质的形状和形态；能将一些常见材料的用途和它们的性质相联系	**功能的** 能根据物体的用途或功能分类，并做出功能解释
水平5		**概念的** 能抽象出物体的本质特征，对物体的概念下定义；能依据类概念给物体分类，并说出分类原因

幼儿的学习和生活离不开物质材料的使用和投放。从根本上说，幼儿的发展就是在与包括物质材料在内的客观事物的相互作用中实现的①。根据皮亚杰的认知发展理论，儿童的认知来源于主客体的相互作用，因此幼儿对物质材料的认识，是在主动操作和实验性操作中逐渐形成和发展的②。

相关研究显示③④，早期幼儿对物体和材料的认识会经历四个阶段。起初，幼儿基于直观感知，在摆弄、操作物体的过程中认识物体的名称，通过移动物体或自己的位置，从各个角度观察物体，使用各种感官去感知和了解不同物质材料

① 虞永平．物质材料与幼儿园课程[J]．幼儿教育，2006(1)：10-13.
② 刘雪．角色游戏中幼儿使用物质材料状况的研究[D]．南京：南京师范大学，2007：15.
③ 刘占兰．幼儿园科学教育资源[M]．北京：人民教育出版社，2014：53-53,56.
④ 张俊，等．幼儿园科学领域教育精要：关键经验与活动指导[M]．北京：教育科学出版社，2021：89-90.

的特性，如“积木是硬的，黏土是软的”，但此时幼儿只了解软硬、光滑、粗糙等可以通过感官直接感知的特性，尚未形成物质的固、液、气三态概念。随着探究能力的发展，幼儿能够将对物体的感知觉与物体所处的位置和其他特性综合起来，从整体上认识物体，在操作各种各样不同形状、形态、质地的物体的过程中，发现和认识它们的特征，如液体是流动的、它的形状会根据容器而改变等。对物质材料间相似性和差异性的认识，说明幼儿发展到系统水平，他们将能根据某些特征区分物体。最终，幼儿通过实验探究和操作，逐渐体会可以通过人力或加热冷却（能量变化）等途径，改变物质的形状和形态，从而改变材料的相关特性。同时，他们会认识到物质间的相互关系，如知道木头和从木头上锯下来的木屑是同一种物质，能将一些常见材料的用途和它们的性质联系起来，并运用到日常的学习生活当中。

分类能力是幼儿在认识物体与材料的过程中逐渐形成的，是逻辑思维能力和概括水平不断提升的标志[①]，依据研究可以将幼儿的分类能力归纳为五个水平[②]：幼儿最初是不懂得对物体进行分类的，这可能是因为他们对物体的观察还只是停留在表面，对物体的认知较为笼统和模糊，所以只能随意摆放物体，可能将性质毫无关联的物体放在一起，不加区分，也不能说出摆放的原因。进一步的，幼儿能够依据感知觉特点对物体进行分类，他们会将颜色、形状、大小相似或相近的物体摆放在一起，能运用自身的直观感知，依据物体明显的外部特征进行归类，但幼儿此时的分类是具体的、简单的。随后，分类能力的发展体现在分类策略对物体本质理解的不断深入。基于情境的分类依赖于物体与生活情境的联系，比如，书包是放在桌子上的，就把书包和桌子归为一类。随着幼儿概括能力的发展，他们能说出物体的相关用途和个别功能，能依据不同功能对物体加以分类并做出简单的功能解释，如“碗和筷子都是用来吃饭的，所以应该放在一起”。最后，幼儿的逻辑思维不断完善，开始具有初步的抽象概括能力，他们能根据物体的本质特征做出相关概念的简单界定，真正依据类概念对物体进行分类，并向他人说出分类的理由。

---

① 武汉理工大学教师资格考试研究中心.保教知识与能力（幼儿园）[M].武汉：武汉理工大学出版社，2018：39.

② 陈友庆，阴国恩.儿童分类发展的特点及影响因素的实验研究[J].天津师范大学学报（社会科学版），2002(6)：67-72.

(四) 艺术领域的学习轨迹

参见第六章表 6-10 的相关内容。

(五) 语言领域的学习轨迹

尽管课程中并未单独出现语言发展的具体内容,但是实际活动仍可涉及谈话、讲述、早期读写等方面,可参见第六章表 6-7 至表 6-9 的相关内容。

三、"不一样的幼儿园生活"课程的活动目标与发展重难点

以课程知识结构为基础,以幼儿在各领域上的发展路径为依据,结合《指南》的相关要求,从健康、社会、科学、艺术、语言五个领域分别确定小班、中班、大班的活动目标与发展重难点。

(一) 活动目标

如表 7-8 所示,五大领域覆盖了幼儿的学前教育全过程,而小班、中班、大班在同一领域上的活动目标又呈现出逐级提高的特征,以实现发展的连贯性与一致性。

表 7-8 "不一样的幼儿园生活"课程的领域目标与阶段目标的双向细目表

	小班	中班	大班
健康	1. 能短暂适应较冷或较热的环境,并在新环境中保持情绪稳定; 2. 能参与集体活动,实现与外界的交流,开始形成规则意识,逐渐习惯并适应集体生活; 3. 能在成人的提醒和帮助下,意识到自己不良的卫生习惯并加以修正; 4. 知道并能描述危险情境、判断危险行为,并通过直观感知描述危险行为带来的后果	1. 能在较热或较冷的户外环境中持续活动半小时左右,且较少出现身心不适; 2. 能意识到人际环境发生的变化并较快适应,能把自己或他人的行为与行为规则联系起来; 3. 通过学习卫生和健康的相关知识,能主动养成良好的卫生习惯; 4. 能准确解释情境中的潜在危险,并提出较为笼统的应对措施,或在成人引导下正确应对,能基于事物的本质属性理解安全概念	1. 能在较热或较冷的户外环境中持续活动半小时以上,外出游玩时能适应交通工具的轻微颠簸; 2. 重视与不同群体之间的关系,能较快地适应并融入新的人际环境; 3. 理解养成良好卫生习惯的原因及意义,能在特定情境中自主选择卫生且健康的行为方式; 4. 能针对危险情境提出并采取准确有效的解决措施避免伤害,形成较为完善的安全概念和常识

续表

	小班	中班	大班
社会	1. 对幼儿园的群体生活好奇，逐步熟悉幼儿园的环境，在成人引导下参与部分日常活动； 2. 运用动作和表情表达自己的情绪，能够独立完成简单事物，依赖成人评价认识自己的行为是否合适； 3. 了解集体生活中的基本规则，理解幼儿园日常生活中教师发出的规则性信号	1. 能够适应群体日常活动，积极参加并为班级做一些力所能及的事，形成初步的集体意识； 2. 初步理解他人的感受，能够从独立完成的事件中获得自豪感，自觉控制并调节自己情绪和行为，能针对某事进行自我评价； 3. 了解幼儿园各种集体规则，知道简单的公共规则，有一定的规则意识，并自觉遵守	1. 在群体活动中积极作出贡献，形成集体荣誉感和责任感，尊重并爱护集体； 2. 能够对一些事情明确表达自己的观点，能接受困难任务，能自己制订计划并设法完成，基于多角度客观评价自己； 3. 理解规则的意义，了解基本的社会规范，能够主动遵守并与同伴协商制订规则
科学	1. 开始对生物概念有认识，能够在引导下通过多感官认识幼儿园不同季节中植物的特征； 2. 能够从多个角度观察物质材料，感受和描述其简单性质，根据表面特征对其进行分类	1. 能够较好地区分生物和非生物，知道病毒的特征，可以辨别不同季节植物特征的差异，知道植物发生变化的原因； 2. 能够从综合和整体上认识物质材料的各种特征，结合情境对其进行分类	1. 了解微生物的概念，发现植物的周期性变化规律，认识到生物与环境的相互作用； 2. 能够将物质材料的特征、性质与其用途相联系，根据其用途或功能进行分类
艺术	1. 能够对不同的声音做出不同反应，将听到的歌曲或声音片段模仿出来； 2. 能够欣赏和感受不同自然景观的外在美，用简单的线条和色彩涂鸦进行描绘	1. 能够感知歌曲的旋律，初步辨识音高和音区； 2. 能够进一步了解自然景观的背景或故事，欣赏其所代表的内涵美，用平面的绘画粗略描绘	1. 能够进一步辨别歌曲的音高、音区、响亮和柔和之声； 2. 能够更加客观地完成绘画，图画开始表现出空间感，学会用身边的物质材料设计和布置班级环境
语言	1. 能够听懂日常对话并做出回应，用词组、短语和简单句与熟人分享自己在幼儿园的所看所想； 2. 主动要求成人读图书，能意识到符号具有意义，知道拿书的方法，能爱护图书； 3. 能够用随意的线条或涂鸦作为情绪的书面表达	1. 能够结合情景理解语言所表达的不同意思，愿意与他人围绕某一感兴趣的主题进行讨论； 2. 基本掌握阅读规则，能描述少量画面的情节，积极获取文字与符号的意义； 3. 能够用简单的图形、符号和汉字记录自身的成长变化	1. 能够结合情景给出恰当的回应，做到有层次、有条理、连贯的交流，并注意不打断别人的表达； 2. 具有初步的独立阅读能力，善于思考内容主旨，在阅读中习得一些汉字； 3. 能够结合多种方式记录自己的成长过程

健康领域的目标指向对幼儿的适应能力(包括对自然与社会的适应)、卫生习惯以及生命安全三个方面的培养。小班的幼儿刚刚步入幼儿园,处于初步适应阶段,他们需要在日常参与集体活动的过程中逐渐适应自然环境以及人际环境发生的变化,在此期间对幼儿良好卫生习惯及安全意识的引导与培养也十分重要,为幼儿后续能够健康快乐地成长打下坚实的基础。进入中班,幼儿的适应能力不断增强,能够较为轻松地适应幼儿园的每日生活,他们需要学习卫生、健康、安全等方面的知识,养成良好健康的生活卫生习惯,增强安全意识,巩固其身体素质。大班的幼儿则需要加强对不同群体之间关系的重视,对集体有更加深入的认识并积极适应新的人际环境,同时需要不断发挥幼儿的能动性,使他们能够自主地选择并采取健康的行为方式,在日常的活动中学会避免危险,树立生命安全意识。

幼儿的社会性发展离不开外界的引导与帮助,社会领域的价值体现在支持与引导幼儿在自我、与他人互动和习得公共规则等方面的发展。对于社会关系的建立,幼儿从熟悉周围出发,逐步扩展到发现自己和他人的差异性,进而感受个人在集体中的角色地位,这些发展将在与同伴的交流活动中得以实现。小班幼儿对群体生活感到好奇,应在教师引导下学会参与集体活动,初步感知到规则的警示作用。中班幼儿需要在同伴交流中实现人际交往能力的形成,提升其自我评价的能力。大班幼儿则需要对个人在集体中的角色有全面认识,在理解规则的基础上提升至制订规则,形成集体荣誉感和责任感等社会情感。

科学领域的核心概念主要包括生命科学和物质科学,主要包含对生物的身体特征和物质与材料相关知识的学习。小班幼儿可以在引导下通过多感官认识植物的特征,从多个角度观察物质材料,并尝试依据其表面特征进行分类。进入中班,幼儿对生物概念的理解加以拓展,可以进一步理解病毒的相关特征,并在观察植物季节变化的过程中知晓其变化的原因,对物质材料的认识也更加系统,能够结合情景进行分类。进入大班,幼儿可以对生物概念和物质材料的分类有更具本质性的了解。

在艺术领域,幼儿应在幼儿园生活过程中不断增加对不同景物和物质材料的认识,其具体形式以艺术创作为主。小班幼儿只需要对周围突发事物做出简单回应,具体表现是模仿听到的声音片段、尝试欣赏并用色彩表达不同景观的外在美。中班幼儿需要对艺术作品做出个体化理解,感知歌曲的旋律,通过外显形式进一步理解自然景观的内涵。进入大班后,幼儿应在欣赏与创作的基础上有所提升，主要是进一步区分歌曲的多种特征，运用物质材料设计并装饰班级环境，愿意用图画及符号表达自己对班级环境布局的新想法。

幼儿在语言领域的发展仍然指向于讲述能力与读写能力，需要增强其对讲述与读写的兴趣与意愿，使其能够在日常的学习与活动中选择合适的方式积极地表达自我。小班幼儿只需要听懂日常对话并做出回应，愿意简单分享和表达自己，对表达的形式不做限制。随后幼儿需要在幼儿园的各种活动中不断提高听、说、读、写的能力，重点学会理解情景。进入大班，对幼儿的讲述能力有了更深层次的要求，这意味着讲述的层次性、条理性、连贯性的提高，这一阶段的幼儿已经能够较好地表达自我。同时，幼儿仍然需要借助图画阅读来认识不同的生物，因此幼儿阅读能力的发展着重关注其对符号、文字的理解。

（二）发展的重难点

根据课程知识结构的分析，健康、社会是"不一样的幼儿园生活"课程的重点领域，而结合各领域学习内容及其发展轨迹的描述，可以认为健康、社会是该课程的难点领域。下面就各领域分别确定其发展重点与发展难点。

幼儿在健康领域的发展贯穿于幼儿日常学习和生活的整个过程当中，其发展重难点应是指向幼儿良好的行为与健全的身体。小班的幼儿初次离开父母的陪伴，走进一个全新的环境，其生理及心理各方面都会产生不适，所以教师需要给予幼儿足够的关注与关爱，这一阶段幼儿的发展重点应当是使他们能够较快地适应幼儿园生活。由于小班的幼儿离不开成人的引导和帮助，所以适应能力的发展对于此阶段的幼儿来说有一定难度。随着幼儿对幼儿园生活的不断熟悉，他们已能积极地参与日常活动，因此中班与大班的发展重难点针对幼儿的卫生习惯与生命安全，使幼儿在活动中能够形成良好的卫生习惯与自我保护能力。中班的幼儿侧重于卫生意识和安全意识的提高，而大班的幼儿则更注重对其自我保护能力的培养。中班的幼儿由于缺乏足够的经验，他们需要在教师指导下了解并学习卫生习惯与生命安全知识。了解相关知识之后，期望幼儿在实践层面能主动、自觉、独立地选择良好的行为方式，在日常学习生活中能够保护自己或他人，所以意识和能力的培养是大班阶段的发展难点。

社会领域的发展重点是在多样化集体活动中逐渐形成社会交往技能，其侧重点从小班的陌生环境适应，到中班的人际交往能力的形成，再到大班的责任意识，其内容不断丰富，发展水平逐渐进阶。小班幼儿专注自我需求，其活动的开展仍需成人引领，完成对集体活动的初步适应，建立起在集体中承担责任的意识对此阶段的幼儿来说有很大难度，因为他们还无法正确协调与同伴的关系。随着幼儿对集体环境和人际关系的熟悉，中班幼儿逐渐形成人际交往能力，面对分歧时能够自觉控制并调节自己的情绪和能力，学会换位思考并包容他人是此阶段社会性发展的难点。大班幼儿的合作性活动逐渐增多，重点是要帮助幼儿建立集体中的承担意识，在集体中积极作出贡献，并对集体活动提出自己的见解，所以培养幼儿在团队中能够主动贡献并承担责任的行为是大班阶段的发展重点。

科学、艺术和语言三个领域的发展重难点在小班、中班和大班三个阶段内的差异不大，未在内容上作区分，但是处于不同阶段的幼儿与之对应的发展程度有所不同的。就该课程而言，理解生命与物质材料、艺术欣赏与创作以及听说读写的基本技能是三个可以重点发展的方面。而与之对应的发展难点表现为：对科学现象的原因进行探寻和理解；对艺术的内涵美的感受；高质量的表达、阅读和书写。

各阶段、各领域的发展重点与发展难点如表 7-9 所示。

表 7-9 “不一样的幼儿园生活”课程的发展重难点

<table>
<tr><th colspan="2"></th><th>健康
[重][难]</th><th>社会
[重][难]</th><th>科学</th><th>艺术</th><th>语言</th></tr>
<tr><td rowspan="3">发展重点</td><td>小班</td><td>接受新环境</td><td>集体活动适应</td><td rowspan="3">感受和辨别植物和微生物的特征；区分不同的物质材料</td><td rowspan="3">基于幼儿园环境的绘画、音乐学习与手工创作</td><td rowspan="3">听说读写的基本技能</td></tr>
<tr><td>中班</td><td>良好卫生习惯
生命安全知识</td><td>人际交往能力</td></tr>
<tr><td>大班</td><td>自我保护方法</td><td>责任意识</td></tr>
<tr><td rowspan="3">发展难点</td><td>小班</td><td>适应环境变化</td><td>集体生活的基本规范</td><td rowspan="3">探究植物季节性变化的原因；区分生物和非生物</td><td rowspan="3">感受内涵美；班级环境布置</td><td rowspan="3">倾听的耐心；口头表达的清晰性、条理性、连贯性；阅读的规范性、独立性；书写的多样性</td></tr>
<tr><td>中班</td><td>卫生意识
安全意识</td><td>理解与协作</td></tr>
<tr><td>大班</td><td>自我保护能力</td><td>主动承担</td></tr>
</table>

四、“不一样的幼儿园生活”课程的活动评价

基于生态观的幼儿活动评价，应重视在活动过程中建构幼儿的真实反应，让幼儿在活动情境中充分表现自己。因此，选择对幼儿表现进行观察和记录的评价方式。

具体而言，首先，课程学习轨迹的刻画以及活动目标与发展重难点的确定，为活动评价提供了评价目标。评价并非结果导向，而是以发展为导向，将幼儿学习轨迹作为参考路径，基于最近发展区的理念，通过观察后的评价分析来提供进一步的支持策略，以评价促发展，而非将评价作为活动的终点。其次，课程知识结构的搭建初步预设了课程发展的可能维度，同时，评价内容又需要依据实际的活动设计进行调整，始终留有不确定的余地。最后，评价的实施主要体现观察记录的即时性，通过教师随堂记录或借助现代技术工具，尽可能多地获得关于幼儿表现的信息，用于后续的进一步分析。本章的后三节将选取小班、中班、大班的部分活动，以轶事记录的方法呈现活动评价，依据评价目标和评价内容对事件实录进行解释，并提供可能的支持性策略。

五、"不一样的幼儿园生活"课程的活动安排

基于对"不一样的幼儿园生活"课程的整体分析，试图对小班、中班、大班的活动进行整体规划，表 7-10 至表 7-12 仅是对该课程做出的一种可能的活动设计方案(扫描二维码可以查看具体活动设计)。在活动内容的选择与设计上，以前期的整体分析为参照，却不受其限制，以充分体现生态课程的开放性与动态性；在活动的组织与安排上，突出单个活动所指向的重点发展领域，同时渗透其他领域的内容，逐步提升各年段的发展要求，以体现生态课程的整体性与层次性。

表 7-10 "不一样的幼儿园生活"课程的小班活动安排

活动主题	活动内容
入园初的那些事 小班的孩子刚刚离开父母身边，进入幼儿园开始集体生活，对幼儿园感到陌生，情绪波动比较大。因此，需要营造温暖、轻松的心理环境，让幼儿形成安全感和信赖感，帮助他们恰当表达和调控情绪	熟悉幼儿园
认识我的幼儿园 经过了一周的幼儿园生活，孩子们对幼儿园周围一切都充满着好奇。于是，他们开始探索周围的环境，想去每一个地方看一看，想去认识身边的他和她	1. 了解幼儿园环境； 2. 认识幼儿园里的人

续表

活动主题	活动内容
爱上我的幼儿园 在温暖互动中，幼儿会获得安全感并逐渐建立归属感，更好地适应新的生活。需要最大限度地支持和满足幼儿通过直接感知、实际操作和亲身体验来获取更多经验的需要	1. 发现幼儿园生活乐趣； 2. 学会自我照顾

表 7-11 “不一样的幼儿园生活”课程的中班活动安排

活动主题	活动内容
我是中班哥哥姐姐 要准确把握幼儿发展的阶段性特征，支持和引导每个幼儿从原有水平向更高水平发展，按照自身的速度和方式获得成长。幼儿告别小班进入中班，从小弟弟小妹妹成为小哥哥小姐姐。他们不断更新着对自我的认知，发现自己长高了，还会做更多事情了，他们对周围环境表现出更强的探究兴趣	1. 小班与中班的不同； 2. 新班级的适应
我是班级小主人 幼儿园生活活动作为幼儿一日活动的重要组成部分，贯穿于一日生活的始终。科学、有序的生活活动，对培养幼儿的自理能力和幼儿身心发展起着重要作用	1. 班级规范与责任承担； 2. 疾病预防
我的幼儿园几岁了？ 为了给幼儿创设温暖、关爱的集体生活氛围，帮助幼儿建立基本的认同感和归属感，通过给幼儿园过生日这个主题让幼儿了解幼儿园的“成长”历程	幼儿园庆典

表 7-12 “不一样的幼儿园生活”课程的大班活动安排

活动主题	活动内容
我的班级 幼儿对上了大班后的变化有一些认识，环境作为幼儿教育的重要资源，对儿童成长具有极其深远的影响，让孩子去了解周围的环境是重要任务	1. 大班的不同之处； 2.“我”的成长变化
我们的幼儿园真大 通过打破班级界限，让幼儿有更多的机会参加不同群体的活动，通过观察、欣赏、交际和亲身体验，可以更深入地了解自己的幼儿园	探索幼儿园
再见，我的幼儿园！ 经过三年的幼儿园生活，大班幼儿即将告别老师和小伙伴。三年的美好时光是他们成长道路上尤为珍重的学习经历。以“再见，我的幼儿园”为切入点，以“情感线”作为活动基调，引导孩子通过回忆在园三年的美好时光，感受自己的成长变化，珍惜与同伴的情谊	毕业与小学

通过对课程进行整体化设计，将同一主题贯穿小班、中班、大班，根据幼儿发展的阶段性特征确定不同的活动内容与发展目标，有助于实现幼儿在各领域上发展的连贯性。横跨三个年段的课程覆盖了所有领域，这样在年龄段和内容领域上均一体化的设计是生态课程转化为教学实践的核心要义。

第二节　小班的个性化活动

以小班“逛逛幼儿园”“幼儿园里的树”“我会擦椅子”“我会上厕所”共四个活动为例，每个活动均先呈现活动设计，然后对活动实施后的典型片段实录、事件解释、支持性策略三个方面进行分析，以回应小班“不一样的幼儿园生活”课程的活动评价。

一、“逛逛幼儿园”

【活动目标】

1. 知道幼儿园的名称，能说出自己是金港中心幼儿园的小朋友；

2. 初步感受幼儿园景物、房舍的美，萌发爱幼儿园的情感；

3. 能用简单的语句描述幼儿园，如：很大、很美等。

【活动准备】

介绍幼儿园环境的视频。

【活动过程】

（一）视频导入，激发兴趣

教师：这是哪里啊？我们是哪个幼儿园的小朋友？我们幼儿园是什么样子的？我们一起来看看视频吧。（通过播放视频，激发幼儿对园所了解的兴趣，萌发其对幼儿园的兴趣。）

教师：你们在视频里都了解到了我们幼儿园的哪些地方？

教师小结：我们幼儿园很大很大，设置了各个游戏场地，有小山坡、迷你港湾、沙池、阳光房等等，这些都是我们幼儿园的游戏特色！

环节评析：观看视频可以帮助幼儿了解我园的游戏特色，积累游戏经验，让幼儿喜欢幼儿园，爱上幼儿园。

（二）寻找园牌，认识园名和园徽

1. 参观幼儿园大门，看着园牌告诉幼儿幼儿园的名字，幼儿跟念几遍“金港中心幼儿园”。

2. 欣赏园徽。

环节评析：引导幼儿观察园徽的样子，讲述园徽所代表的意义。

（三）参观幼儿园全貌

环节评析：幼儿通过直接感知和亲身体验去了解幼儿园的美，教师引导幼儿观察、分析各个环境，引导幼儿去感受幼儿园的美和发现幼儿园的美，为幼儿提供有益的经验支持。

【延伸活动】

散步时逐步带幼儿去参观幼儿园的美工、电脑等各个活动室，参观幼儿园中班、大班所在的班级。

下面是在活动实施中捕捉到的两个片段：

片段一

教师让幼儿说一说幼儿园里好玩的地方，通过谈话导入激发幼儿兴趣，随后带领幼儿逛幼儿园。

教师组织幼儿排成一列队，跟随教师的引领参观，教师带幼儿逛逛园里的室内活动区域，主要包括美工区、科发室、长廊环境、建构区等，并且让幼儿了解美工区是用来放各种孩子的作品的区域，在建构区孩子们可以搭建各种房子、建筑物等，科发室是专门的实验室，等等。幼儿跟着教师的引领和指导，一个接着一个有秩序地逛。在参观过程中，幼儿A看见窗外飞过的蝴蝶，突然大声呼喊"嘿，你好！"，引起了其他小朋友的注意和效仿，纷纷向窗外大声呼喊"你好！"

事件解释：

小班的幼儿刚刚进入幼儿园，规则意识还处于初步建立阶段，正在逐步感知规则内容的意义。他们能够了解集体生活中的基本规则（规范），理解日常生活中的规则性信号，他们现有的秩序感具有情境性，能理解具体情境下的规则并服从教师指令，但总是出于对教师的尊敬和畏惧而遵守，并且他们对规范的遵守呈现阶段性，需要教师的不断提醒。此外，此时幼儿的自我意识尚未得到发展，如幼儿A向窗外蝴蝶打招呼的行为是冲动性的，他对新奇的事物充满强烈兴趣并急切地表达喜爱，但缺乏自我控制能力，没有控制冲动的情绪，因此他可能没有遵守秩序和纪律。

支持性策略：

幼儿期是规则意识和行为初步形成的重要时期，教师应积极引导幼儿自主养成规则意识。在该片段中幼儿的集体规范意识是出于对教师的尊敬和畏惧，在教师的引导下有秩序地参观，由此可见，小班的幼儿已经能够服从教师指令、模仿其他幼儿的行为遵守秩序。下一阶段，教师应该注重幼儿规则意识的培养，使得幼儿能够自觉主动遵守集体规范，理解规则意义。教师可以在日后教学中采取榜样示范法，如夸奖某某小朋友在遵守某一规范方面做得真棒，"××小朋友能够跟着老师的步伐和节奏有秩序地参观，我们是不是应该向他学习？"在潜移默化中提升他们的规则意识。同时为了帮助幼儿更好地理解规则意义，教师可以让幼儿自定规则或承担不遵守规则的自然后果，帮助幼儿更好地内化规则①。针对幼

① 龚燕，刘娟．幼儿规则意识与行为的培养[J]．学前教育研究，2009(1)：69-71．

儿的冲动性表现，教师也可以通过制定共同规则，使幼儿形成意识对自我情感的积极监控，提高自控能力[1]，调控自身行为。

片段二

幼儿通过用眼看、用耳听和用手摸等方式参观各个区域并了解区域功能。

教师带领幼儿逛幼儿园之后回到教室，与幼儿共同回顾刚刚的参观，激起幼儿的喜爱之情。

教师："刚刚我们去逛了逛我们幼儿园里好玩的地方，现在我来考验小朋友，你刚刚去了哪里？发现了什么？"

幼儿A："我刚刚去了科发室，里面都是做实验的东西，还会发电呢！"

教师："你观察得很仔细，实验室可以让我们在里面做各种实验。"

幼儿B："在美工室里我发现了用鞋子做的蜘蛛，还有养的小鸡。"

幼儿C："我还发现有用各种瓶子做的人偶。"

教师小结："这些都是我们幼儿园里好玩的地方，每个地方都有属于它自己的特色，你们觉得我们的幼儿园美吗？"

幼儿齐声："美。"

事件解释：

幼儿在跟随教师脚步参观的过程中，根据教师引导综合运用多种感官了解各活动区域，多为用眼睛观看，以教师的介绍与讲解为辅，同时通过用手摸一摸的动作加深对不同区域特征及功能的了解。

教师在与幼儿逛完园所之后，通过提问的方式回顾，并让幼儿尝试表达交流。但小班幼儿表达的信息只是通过观察获得直接信息的简单表征，转述所看见的事物。他们能够使用简单的句子、短语来描述、罗列看到的事物或现象，将自己想说的信息清晰地表达出来。但是此时的幼儿表达缺少联系性，仅是片段式的描述。

支持性策略：

由于小班幼儿的观察是随机的、无目的的，因此在参观活动之前，教师可以提前为他们制订明确的观察目标，并且详细地列出观察计划[2]，如"我们的幼儿园里有许多好玩的地方，待会儿我们一起去参观，大家记住我们参观过哪些地方，每个地方是干什么的？有什么特点呢？"，让幼儿有目的地去参观。适当培养幼儿系统观察的能力，学会有序观察，分清主次，对事物有更加清晰和深刻的认识。

---

① 林晓萍.培养大班幼儿自我控制能力的探索[J].宁波教育学院学报，2010(5)：134-137.

② 于帆.0～6岁儿童注意力训练[M].北京：中国纺织出版社，2019.

同时，教师需要锻炼幼儿的讲述能力，让幼儿逐渐能围绕整个参观活动的先后顺序，完整讲述所观察到的现象和事物，培养他们能围绕主题进行叙事的能力。如教师可以适当引导“小朋友们，回忆我们刚刚参观的过程，有谁愿意和大家分享一下我们去了哪些地方？我们先去了哪里，又去了哪里呢”。有意的引导幼儿抓住主要关系与内容，提高他们对讲述的兴趣和讲述的表现性。

二、“幼儿园里的树”

【活动目标】

1. 了解幼儿园里几种常见树的名称及特征，能用调查、分类的方式统计树的种类；

2. 领养小树，并尝试做记录；

3. 对幼儿园里的树产生一定的好奇心。

【活动准备】

园内树木的图片；统计表；调查表。

【活动过程】

（一）图片导入，引起兴趣

教师：小朋友们，瞧！这是什么？你们认识它吗？（激发幼儿的好奇心，培养幼儿对科学的兴趣。）

师幼共同观察和了解常见树木的名称及特征。

1. 整体观察：播放 PPT，观察幼儿园里的树。

教师：你看到了哪些树木？它们种在哪里？（通过视频鼓励幼儿大胆说出树的形象特征及颜色，并知道它们的名称。）

2. 局部观察：选择一棵树，引导幼儿进行仔细观察。

教师：请大家看看从下到上、从树根到树冠的粗细、大小是什么样的？

环节评析：此环节鼓励幼儿观察、感知植物的多样性和独特性，感知植物树根和树冠的不同。

（二）统计记录观察到的树种

1. 出示统计表，教给幼儿分析记录的方法。

教师：表中第一行代表什么？怎样记录？用什么来表示？（帮助幼儿增加生活经验，解决他们在现实生活中遇到的力所能及的问题，丰富他们的科学知识。)

2. 幼儿分组记录,教师观察指导,提醒幼儿进行记录。

3. 介绍自己的调查表,说说观察到的树有什么特点。

环节评析:利用多种方式支持和鼓励幼儿进行操作,积累幼儿经验,引导幼儿感受和发现树的外形特征,发现树的结构等特征。

(三) 领养小树

教师:你们想不想领养一棵小树?(让孩子们体验成功的快乐而更愿意进行下一次的科学探索活动。)

环节评析:结合幼儿生活经验,引导幼儿关注和了解大自然,逐渐懂得热爱、尊重、保护自然,珍惜生命。

【延伸活动】

家园共育:回家和父母讨论,说说自己喜欢哪些树?为什么?

下面是在活动实施中捕捉到的两个片段:

片段一

教师带领幼儿了解并认识校园里常见的几种树木的名称,以及不同树木树叶的形状和特征。教师与幼儿共同观察不同树木的叶子,知道香樟树的叶子长长的、绿绿的,上面还有很多小小的茎;也知道了枫树的叶子红红的,像小金鱼的尾巴;还知道了桂花树的叶子像鸡蛋,是椭圆形的。

事件解释:

在认识校园里不同树木的过程中,幼儿通过观察树叶的颜色、形状等了解不同的树木及它们的特征。大多数的幼儿已经具备系统观察的能力,他们能运用多种感官更细致、专注地探索并比较不同的观察对象,如其中的幼儿A说:"桂花树的叶子上面尖尖的,下面圆圆的,有的是椭圆形的像鸡蛋,还有的像扇子""老师手上的叶子和图片上的颜色不一样,手上的颜色更深一点点。"幼儿B说:"枫树的叶子红红的,像金鱼的尾巴。"可见小班的幼儿已经可以关注到事物的特征并与日常生活的其他事物相联系,并能够比较各个观察对象的不同与相同之处。

支持性策略:

为了使幼儿的观察能力朝更高水平发展,教师应当提供充足、多样的材料,保证幼儿能反复观察、操作,在观察实验的过程中,让幼儿自己去探索、发现、判断，自己找出问题的答案①。教师可以给每位小朋友分发不同树木的树叶，让幼儿在自己动手操作观察中自主发现，鼓励幼儿大胆说出自己的发现，并在旁适当指导幼儿的观察技巧，如"我们可以按顺序观察每片叶子，也可以按不同的特征去观察，比如每片叶子的颜色、形状、叶脉等等。"并且可以让幼儿尝试记录，使他们能够积极思考，更具条理性。

片段二

在认识校园里的树木后，幼儿连线操作，巩固经验。

教师："你们知道什么样的叶子是什么树的吗？请小朋友们回到位置，用记号笔连一连吧！看看你们连的对不对。"

幼儿动手操作，教师巡回指导。

幼儿A第一个做完连线，迫不及待将自己的连线递给教师："老师你看。"

教师竖起大拇指："哦，很棒！"

幼儿B遇到困难后，询问了教师并完成连线："老师你看。"

教师鼓励："哇，你好棒呀！"

幼儿A随即说："我很快就好了。"

幼儿B："我也是。"

事件解释：

小班幼儿自我意识的发展还处在较低水平，他们对自我的评价具有依从性，在意他人对自己的评价，尤其是重要他人，如教师、家长等。期待得到他人的认可，受到教师表扬后会感到高兴，获得强烈的自豪感，因此他们喜欢在教师面前展现自己。同时他们在社会关系层面处于关注自我的阶段，只关注自己的感受，希望从他人处获得赞赏，认同自我发展的积极品质，能够在日常生活中感受到满足感和成就感。

支持性策略：

为了培养幼儿正确的自我认知，教师应当引导孩子正确认识自己。积极的鼓励和暗示让幼儿获得自信，如："大家都能迅速并且正确地把不同的树木和树叶相对应连起来，你们都是善于观察、机灵的小朋友。"同时也要增强儿童之间的互动，形成对自己和他人更清晰的认识，对彼此有更全面的认识②，如教师可以

---

① 张俊，等.幼儿园科学领域教育精要：关键经验与活动指导[M].北京：教育科学出版社，2021：70.

② 张慧.幼儿自我评价中的误差心理及调控[J].长春教育学院学报，2011(2)：19-20.

引导幼儿："遇到困难时可以问问身边的小朋友们是怎么做的。如果大家做好了，也可以互相分享交流，有没有可以从别的小朋友那学到什么呢？"让幼儿从他人身上获得对自我的反省和判断，从而增强自我认知。促进幼儿间的交往，学会开始理解他人，逐渐发展和融入集体。

三、"我会擦椅子"

【活动目标】

1. 认识小椅子各部位的名称，知道爱护自己的小椅子；

2. 学习连续对折两次叠抹布，并按照椅面、椅背、椅腿、椅挡的顺序擦拭椅子；

3. 增强自我服务意识和生活自理能力，体验劳动的乐趣。

【活动准备】

干净的湿抹布若干。

【活动过程】

（一）提问引出话题

教师：开学这些天来，小椅子每天陪着我们一起学本领、玩游戏，已经成了我们的好朋友，那我们应该怎样爱惜小椅子呢？（引导幼儿仔细观察小椅子的外观，激发幼儿爱护椅子的情感。）

教师：我们天天坐在自己的椅子上，小椅子身上也变得脏兮兮的。今天我们就来学习擦小椅子，让它变得干干净净的。

环节评析：在这个环节，教师引导幼儿爱惜小椅子，提高幼儿的兴趣和探知欲。

（二）学会擦椅子

教师将一块干净的湿抹布在椅面上展平，对边折叠一次，再短边对折一次，使抹布变成更厚实的小正方形。

教师示范按照椅面、椅背、椅腿、椅挡的顺序和一定的方法擦椅子：按着抹布在椅面和椅背上来回擦，保证擦到每个地方；椅腿和椅挡可以用抹布包住擦；拐角处可以用手指顶着抹布擦；遇到特别脏的地方就用力擦。

提问：拿了抹布先干什么？然后干什么？擦椅子先擦什么地方？最后擦什么？

环节评析：教师利用动作和语言，对如何正确地擦椅子进行强化性的示范和讲解,以巩固幼儿正向的行为。

(三) 练习擦椅子

幼儿拿抹布完整地尝试擦一遍小椅子,教师可以对孩子做同步示范。(通过操作,鼓励幼儿自己动手擦干净小椅子,发展幼儿的动手能力。)

1. 教师观察幼儿是否掌握了擦椅子的方法。

2. 欣赏干净的椅子,感受愉快的心情。

环节评析:教师要注意对幼儿的行为表现进行随机观察。一方面要观察幼儿接受理解的情况;另一方面,还要根据幼儿所反映出的问题,给予再次的提示和引导。

(四) 小结

教师:今天我们班的小椅子真干净,因为小主人帮它们洗了澡,它们变得干干净净。你们的心情怎么样?以后我们如果发现班级小椅子脏了,就把它擦干净。

环节评析:此环节是为了让幼儿感受快乐,肯定自我,巩固他们在活动中取得的新经验。

【延伸活动】

展示擦椅子的图标,鼓励幼儿每天早晨入园后记得给自己的小椅子洗洗脸。

下面是在活动实施中捕捉到的两个片段:

片段一

教师带着幼儿一起擦椅子。

教师:"我们天天坐在自己的椅子上,小椅子身上也变得脏兮兮的。今天我们就来学习擦小椅子,让它变得干干净净的。"

教师引导幼儿仔细观察椅子的外观,一边讲解一边示范:"我们怎么擦呢?拿湿抹布放在椅面上,对折一次,再对折一次,变成小正方形,先擦椅面、椅背,再擦椅腿、椅挡,按着抹布在椅面和椅背上来回擦,保证擦到每个地方;椅腿和椅挡可以用抹布包住擦;拐角处可以用手指顶着抹布擦;遇到特别脏的地方就用力擦。"

幼儿动手操作,自己拿抹布擦拭自己的小椅子。

事件解释:

该片段中,教师通过示范擦椅子的过程,让幼儿观察椅子的外观,带领幼儿认识椅子各部位的名称,并让幼儿自己试一试动手擦擦自己的小椅子,巩固对椅子不同部位的认识。整个过程中，幼儿摆弄、擦拭椅子，从各个角度观察椅子，通过视觉、触觉等感官直观认识椅子的椅面、椅背、椅腿、椅挡等部位，并学会擦椅子，这可以提高幼儿的自我服务意识和生活自理能力。

支持性策略：

在该片段中，教师通过介绍椅子不同部位叫什么，在知识层面带幼儿认识椅子各部位的名称，但没有建立起幼儿对椅子这一物体特性等更深层次的认知。教师应当引导幼儿运用感官了解椅子所用物质材料的特性，如让幼儿在擦拭每一部位时摸一摸，并说一说感受如“硬硬的”“光滑的”，逐渐帮助他们建立固态这一物质形态概念，让幼儿学会从整体认识一个物体的特征，包括形状、形态、质地等。发展到一定阶段后，引导幼儿将不同材料的性质和用途联系起来，如了解“椅子是木头做的，它比较坚硬，能支撑我们坐在上面”等。

片段二

教师示范完擦椅子之后，请幼儿上前尝试擦一擦。

教师：“你们想不想试一试啊？”幼儿A举手并上前示范，教师在旁边鼓励指导。

在幼儿A示范擦椅子的过程中，有个别幼儿相互交流，少数幼儿在发呆，幼儿B自己离开座位后又回去。大多数幼儿都在自己做自己的事，没有集中注意力观察幼儿A和教师擦椅子的步骤。

事件解释：

幼儿A在集体中喜欢做一些力所能及的小任务，但并不具有强烈的意识，她的自我体验还呈现生理性特征，能对自己的劳动成果感到由衷的高兴。而该片段中的其他幼儿以自我为中心，自我控制能力较差，无法约束自己的冲动行为，如幼儿B随意离开座位走动，其他幼儿在座位上小声交流。同时他们的秩序感具有不稳定性，在教师与幼儿A擦椅子的过程中的纪律性较差，在教师没有严格要求的情况下随意散漫，缺乏秩序，没有意识到自身行为的错误，仍然需要教师的监督和提醒。

支持性策略：

教师应当及时干预、适当提醒，使幼儿逐步脱离以自我为中心，理解他人的感受。而该片段中教师并未及时制止，因此教师可以做言语上的指导，如“其他小朋友上台示范时我们应该怎么做？”，让幼儿保持安静，认真倾听，慢慢意识到要尊重他人。对于幼儿的一些冲动性行为，需要教师的持续性监督，并让幼儿尝试自我控制，并调节自己的行为。此外，也可以通过师幼共同制订规则的方式，使幼儿主动维护并适应规则秩序，调动其在集体中的自我意识。但是由于小班幼儿的专注力较差，这一过程离不开教师的持续性监督和引导。

四、"我会上厕所"

【活动目标】

1. 了解健康小常识，知道有便意时及时如厕，不憋大小便、不尿裤子；
2. 在日常活动中能大胆向老师表达自己的便意需求，寻求帮助；
3. 有良好的卫生习惯，会有序如厕，当厕所人多时不争抢。

【活动准备】

打扫干净教室厕所；对幼儿进行男女分组。

【活动过程】

(一) 观察图片

教师引导幼儿观察尿湿裤子的图片。

教师：尿湿裤子，会有什么样的感觉？（引导幼儿仔细观察图片，知道尿湿了裤子很难受。）

教师：怎样才能不尿湿裤子？

环节评析：通过图片直接导入活动，让孩子仔细观察，大胆表述。

(二) 参观班级厕所

1. 教师带领幼儿参观厕所，让幼儿知道厕所是大小便的地方。
2. 分辨男厕所和女厕所。
3. 分清小便池、便槽。

环节评析：带领幼儿熟悉厕所的环境，教师积极引导幼儿观察厕所，让幼儿知道男厕所和女厕所的区别，以及如厕方法的不同。

(三) 了解如厕方法

1. 男孩如厕

教师：穿有拉链的裤子小便，一定要小心，不要弄伤皮肤；不要离便池太近，以免弄脏裤子；注意不要将小便弄到便池外。

2. 女孩如厕

教师请一名女孩示范，提醒幼儿当外面的罩裤脱至膝盖后才可蹲下，这样就不会弄湿裤子。

3. 擦屁股的方法

教师出示娃娃，演示擦屁股的方法。（通过教师的示范，幼儿能更直观地学习擦屁股的方法。）

环节评析：此环节通过幼儿的观察、教师的讲解，让幼儿进一步了解如厕的方法，在讲述的过程中，帮助幼儿梳理经验。

（四）师幼共同讨论如厕的注意事项

教师：玩游戏时想小便怎么办？吃饭时想小便怎么办？集体活动时想小便怎么办？

教师：厕所里人多怎么办？小便急怎么办？

告诉幼儿厕所里人多的时候不争先，不拥挤，依先后顺序小便，小便急的时候，可与其他幼儿协商，让自己先上厕所。

环节评析：幼儿通过讨论，学会解决问题的方法，知道如厕的注意事项，达到了活动目标。

【延伸活动】

在如厕时，教师应针对幼儿的实际情况，进行个别辅导。

附：尿湿裤子的图片

下面是在活动实施中捕捉到的片段：

片段

教师引导幼儿观察尿湿裤子的图片，请他们思考尿湿裤子的感受，并带领幼儿参观班级厕所。

教师："男孩子小便的地方叫便池，女孩子小便的地方叫便槽。"

教师："男孩子是怎么小便的？"

幼儿 A："站着。"

教师拉着幼儿A站在便池前:“站着的,你来试一试好不好?不要离便池太近,以免弄脏裤子;注意不要将小便弄到便池外;穿有拉链的裤子小便,一定要小心,不要弄伤皮肤。”

教师:“女孩子是怎么小便的?”

幼儿B:“蹲下的。”

教师请幼儿B演示:“来试一试,先站上去,外面的罩裤要脱至膝盖,才能蹲下,手扶好扶手,手从前面拉好裤子,这样就不会弄湿裤子。”

教师:“大便过后要擦屁股,怎么擦呢?你们平时是怎么擦的?”

幼儿齐声:“从后面擦的。”

教师边说边拿起一个娃娃:“把纸巾对折,擦一下屁股再折一下,再擦,然后扔到垃圾桶,如果没有擦干净怎么办?”

幼儿齐声:“再擦一遍。”

教师请一位小朋友操作。

师幼共同讨论如厕事项:有便意要及时如厕,不憋大小便、不尿湿裤子;大胆向教师表达便意需求,寻求帮助;养成良好如厕习惯,有秩序,紧急时寻求教师帮助或与他人商量。

事件解释:

该教学片段中的小班幼儿已经初步具有一定的卫生意识,知道日常生活的卫生习惯,如知道如何如厕以及不憋大小便、便后擦屁股等相关的健康常识。他们对于良好卫生行为习惯的建立通常来自家长和教师的行为指导,在此片段中,教师通过具体的步骤示范并让幼儿动手操作练习如何在便后擦屁股,用动作引导思维,促进了幼儿的习惯养成。同时小班的幼儿能在成人的提醒下意识到不良的卫生习惯并加以改正,但是他们缺乏养成良好卫生习惯的主动意识,知道一些简单浅显的健康知识,还无法理解背后的原因及意义。

支持性策略:

幼儿阶段是养成良好卫生习惯的重要时期。在建立初步的健康意识、能够及时调整不良卫生行为的基础上,需要培养幼儿主动养成良好的卫生习惯,理解良好卫生习惯的意义和重要性,树立健康意识。在此片段中,教师可以适当采取寓教于乐的方式,利用活动形式进行渗透教育,如可以通过看图片、讲故事、说儿歌、做游戏等方式让幼儿在游戏活动中养成良好卫生习惯,不断地督促、提醒和检查,使其良好的习惯不断强化,逐步形成自觉行为[①]。同时教师有必要帮助幼

① 张丹田.如何培养幼儿良好的卫生习惯[J].小学时代(教育研究),2010(6):95.

儿理解养成良好卫生习惯的意义，如便后洗手是为了防止细菌进入口鼻导致的免疫力下降和生病等危害，从意义层面自觉建立意识。

第三节　中班的个性化活动

以中班“中班的我”“别说我小”“我是班级小主人”“认识病毒”共四个活动为例，每个活动均先呈现活动设计，然后对活动实施后的典型片段实录、事件解释、支持性策略三个方面进行分析，以回应中班“不一样的幼儿园生活”课程的活动评价。

一、“中班的我”

【活动目标】

1. 关注自己与身边事物的变化，在比较中体验自己在长大；
2. 能自由选择绘画形式，大胆地将“我”长大了的画面表现出来；
3. 喜欢进行艺术表现与创造、喜欢装饰。

【活动准备】

不同时期的幼儿照片、衣物、鞋子；镜子、画笔等。

【活动过程】

(一) 分组体验，引出话题

1. 第一、二组：观看不同时期幼儿照片。

教师：照片里有谁？他们有什么变化？

2. 第三、四组：观察不同时期幼儿衣物。

教师：你看到了什么？和你现在用的有什么不一样？

教师小结：从照片和小时候的衣物中大家都发现中班的我们都长大了。(利用照片和衣物等形式激发幼儿谈论长大的话题)

(二) 感受变化，激发创作兴趣

1. 教师：你从哪里发现自己长大了？(交流自己与他人的变化)

教师小结：到了中班我们个子会长高、手脚会长大、脸蛋儿也长大了。

2. 教师示范，以自己为例作画。

(三) 分组指导幼儿操作

1. 提出要求：画脸蛋、身体的时候要把整张纸撑满，两只眼睛要分开点，四肢要长，注意构图。

2. 巡视指导，帮助、纠正个别幼儿。

环节评析：通过生动形象的图画和对比观察，循序渐进地介绍了孩子们不同时期的变化，满足孩子对成长变化的探索。在这一环节中孩子们通过自主观察、交流分享，在互动中理解了成长的乐趣。

(四) 欣赏与评价

1. 展示幼儿作品。

2. 邀请幼儿分别谈谈自己的想法。

环节评析：中班幼儿要掌握一些简单的美术技能，能用自己喜欢的方式进行美术表现；鼓励幼儿运用色彩、线条、形状等大胆创作。在这里孩子们通过表达自己的创作思路与评价同伴的作品，更进一步感受成长的变化。

【延伸活动】

区域活动：在生活区提供小班、中班两个时期的衣物，学习整理。

下面是在活动实施中捕捉到的片段：

片段

教师引导幼儿们观察讨论“中班的你有哪些变化”后，开展绘画活动。

教师：“那接下来，请小朋友们把中班的你画下来。”

幼儿回答：“好！”

幼儿使用彩笔通过画画完成自画像。

幼儿A将A4纸分为两部分，在上半部分画出自己的脸，并描述道：“我要把我的眼画得圆圆的、胖胖的。”

幼儿B画出的线条较为流畅，描绘出身体的轮廓，并画出圆形眼睛，并描述道：“我要把眼睛画成长长的眼睛。”

幼儿C通过对自身变化的知觉和体验等，运用纸、笔等绘画工具绘制出自己的面部表情和身体轮廓，传达出自身情绪体验。

事件解释：

学前儿童的绘画表达是他们的知觉与情感的物化形态。由于受其自身肌肉动作发展的影响，幼儿的绘画表达在技能技巧上不如成人熟练与完美，表现出一种稚拙感。但也正是这份童趣，使儿童画充满魅力[①]。

① 孔起英.幼儿园美术领域教育精要：关键经验与活动指导[M].北京：教育科学出版社，2015：162.

幼儿A能够意识到所画与自己经验之间的联系，会自言自语地说明自己画的东西，画出的五官能够形成简单的象形图样。他能用所画的图像来表达自己的意象，但多半是粗略、不完整的，没有整体感，结构不合理。

幼儿B所画的线条较为熟练，但似乎是用一种很随机、很偶然的方式，把物体安排在纸上，而不注意实际生活中自己身体器官的大小比例，导致幼儿内心的绘画意图和实际表达出的绘画作品不一致。

幼儿C的绘画水平较高，能够用流畅的线条表示自身形象的轮廓，并能够将部分与部分融合为整体。如手臂是从身体部位伸出来的，而不是从头部伸出来的；用短裙、辫子等细节特征表现人物性别。

支持性策略：

幼儿绘画创作活动大约经历表象摄入、体验加工、操作表现三个阶段，每个阶段又有不同的特点①。不同阶段可选用不同的支持性策略。在表象摄入阶段，来自现实生活本身并且创作者亲身体验过的知觉材料远比间接的知觉刺激重要得多。

因此，教师需要通过各种途径选择可供幼儿欣赏感知的对象。对于幼儿A、B，教师可以丰富儿童的日常生活经验，扩大他们的知识面，让儿童积累丰富的审美心理意向；还可以选择适合他们的图书、影视资料，引导幼儿积累面部表情、身体器官、衣着服饰等素材，丰富儿童的审美表象。体验加工阶段，教师可以为儿童创设富有审美情感色彩的日常生活与绘画环境，引导儿童注意自身审美情感的表达，展开想象的翅膀。如用身体舒展表达对花儿开放形态的感受等。

对于幼儿C，可以在操作表现上进一步指导，教师可以积极带领儿童了解材料的性质和用途，以及形状、空间和色彩，引导儿童对外界信息有更多的掌握。如教师在绘画活动中可以提供多样化的工具和材料，油画棒、蜡笔、彩色粉笔、水墨等，激发幼儿们的操作欲望。若想教会幼儿使用这些工具和材料的方法，可以用示范法，但要注意启发性②，鼓励幼儿进行创造性表达。

二、“别说我小”

【活动目标】

1. 理解儿歌内容，用普通话较清楚、有节奏、有表情地朗诵儿歌；

---

① 孔起英.幼儿园美术领域教育精要：关键经验与活动指导[M].北京：教育科学出版社，2015：187.

② 同①196-198.

2. 知道自己长大了，能做一些力所能及的事，根据自己的经验创编儿歌；

3. 增强做中班小朋友的光荣感，树立自信心。

【活动准备】

收集幼儿小时候的用品、照片等，布置"我小时候"的展览场景；小木偶。

【活动过程】

（一）出示"小木偶"，导入活动

教师：今天我们教室里来了一位小木偶，让我们一起欢迎他。

（二）学习儿歌，理解内容

1. 幼儿倾听教师有感情地朗诵儿歌。

教师：小木偶在家里都做些什么呢？我们一起来听一听。

2. 通过提问，理解儿歌内容。

教师：儿歌里小朋友对妈妈说了什么？

教师：儿歌里小朋友对爸爸说了什么？

教师：儿歌里小朋友对奶奶说了什么？

教师：小朋友长大了，就怎么样？对！现在我呀长大了，会做的事儿真不少。

3. 幼儿边看图标边学念儿歌，教师提醒幼儿注重表情和节奏。

教师：请小朋友看着图片，完整地来念一念这首儿歌。（幼儿看着课件里的图片朗诵儿歌，加深了对儿歌内容、句式、结构的理解。）

环节评析：活动以小木偶引入，激发孩子的学习兴趣。活动中通过提问的方式，一方面为了帮助幼儿回顾儿歌内容，另一方面，引导幼儿学习用儿歌里的句子表述，为后面的创编活动做经验准备。

（三）谈话："我会……"

1. 谈话活动：我会做的事

教师：小朋友们都慢慢长大了，你们现在都会做些什么事情呢？

2. 幼儿回忆自己的经历，激发说话欲望，教师适时用简笔画记录孩子的讲述内容。（通过谈话，引导幼儿讨论，知道自己长大了，能做一些力所能及的事。）

教师：当我们自己在家时，家里的大人会说你小吗？为什么？你会承认吗？你能帮助他们做什么？

环节评析：应当为幼儿创造说话的机会并体验语言交往的乐趣。在这一环节中，为幼儿创设了一个宽松的语言环境，孩子们讲话的欲望一下子就被激发了出来。

在幼儿自由讨论问题的过程中，幼儿将自己现实生活中的经验引入儿歌中，结合教师的简笔画，自然而然地过渡到下一个创编环节。

(四) 基于理解，尝试创编

教师：你还想对妈妈说什么？对爸爸说什么？对奶奶说什么？对爷爷说什么？让我们用图画的方式记录下来吧！然后再说一说。

1. 幼儿以小组为单位，一起绘画、创编儿歌。

2. 幼儿展示创编内容，念一念新儿歌。

环节评析：语言的发展是一个循序渐进的过程。在这一环节中，孩子们以小组为单位，每人创编一句儿歌，并学用儿歌中的句式说出来，体验到了成功创编儿歌的乐趣。

(五) 结束活动

教师：现在我们的小朋友不仅长大了，也变得更能干了，以后在家中和幼儿园里，我们都要学习自己的事情自己做哦。

【延伸活动】

1. 日常活动：在日常活动中引导幼儿表演儿歌内容，加深幼儿对儿歌的理解。

2. 区域活动：在语言区投放相应的图片和劳动工具，供幼儿创编，也可以提供纸笔，供幼儿自己绘画创编儿歌，并装订成书。

下面是在活动实施中捕捉到的两个片段：

片段一

在教室里，教师坐在前面，幼儿们围坐成半圆形。
教师："今天我们教室里来了一位小客人(小熊猫)，让我们一起欢迎它。"
教师："小熊猫在家里都做些什么呢？我们一起来听一听。"
教师依次提出问题："儿歌里小熊猫对妈妈、爸爸、奶奶说了什么？"
幼儿A："妈妈你别说我小，我会穿衣和洗脚。"
幼儿B："爸爸你别说我小，我会擦桌把地扫。"
幼儿C："奶奶你别说我小，我会给花把水浇。"
三名幼儿在教师提示下均能够完整表达，并辅助以相应动作。
教师："幼儿长大了，就怎么样？"
师幼齐声："现在我呀长大了，会做的事儿真不少。"
教师："幼儿们都慢慢长大了，你们现在都会做些什么事情呢？"

幼儿D:“我会帮妈妈收玩具。”

幼儿E:“我会帮妈妈拖地。”

幼儿F:“我会帮妈妈擦桌子。”

幼儿G全程没有举手回答问题，上课中左顾右盼，时不时看向教室的其他地方，不参与各项谈话活动。

事件解释：

故事、儿歌对幼儿有无穷的魅力。小班及中班幼儿思维以具体形象为主，通过儿歌传授以及具体的动作表达，唤醒自己的生活经验，强化幼儿的自理意识。通过师幼间的谈话交流，幼儿感知到自己的成长变化，明确良好卫生习惯的必要性。在教师的指引下，多数幼儿能够参与集体谈话活动，体现初步交往的适应能力，实现与外界的交流，并初步建立规则意识，了解课堂上回答问题需要依次进行。幼儿G身处集体中却还没有完全接受人际环境的变化，没有真正参与活动过程，神情一直处于游离状态。

支持性策略：

教学实践中可以通过多种谈话活动，利用提问、讨论、行为练习等形式，让幼儿意识到自己有能力做好某些事情，为自己完成力所能及的事情感到高兴。同时，幼儿身体的可塑性很大，成人需提醒幼儿在个人卫生、活动卫生和公共卫生方面表现出的不良行为，并加以修正。在家庭中，家长需重视幼儿自觉主动养成卫生习惯，避免出现家中家长包办一切的行为，增加幼儿的成长机会。

人类发展生态学的生态环境模型中，小系统对幼儿的发展具有直接的、关键性的影响①。在幼儿适应能力发展的过程中，要综合考虑家庭和幼儿园对幼儿的影响，促进新旧环境之间的联系，缓解幼儿的分离焦虑，如幼儿园创设家庭化的环境，适当调整活动室、睡眠室的环境布置，营造家庭式的活动氛围②。

片段二

教师：“请小朋友画一画你们会做的事情，音乐开始时绘画开始，结束后可以与旁边的小朋友说一说，可以用儿歌里的话。”

绘画完成后幼儿开始讲述分享自己的画。

幼儿A:“妈妈你别嫌我小，我可以帮你浇花。”

---

① 闫婧华.人类发展生态学视野下的幼儿入园适应问题研究[J].基础教育课程，2019(12)：21-25.

② 同①.

教师评价:"好,我来补充新儿歌。"

幼儿B(微笑):"爸爸你别说我小,我可以帮你捉虫。"

教师评价:"好的,很棒!"

幼儿C小心翼翼举手,教师没有提问后迅速把手放回。

根据幼儿补充内容,教师带领幼儿齐读新儿歌。

教师:"现在我们的幼儿不仅长大了,也变得更能干了,以后在家中和幼儿园里,我们都要自己的事情自己做哦。"

事件解释:

中班幼儿还没有独立的自我评价,他们的自我评价还依赖于成人的评价,个体在意教师和同伴的评价,渴望得到认可。幼儿A能够主动举手并上台大声流利讲解自己的画作,分享完成后满脸喜悦走回座位,体现出极大的自豪感。幼儿B讲述时从容自然,讲述完后得到教师的肯定评价,随后蹦蹦跳跳回座位。两个幼儿能对自己的言行或劳动成果感到由衷的高兴,愿意独立完成绘画的小任务,且都能够清晰且完整地讲述自己绘画作品中的内容,内容紧扣自己绘画的主题以及"别说我小"这一大主题,讲述过程中能够把握自己所讲的内容之间的主要关系,但讲述的内容较短且过程中存在不连贯的情况,表现性仍有待提高。

支持性策略:

在学前时期,幼儿的自我评价水平比较低,具有依从性、被动性、表面性和局部性,容易受主观情绪的干扰,因此成人对幼儿的评价在幼儿自我意识发展中起重要作用[①]。幼儿A、B在回答完问题后能够开心地回到座位,是因为感受到教师的正向评价,得到同伴的认同,从而乐于参与集体活动,表现欲旺盛。对于幼儿C这类腼腆、不敢尝试的幼儿,教师应当多给予鼓励,支持其敢于尝试,充满自信。教师给予的评价要具体、客观,幼儿回答问题后,不要只说"很棒",还要说"你能主动举手回答问题,声音响亮,还能帮妈妈做家务,真能干!"

教师需要积极引导幼儿感知、理解讲述对象,培养其独立构思和清楚完整表达的意识、情感与能力[②]。可以从三个方面提高幼儿的语言水平。首先,在集体场合自然大方地讲话。如鼓励幼儿勇于在许多人面前说出自己的想法,用大于平时讲话的音量自信表达。其次,使用正确的语言内容和语言形式进行讲述,逐

---

① 李辉.学前儿童社会教育[M].南京:东南大学出版社,2016:70.

② 余珍有.幼儿园语言领域教育精要:关键经验与活动指导[M].北京:教育科学出版社,2015:99.

渐修正语音错误。最后，当幼儿遇到讲述困难时，教师耐心倾听并给予必要补充，帮助幼儿理清思路并清晰表达①。

三、“我是班级小主人”

【活动目标】

1. 知道自己是班级的一员，要随时关心、爱护集体，为集体服务；
2. 学会整理物品的简单方法；
3. 体验为班级服务的乐趣和意义。

【活动准备】

请两位中班幼儿和教师表演情景剧《椅子倒了》；记号笔、纸。

【活动过程】

（一）观看情景表演

教师：今天班里两位小朋友为我们带来了一段精彩的故事表演，让我们一起来看看！

情景剧：小椅子倒了，第一个小朋友去报告老师，但第二个小朋友就视而不见。

教师：看了这个表演，里面讲了一件什么事？这件事情里你认为哪种行为是对的，哪种是错的，为什么？如果让你在这种情况下你会怎么做？（开始部分通过情景表演吸引幼儿注意力，勾起幼儿的兴趣，启发幼儿进行思考。）

（二）交流讨论，“我”是怎么为大家服务的

1. 教师：如果你遇到这种事情的时候应该怎么做？会不会像第二个小朋友一样视而不见呢，还是会像第一个同学学习，报告老师或自己把它扶起来。

2. 幼儿交流讨论，分享自己的做法。

教师小结：我们作为班级的小主人不能自私自利，只顾自己。在班集体的生活中要做个时时注意身边事的小朋友。

环节评析：中班幼儿的社会发展水平应该能做到具有初步的归属感，喜欢自己所在的班级，积极参加集体活动。教师应该在一日生活中给幼儿树立“主人翁”意识，培养集体荣誉感。

---

① 余珍有．幼儿园语言领域教育精要：关键经验与活动指导[M]．北京：教育科学出版社，2015：103.

(三) 结合生活经验进行绘画表征并说说自己能为班级服务的故事

1. 讲述自己可以为班级服务的故事。

2. 自主绘画表征“我是班级小主人”。

3. 分享自己的故事。(鼓励幼儿大胆分享,可以结合表征分享。)

教师小结:我们是班级的一员,要关心、爱护集体,乐意为班级服务。

环节评析:幼儿园和班级里的重大事情和计划,可以请幼儿集体讨论决定,萌发幼儿的集体荣誉感。

(四) 挑战“我是班级小主人”

教师:你们爱我们的班集体吗?你们现在想为我们班级做些什么呢?去试一试。

环节评析:要亲切地对待幼儿,关心幼儿。尊重每一位幼儿,为班集体做的每一件事都值得赞赏。

【延伸活动】

家园共育:家长可以利用和孩子谈话的机会,一起讨论作为家庭小主人可以怎么做。

下面是在活动实施中捕捉到的片段:

片段

教师:“这里有一张倒了的小椅子,如果你在班级里看到一张倒在地上的小椅子,你会怎么做呢?”

幼儿A:“我会把它扶起来。”(幼儿辅助扶起椅子的动作表现)

教师:“很棒,B,你也会把它扶起来吗?”

幼儿B:“我也会立刻把它扶起来。”

教师:“你也很棒,可是我之前看到有幼儿看到地上倒下的小椅子,他好像没有看见一样,他的行为对吗?”

幼儿齐声:“不对。”

教师:“为什么不对?”

幼儿C:“椅子倒了,椅子……”(支支吾吾,没有表述完整的语句。)

教师补充:“椅子倒了容易绊倒别人对不对?”

幼儿C(点头):“容易摔跤……”

教师:“作为班级的小主人,看到班里的椅子倒在地上了,我们该怎么样?”

幼儿齐声:“扶起来。”

教师:"除了倒在地下的椅子我们可以扶起来,还有哪些事情是我们作为班级小主人可以做的呢?"

幼儿D:"不可以把玩具摔在地下。"

教师:"说得真好,给他鼓掌。"

幼儿E:"桌子倒了,我们也可以扶起来。桌子脏了可以把它擦干净。"

教师:"她也是班级的小主人,给她鼓掌。"

事件解释:

中班幼儿在教师引导下,围绕"看到倒下的小椅子你会怎么做"进行了谈话活动。幼儿A根据日常生活中的已有经验对教师描述的椅子的秩序状态进行判断,具有一定的规范意识,能够清楚表达自己的观点并且做出实际扶起小椅子的调整性行为。幼儿B通过对同伴行为的模仿来遵守规则,愿意主动理解规则,并初步感知规则的重要性。幼儿C使用词组和短语罗列现象,讲述体现出不完整性,在成人帮助下能够表达出自己的观点。幼儿D、E能够了解集体生活中的基本规范,明确不可做行为,并自发做出对班集体有益的行为。整个谈话活动中,教师评价合理恰当,满足幼儿被鼓励、被肯定的需要。

支持性策略:

幼儿期是儿童规则意识萌芽和规则行为初步形成的重要时期①。幼儿的思维水平决定他们更易理解具体形象的事物,鲜明生动的个体对他们有巨大的感染力。此片段中教师通过提出反例,引导幼儿建立规则意识。此外,通过榜样示范也可以在潜移默化中强化儿童的规则意识。首先,教师应当是榜样,把握日常生活中的教育契机,提供具体的行为标准。其次,教育者可引导幼儿向身边的同龄人看齐,使得规范行为更易理解,便于模仿。最后,可通过让幼儿听故事、看影视作品等感受榜样人物的所作所为,帮助幼儿提高规则意识,养成规则行为②。

在具体的教育实践中,如果仅将规则视为对儿童的外在要求,规则无疑成为一种限制③。规则应当是幼儿的主体品质,需要儿童自动建构。鼓励是教师通过认可幼儿的努力和成绩来帮助幼儿自发建构有益行为的有效方法④。教育者

---

① 龚燕,刘娟.幼儿规则意识与行为的培养[J].学前教育研究,2009(1):69-71.

② 李群.依据幼儿接受社会规范的规律有效进行德育[J].学前教育研究,2000(1):17-19.

③ 郑三元.规则的意义与儿童规则教育新思维[J].湖南师范大学教育科学学报,2006(5):45-47.

④ 刘晶波,等.幼儿园社会领域教育精要:关键经验与活动指导[M].北京:教育科学出版社,2021:177.

可以将规则培养的形式从限制转化为指引，由简单的限制性词语转变为积极的期望、鼓舞和指引，鼓励幼儿描述他们的努力、想法和成果，支持幼儿规则的主动建构，建立真实的师幼关系。例如，教师运用"你能……你会……"或者"如果你能……我们都会为你点赞"等鼓励性语句，使幼儿在满怀自信中遵守规则，并主动理解规则的必要性。

四、"认识病毒"

【活动目标】

1. 运用各种感官，发现身边的常见病毒；
2. 初步了解病毒，学会常见的保护自己的方法；
3. 乐意用语言表述自己的发现，体验发现的乐趣。

【活动准备】

细菌标本；口罩；洗手液、消毒洗手液等。

【活动过程】

（一）图片导入病毒话题

教师：你们认识这些病毒吗？是什么病毒？

环节评析：用图片的方式，直接导入，孩子的注意力转移到了图片上，同时孩子根据自己现有的经验来猜测，将实际生活和活动相结合。

（二）认识新型冠状病毒

教师：你们知道新型冠状病毒长什么样子吗？为什么叫这个名字？（利用孩子们刚接触过的新冠病毒认识病毒）

教师小结：原来是因为这种病毒它长得像皇冠，而且是新发现的病毒，于是叫作新型冠状病毒。

环节评析：要在幼儿生活经验的基础上，帮助幼儿了解自然、环境与人类生活的关系。通过教师的提问、讲解，让孩子们了解到最近常见的一种病毒，同时教师引导孩子们积极观察病毒，锻炼了孩子仔细观察和探索的能力。

（三）认识身边的病毒

（分组用图片、视频等多种途径让幼儿直观地知道身边病毒的相关知识，其间引导幼儿交流、讨论。）

教师：在日常生活中你还知道哪些病毒？这些病毒会给我们带来哪些危

害？是怎么传播的？

教师小结：生活中我们经常接触到的病毒有流感病毒、麻疹病毒、水痘病毒、疱疹病毒等。病毒传播的途径比较广，会在人与人之间快速传播，主要通过飞沫传播（比如：流感病毒、新冠病毒），直接接触传播（比如：水痘病毒、疱疹病毒），血液传播（比如：乙肝病毒、艾滋病病毒等）。

（四）科学保护自己

教师：我们平时应该怎么做才能打败病毒？用绘画的形式把自己知道的保护自己的方法画下来。

1. 勤洗手（再次复习七步洗手法如何正确洗手）
2. 正确佩戴口罩（提醒幼儿如何处理已使用的口罩）
3. 多喝水
4. 勤通风
5. 多锻炼

环节评析：教师要帮助幼儿不断积累经验，并运用于新的学习活动，形成受益终身的学习态度和能力。

【延伸活动】

1. 家园共育：回家后可以跟爸爸妈妈分享一下认识到的病毒。
2. 游戏活动：教师可以将细菌标本投放到科学区，幼儿可以使用显微镜观察探索细菌。

下面是在活动实施中捕捉到的两个片段：

片段一

教师以新冠病毒为导入，通过图片、视频等方式呈现多种病毒对身体产生的影响。

幼儿们分组后看图片并交流。

幼儿A："这个病毒会让我们发烧。"

幼儿B："如果感染了这个病毒，我们身上会长很多很多小痘痘。"

幼儿C："这个病毒会吐。"（教师补充：如果感染了这个病毒，我们会呕吐。）

幼儿们分享交流自己所看到的、认识的病毒（诺如、流感、水痘）。

事件解释：

在幼儿早期，幼儿只能掌握一些情境性很强的语言，随着认知与思维的进一步发展，幼儿掌握的词汇量不断增加，词类范围不断扩大。他们开始掌握一些抽象的词、连贯性语言和语法结构[①]。教师带领幼儿进行“认识病毒”的谈话过程中，幼儿C能听懂教师提出的问题并做出回应，但其词汇量较少，没有正确掌握语法结构，口头表达能力有所欠缺。该幼儿仅能使用孤立词组进行罗列，其表达的完整性和关联性还有待提高。

支持性策略：

幼儿的语言发展与认知发展是相互促进、互为基础的[②]。讲述活动帮助幼儿懂得积极地感知、理解说的内容，然后运用概念、想法、判断、推理等多种思维形式进行语言和语言之外的认知加工[③]。但实际的教育实践中，多数幼儿存在不敢说的现象。因此，教师需要帮助幼儿消除畏惧心理，培养说话习惯，如鼓励幼儿开学之初进行自我介绍，缩短与教师和同伴之间的距离[④]。

对于幼儿C，教师可采用多种形式，提高幼儿表达的完整性和关联性，如在阅读绘本课上引导幼儿讲述，帮助幼儿扩大词汇量并了解简单的语法结构，组织幼儿进行复述、发问、答题等活动；在日常谈话中进行随机教育，鼓励幼儿自由讲述，可采用分组讲述、个别讲述、想象讲述等方法，给幼儿充足机会去实践运用已有的讲述经验。

片段二

教师：“我们已经认识了这么多病毒，也知道了病毒对我们身体造成的危害，那我们该怎么保护自己不被这些病毒传染呢？”

幼儿D：“出门要戴好口罩。”

幼儿E：“还要勤洗手，这样病毒才能跑掉。”

教师：“那你知道怎样才是正确的洗手方法吗？”

幼儿F（上台展示）：“要把肥皂在手心手背都搓搓，并且要交叉搓搓。”

幼儿G的衣服不整洁，整个谈话过程中出现错误的坐姿，会用脏手揉眼睛、抠鼻子。

展示图片，师幼一起认识“七步洗手法”。

全班幼儿跟着教师的解说，伸出双手认真模仿“七步洗手法”。

---

① 朱智贤.儿童心理学[M].北京：人民教育出版社，1993：207.

② 余珍有.幼儿园语言领域教育精要：关键经验与活动指导[M].北京：教育科学出版社，2015：3.

③ 同②99.

④ 高思秀.如何培养提高儿童的说话能力[J].当代教育科学，1999(Z2)：118-119.

教师："看来我们要保护好自己，就要勤洗手、戴口罩、多锻炼、多喝水，这样才能让病毒离我们远远的。"

事件解释：

幼儿 D、E、F 有初步的卫生意识，在教师提问后，能够迅速联系生活经验，明确良好的活动卫生习惯，并体现出基本的公共卫生习惯，有正确的坐姿，不会出现吸吮手指等不良行为。幼儿 G 不注重个人卫生，不能保持自身整洁，无法保持一整天手脸、衣服干净，出现不讲究个人卫生的不良行为。

支持性策略：

幼儿良好卫生习惯的养成受幼儿自身动作、认知、情绪等水平影响[①]。情绪对幼儿心理和行为的影响十分重要，当幼儿做出良好的卫生习惯时，教师可进行鼓励和赞扬，促使良好行为的再次发生。如教师看到幼儿 F 上台示范良好的洗手方法后，应表扬幼儿示范动作标准；在生活中看到某些幼儿认真洗手，应当赞赏这些幼儿洗得又干净又快，并可以以小组为单位进行比赛；还可以设立"小小检查员"，让他们检查小朋友们的洗手情况等。经过多次的说理教育和有意识的检查，帮助幼儿养成良好的个人卫生习惯。

一般来说，幼儿卫生习惯和能力教育是以集体健康行为指导为主，但由于幼儿常存在个人特殊的不良习惯，因此必须注重集体健康行为指导和个别健康行为指导有机结合，在集体教育同时对幼儿进行有的放矢的个别教育[②]。如对幼儿 G 多关心，纠正其用脏手揉眼睛、抠鼻孔等不良行为，同时讲解不良卫生习惯对自身产生的消极影响。对于幼儿不太容易理解的卫生常识、不太容易掌握的卫生行为，则需要教师精心准备教学活动，用实际操作启发幼儿探索并理解其原因和意义。

第四节　大班的个性化活动

以大班"我现在很棒""游戏规则我知道""毕业歌"共三个活动为例，每个活

① 叶平枝，等. 幼儿园健康领域教育精要：关键经验与活动指导[M]. 北京：教育科学出版社，2021：172.

② 同①177.

动均先呈现活动设计，然后对活动实施后的典型片段实录、事件解释、支持性策略三个方面进行分析，以回应大班“不一样的幼儿园生活”课程的活动评价。

一、“我现在很棒”

【活动目标】

1. 阅读绘本，理解故事中主人公由衣“长大”和“还小”的意义；

2. 联系生活，用完整的语句同时表述“长大”或“还小”的理由；

3. 积极主动地表达自己的见解，知道在家人、同伴的陪伴下“长大”是幸福的。

【活动准备】

绘本《我现在很棒》选图；音乐；故事板等。

【活动过程】

（一）谈话导入，引出故事主人公由衣

教师：今天给大家介绍一个新朋友，看，她长得怎么样？是的，她的名字叫由衣。由衣最近心里一直有个疑问，你愿意帮助由衣妹妹解决这个烦恼吗？（鼓励幼儿大胆表达自己的想法，分享自己的解决办法。）

环节评析：以谈话的方式导入活动，可以提高孩子的兴趣，更容易集中他们的注意力。

（二）阅读绘本，理解故事中“长大”和“还小”的意义

1. 讲述故事开头，初步了解“长大”和“还小”的含义。

教师：由衣到底是“长大”还是“还小”呢？爸爸和妈妈的说法为什么不一样？

教师小结：爸爸比较壮实，力气比较大，感觉不出来由衣的变化，所以爸爸会说：“你还小”。妈妈力气比较小，一下子就感觉出由衣变重了，所以妈妈会说：“你长大了”。（引导幼儿了解“长大”和“还小”的含义）

2. 自主阅读绘本，进一步分析理解“长大”和“还小”的原因。

教师：谁愿意来说一说你刚才看到了什么？这个时候的由衣是“长大”还是“还小”？为什么？

教师小结：是的，当由衣能够完成自己力所能及的事情，并且还会帮助他人的时候，由衣是“长大”了。但是当她感到害怕，需要大人帮助的时候，别人眼里的由衣却是“她还小”！但不管由衣是“长大了”还是“她还小”，她都很棒！（引导幼儿通过观察图片感受到由衣“长大”和“还小”对比。进一步理解“长大”和“还小”的原因。）

环节评析：通过“观察图片—思考‘长大’和‘还小’—讲述绘本图片—游戏对话形式—体验成长快乐”等层层深入。活动中，将“主动权”交给幼儿，每一个环节都与前一个环节有所联系，又在前一个环节的基础上有所提升。

（三）结合生活，用完整的语句同时表述“长大”或“还小”的理由

1. 讲述关于自己的故事。

教师：在你身上有哪些关于长大了和你还小的故事呢？谁愿意来说一说？（引导幼儿分享自己的故事来表述“长大”和“还小”）

2. 用完整的语句同时表述“长大”或“还小”。

教师：请和你的好朋友一起，说说“长大”和“还小”，为什么？然后把你讲的故事画下来。

3. 分享自己的表征内容。

教师小结：原来“长大”可以是身体上的变化，可以是本领越来越多，还可以是会合作、会分享！而“还小”是在你学会了这么多本领，已经长大之后，在家人眼里我们还只是他们的小宝贝，就像书里的由衣一样，她的爸爸妈妈会一直关心爱护她，陪伴着她慢慢长大。所以无论什么时候，现在的你，很棒！将来的你还会更棒！（利用表征将幼儿的故事记录下来，加深对“长大”和“还小”的理解。）

环节评析：教师要关注幼儿在活动中的表现和反应，敏感地察觉他们的需要，及时以适当的方式应答，形成合作探究的互动。只有师幼双方形成良好的互动，才能帮助幼儿理解作品。

（四）结束活动

教师：让我们带着口袋书，还有故事板，一起回到教室，跟更多的人分享我们的故事吧！（引导幼儿交流探索更多关于“长大”和“还小”的故事）

环节评析：幼儿在运用语言进行交流的同时，也在发展着人际交往能力、理解他人和判断交往情境的能力、组织自己思想的能力。

【延伸活动】

1. 区域活动：在语言区继续画画，讲讲自己长大或还小的故事。

2. 日常生活：利用日常生活的的各种物品和好朋友玩玩长大了或还小的挑

战赛游戏。

下面是在活动实施中捕捉到的两个片段：

片段一

教师通过多媒体展示关于由衣的绘本故事。

教师："今天给大家介绍一位新朋友，看！她长得怎么样？"

幼儿们："很矮。"

教师："嗯，她很矮，说明她很小，她的名字叫由衣。我们来看一看由衣发生了什么，瞧，由衣手里拿的是什么？"

幼儿们："帽子。"

教师："这是什么时候的帽子呀？由衣还戴得上吗？"

幼儿们："她小时候的帽子，戴不上了。"

教师："这说明由衣已经长大了。由衣特别喜欢妈妈这件裙子，因为这件裙子有妈妈身上的味道，可是由衣穿起来怎么样？"

幼儿们："太大了。"

教师："没错，穿在由衣身上太大了，为什么会大呢？"

幼儿 A："因为这件衣服是大人那么大才穿的，由衣还很小，所以穿不上去。"

教师："由衣最喜欢和妈妈一起玩了，每次妈妈把由衣背在身上的时候，妈妈都会说一句话，你们猜猜会说什么呢？"

幼儿 B："你自己去玩吧，妈妈还有事。"

幼儿 C："我觉得妈妈会说你已经长大了，你变得很重，我背不动你了。"

教师说："是的，在妈妈看来由衣已经长大了，已经背不动她了。我们继续看，这位是谁？"

幼儿们："爸爸。"

教师："爸爸把由衣抱了起来，你们想想爸爸会说什么呢？"

幼儿 A："我觉得他是在由衣难过的时候安慰她。"

幼儿 B："我觉得爸爸会说你太重了，我抱不动你了。"

幼儿 C："爸爸会说你自己去玩吧，我要工作了，不能陪你太久。"

教师："大家说的都有可能，但是在这里原来爸爸是对由衣说，你怎么还是那么的小呀！"

事件解释：

教师通过多媒体向大班幼儿呈现关于由衣的绘本的图片，带领大班幼儿仔细观察绘本中所呈现的画面，并引导幼儿对画面想要表达的含义进行推测，带领幼儿一步步读完并读懂绘本，最终使大班幼儿能够明白绘本中想要传达的道理。

在此过程中，由于大班幼儿自身阅读能力的限制，有时会出现对绘本所呈现画面解读不准确的情况，这时教师会对幼儿进行引导，使其正确理解绘本中每一页的内涵，最终实现对整本绘本的准确理解。

支持性策略：

早期阅读为幼儿创设的是书面语言的学习情境，要求幼儿围绕书面材料（包括符号标记、图画、文字等视觉材料）开展活动，是一种有计划、有目的地培养幼儿学习书面语言的教育活动。教师在此过程中应该引导幼儿随心所欲地看想看的书，编想编的故事，帮助幼儿建立初步的读和写的信心；教师还应该教会幼儿如何正确地读和写，为幼儿进入小学后进行正式的读写打下基础；最后，教师还要注意帮助幼儿发展其早期读写的自我调适技巧，帮助幼儿在早期阅读中建立起自我纠正、自我调适的阅读技巧，获得较高水平的阅读能力①。

片段二

教师："刚刚我们已经把'长大'还是'还小'的故事画下来了，哪位小朋友想到讲台上分享一下自己的故事呢?"

幼儿 A："我画了小时候走楼梯会摔跤，但是现在长大了不会摔跤了。"

幼儿 B："我小时候要妈妈陪着我玩，现在可以自己玩了。"

教师："这两位小朋友都是分享的自己长大了的故事，有没有小朋友分享一下自己还小的故事?"

幼儿 C："我小时候，要妈妈喂我吃饭，但是现在可以自己吃饭了。"

幼儿 D："我碰到比自己大的姐姐或者哥哥，我会觉得自己还小；但是如果碰到比自己小的人我会觉得自己长大了。"

事件解释：

通过对由衣的绘本阅读，大班幼儿初步了解了"长大"和"还小"的含义，教师让大班幼儿分享自己画的关于自己"长大"和"还小"的故事。关于"长大"的故事更容易被大班幼儿注意到，所以大部分幼儿分享的都是关于自己"长大"的故事。在分享的后期教师特意强调请两位小朋友分享关于"还小"的故事，但是可能是没有听清或不理解老师的问题，第一个分享的小朋友仍然分享的是关于"长大"的故事，第二小朋友分享的是关于"还小"和"长大"的故事。

---

① 余珍有，等.幼儿园语言领域教育精要：关键经验与活动指导[M].北京：教育科学出版社，2021：144-145.

支持性策略：

谈话活动是一种有目的、有计划地组织幼儿学习的语言领域教育活动，旨在创造一个良好的语言环境，帮助幼儿学会倾听别人谈话，围绕一定话题进行谈话，习得与别人交流的方式、规则，培养与人交往的能力①。倾听、理解他人的谈话内容，是使幼儿能够在与他人交谈时不跑题、清晰表达自己观点的前提，教师通过有目的、有计划、有组织的谈话活动，可以帮助幼儿建立起几种倾听技能——有意识倾听、辨析性倾听、理解性倾听。首先是有意识倾听，引导幼儿主动积极、集中注意力耐心地倾听，从而感知、理解他人谈话的信息；其次是辨析性倾听，引导幼儿能够在倾听中分辨出不同的声音，包括说话人声音的特点、表现的情绪等等；最后是理解性倾听，引导幼儿在倾听时迅速掌握他人所说的内容，把握关键信息，理解谈话上下文的意思，从而了解谈话的中心内容，准确表达自己的见解②。

二、“游戏规则我知道”

【活动目标】

1. 知道生活、游戏中有许多规则需要大家一起来遵守；
2. 尝试小组合作，用简单的标记图设计规则，并按规则进行游戏；
3. 体验遵守规则带来的秩序感和安全感，乐意遵守规则。

【活动准备】

各种图标若干；图书若干；积木玩具；图画和彩笔。

【活动过程】

（一）创设情境，自主游戏

1. 区域游戏导入活动

教师：“孩子们，告诉大家一个好消息，经过一段时间准备，我们班级的区域游戏焕然一新，今天正式开放了，你们想去玩吗？看看有哪些区域？（通过创设自由宽松的区域游戏氛围，引导幼儿在自主活动、自主探究中发现游戏存在的问题，为下一环节幼儿合作制订游戏规则作好铺垫。）

2. 教师介绍各个游戏区域（建构区、美工区和阅读区）

---

① 周兢，程晓樵. 幼儿园语言教育活动设计与组织[M]. 北京：人民教育出版社，1996：41.

② 刘晶波，等. 幼儿园语言领域教育精要：关键经验与活动指导[M]. 北京：教育科学出版社，2021：76-80.

3. 自主游戏,发现问题

要求:音乐一响,自由选择区域游戏,音乐一停,就请赶快回到座位上。

提问:宝贝们!刚才你们在玩游戏中,你或者你的朋友有不好的行为或者影响到别人的行为吗?(幼儿自由回答)

教师:刚才老师观看你们游戏的时候,也发现一些问题,阅读区和美工区的玩得比较好,这边建构区的,有的宝贝鞋子乱放,争抢玩具,大声吵闹,不遵守游戏规则,这样的行为你们觉得好吗?

教师:今天老师带来三段视频,我们来看看存在什么问题。

环节评析:自主游戏中教师既要尊重幼儿游戏的自主性,即给孩子游戏的自由(选择内容的自由、选择材料的自由、确定主题的自由等等),但又不能放任不管,也是要有游戏规则。而游戏规则的来源又不能只是教师的强加,不要急于给予答案,而应让幼儿在游戏中体验结果,在尝试中不断生成规则。

(二) 观看视频,发现问题

1. 播放第一段视频。

教师:你们发现了什么问题?

2. 播放第二段视频。

教师:你们发现了什么问题?

3. 播放第三段视频。

教师:你们又发现了什么问题?(引导幼儿从旁观者的角度在视频中发现游戏中没有了规则会出现的问题)

教师小结:有些人不遵守规则,影响到其他人,只有遵守规则,才能更好地玩游戏和完成我们的任务,接下来老师给你们一个任务。

环节评析:为了使自主性游戏真正成为幼儿的自主活动,同时又起到服务于教育的作用,我们要处理好自主性游戏中自由和规则的关系。而录像回顾是让孩子自己来直观地发现问题,从而更能发现游戏规则的重要性,也能为游戏生成相关新的游戏规则。采用这种自由方法形成的规则,不仅让幼儿深刻体验到规则的重要性,增强遵守规则的意识,还有利于提高幼儿自主解决问题的能力。

(三) 合作制订规则,体验遵守规则玩游戏的乐趣

1. 分组制定规则

教师:看来我们得想想办法了,怎样才能玩得又开心又安全呢?怎样让所有的人一看就知道怎么玩呢？

（出示操作板）看看这些小图标能不能帮我们的忙。有哪些图标呢？（小朋友、圈儿和箭头等多种图标）

幼儿自由选择：阅读狂人小组、建筑师小组和小巧手组。

2. 教师引导幼儿制订规则

小组商量讨论后利用桌面上的图标制订规则，把图标贴在相应的记录表上。制订成规则记录板，制订完成后，把本组的规则介绍给其他组的朋友。（教师通过引导幼儿分组合作，运用简单的标记制订游戏规则，并在集体前分享交流，培养了幼儿乐意与人交往、合作探究、共同分享的个性品质。）

3. 游戏验证规则

（1）小组代表幼儿介绍本组的规则。

教师：哪组先制订好了，就可以把板子送到前面的架子上来。我们来看看大家都制订了哪些规则，谁来介绍一下！

（2）尝试根据自己组制订的规则玩游戏，验证规则是否合理。

教师：我们每组小朋友都制订出了不同的游戏规则，但都有共同的地方，如每个游戏区都要限定人数，游戏时声音要轻，游戏结束时要把材料放回原来的位置。那我们就按照大家制订的规则，一起试着玩一玩，检验一下你们制订的规则是否合理。

（3）根据规则再次游戏。

教师：都试过了吗？有规则地玩游戏是什么感受？有规则地玩才能玩得开心又安全。（幼儿尝试根据自己制订的规则再次游戏，加深了对规则的理解，并从游戏中体验到遵守规则带来的快乐情绪，幼儿很有成就感。）

环节评析：将枯燥的游戏规则变为生动有趣的图片，用规则图片时刻给幼儿温馨的提示。幼儿年龄小，不善于支配自己的行动，在区域游戏时，心里知道规则，但常常会忘掉规则。幼儿根据自己讨论出的各个游戏区要遵守的规则，用图片的形式将这些规则画出来。如语言区，画一个张开的嘴巴上打个叉，代表“不要大声讲话”。在一本书旁边画一只手，代表“一页一页翻看”，这些图片形象、生动、充满童趣，幼儿更容易理解与接受。将这些规则图片贴到相关区域，幼儿时刻都能看到，不仅给幼儿必要的提示，且显得温馨，让幼儿遵守规则变得自主，幼儿遵守规则的意识大大增强了。

（四）活动小结，为其他区域游戏制订规则

教师：刚才你们根据自己制订的规则玩游戏，游戏就会更有趣，更快乐，今天你们太棒了！把三个区的规则制订出来了，可是教室里还有很多区域的规则没有制订，你们回去以后把其他区域的规则制订出来好不好？我们小朋友不仅自己学会了遵守规则，还帮助其他小朋友学会一起遵守规则。

【延伸活动】

1. 区域游戏：为教室里其他游戏区域设计规则。

2. 家园共育：为生活中更多的活动设计规则，如电影院、公交车、商场等公共场所。

下面是在活动实施中捕捉到的两个片段：

片段一

教师向幼儿分享了一个好消息——前段时间一起动手重新规划的游戏区已经布置好了，包括美工区、语言区、建构区，并让幼儿自由选择区域进行玩耍。教师在此过程中四处走动，用手机记录不同游戏区的幼儿的状态，几分钟后集合，一起分析不同分区出现的小问题。首先教师播放第一段视频，视频显示语言区发生了抢书事件，在教师的引导下，幼儿提出了多种解决方案。教师继续播放第二段视频，引导幼儿发现语言区的拥挤问题。教师继续播放第三段视频，引导幼儿发现了以下问题：在美工区的地面上到处都是废纸，剪刀等工具也被随意丢在地面上。教师播放第四段视频，视频显示有一位小朋友用脚将别人搭建好的房子踢倒了，幼儿们都认识到了这种行为是不对的。然后在教师的进一步引导下，幼儿认识到了玩游戏要有规则地玩才能更愉快。

事件解释：

教师通过视频记录幼儿在不同游戏区的活动情形，然后将视频在课堂上通过多媒体呈现给幼儿们观看，让大家一起观察和分析在视频中出现的问题，并给出相应的解决策略。大班幼儿在教师的引导下，能够逐渐意识到游戏规则对于游戏活动的重要性，建立良好的规则意识。

支持性策略：

幼儿的模仿能力、观察能力非常强，接受能力也非常快。因此在幼儿阶段，教师应该有意识地强化幼儿的规则意识，让幼儿在规则的约束下感受适应规则的重要性，从而使幼儿养成良好的规则意识[①]。教师可以从以下几点培养幼儿的规则意识：一是在课程教学的知识讲解过程中，对规则意识进行简单的渗透，

① 唐红梅.论幼儿园教育对孩子规则适应和独立性的引导[J].亚太教育，2022(18)：183-185.

如对幼儿完成某项活动提出需要遵守的相应要求；二是通过角色扮演等情景化游戏的方式，让幼儿在不同的情境中感受规则的存在，并鼓励幼儿将学到的规则意识运用到实际生活中；三是通过榜样的示范力量，让幼儿主动模仿榜样的行为，了解对应的规则，养成良好的规则意识。

片段二

教师请幼儿用已经准备好的材料——规则板、卡片、勾线笔和彩笔等，帮相应的游戏区设计规则。在制订规则和设计规则板的时候需要幼儿之间互相帮助、互相协作、互相商量，确保每位幼儿都参与其中并且负责制订不同的规则，避免重复。

事件解释：

教师让大班幼儿以小组为单位的形式，合作完成对不同游戏区规则的制订，并对幼儿的合作过程提出了明确的要求，需要每一位幼儿都能参与其中。大班幼儿逐渐摆脱以自我为中心，能够与同伴进行讨论和交流，并且听取同伴的想法和建议，然后合理分工，合作完成同一件事情。

支持性策略：

合作行为是指幼儿在与同伴互动过程中，两个或两个以上幼儿与同伴相互配合和协调，试图实现共同目标的行为过程。大班幼儿合作意识逐渐增强，合作动机强烈，但是幼儿合作行为发展不明显，合作过程可能出现任务分工和协商不一致的情况[①]。这就要求教师能够通过具体情境，指导幼儿学习与同伴交往和合作的基本技能，激发幼儿与他人合作的兴趣。在幼儿与同伴之间发生冲突时，教师可以利用现场情境进行即时教育，引导幼儿换位思考，多从他人的角度理解对方的感受。在幼儿合作过程中，教师可以引导幼儿多使用商量、交换等亲社会合作策略，在游戏中帮助幼儿克服害怕、恐惧的心理，体会和同伴在一起完成目标之后的快乐[②]。

三、"毕业歌"

【活动目标】

1. 初步学唱歌曲，能唱准歌曲中旋律相同、歌词不同的乐句；

① 刘晶波，等. 幼儿园社会领域教育精要：关键经验与活动指导[M]. 北京：教育科学出版社，2021：94-95.

② 石巧一. 幼儿同伴交往和合作行为发展水平的关系[J]. 教育观察，2023(9)：23-26.

2. 尝试用两种简单的创造性模仿动作感受歌曲 A、B、A 的结构规律和 A、B 两段不同的演唱风格；

3. 体验毕业前与教师、同伴之间依依不舍的情感。

【活动准备】

幼儿对教师和同伴的临别赠言;《毕业歌》录音。

【活动过程】

（一）声音导入，引出主题

1. 聆听时钟滴答声。（引导幼儿感知时间的流逝，了解自己初入园时的模样和表现及现在的变化。）

教师：再过几天，小朋友就要离开幼儿园、老师，即将成为一年级的小学生。我们的老师从心底里舍不得大家离开，三年了，我们的老师看着小朋友一天天地长大，学会了画画和做游戏，学会了唱歌和舞蹈，变得健壮、聪明、勇敢、有礼貌，心里真有说不出的高兴。还记得你们在幼儿园的每时每刻吗？有哪些事情让你们忘不了呢？

教师：对啊，我们马上就要毕业了，在幼儿园的事情都会留给我们美好的回忆，接下来我们把上次学过的毕业诗来朗诵一下！

环节评析：需要引导幼儿接触优秀的文学作品，使之感受语言的丰富和优美，并通过多种活动帮助幼儿加深对作品的体验和理解。通过回忆毕业诗，在幼儿的互相交流中，感受到孩子们最真、最深的情感流露。

（二）倾听音乐，感受风格

1. 教师：今天，我们要把朗诵的毕业诗变成毕业歌唱出来，大家先一起来欣赏一下吧！

2. 师幼一起分段探索、讨论歌曲曲调的各部分怎样用创编出的不同的钟表运动方式来表现（两个 A 段轻快，一个 B 段悠长）。

教师：现在听老师唱两段音乐。你们试试看，歌曲前面配上刚才我们想出的哪种钟表运动的动作比较合适？中间呢？后面呢？

2. 幼儿跟随教师清唱的歌曲完整、连贯地做动作，感受歌曲结构规律和三段不同的演唱风格。（引导幼儿根据音乐的旋律有节奏地朗诵歌词）

教师：请你们跟随我唱的歌曲，一起做钟表运动的动作，想一想什么地方动作比较轻快，什么地方动作比较连贯。

环节评析：本环节采用了欣赏法和讨论法，首先，幼儿欣赏完整歌曲，引导幼儿说一说听到了什么。其次，播放音频，引导幼儿用肢体动作表达了离别之情。通过有效地追问和小结，让幼儿熟悉歌词内容。

(三) 初步熟悉《毕业歌》歌词

1. 教师组织简短谈话。

教师：在毕业之时，你打算对老师和你的好朋友说什么？把你想说的话告诉你的好朋友。

2. 教师播放音乐磁带，并在需要时做表演动作。

教师：听一听，歌里唱了什么？

3. 师幼一起回忆、理解歌词内容。（引导幼儿回忆幼儿园的点滴生活，理解歌词内容。）

教师：谁来说一说，歌里唱了些什么？

环节评析：教师应成为幼儿学习活动的支持者、合作者、引导者。本环节采用了迁移经验法和多种感官参与法，通过看、说、唱、玩等形式调动幼儿的积极性，进行师幼互动。

(四) 学唱歌曲

1. 教师询问幼儿是否在什么地方觉得歌词的顺序有些混淆。（如 B 段先唱幼儿园再唱教师，后一个 A 段却是先唱教师再唱幼儿园。）如果有幼儿说出了容易混淆之处，就询问幼儿怎样解决困难；如果没有幼儿发现容易相混之处，教师可以用更夸张的唱法强调容易相混之处，引起幼儿注意，让他们自己发现问题；如果一直没有幼儿发现，教师可以由退转进，自己提出问题，请幼儿帮忙解决。

教师：有的地方先唱"老师"，有的地方却是先唱"幼儿园"，怎么把两个地方记清楚，不唱混？

2. 教师鼓励全体幼儿尝试努力回忆出正确的歌词。（分小组，引导幼儿上台交流，注重过程性评价。）

教师：有的歌词比较容易混淆，你们有没有信心自己唱？

3. 教师组织幼儿简短交流不同的有效记忆方法。

教师：你有什么好的记忆歌词的方法？拿出来和大家分享一下吧！

4. 创编歌曲。

我们小朋友在幼儿园学习、游戏了三年，一定还有很多忘不了的事情，来说一说？我们把这些忘不了的事情也编到歌曲的第二段里去，忘不了……好吗？

环节评析：本环节采用情境创设法。首先，引导幼儿依据歌词内容创编动作。其次，创设毕业舞会情境，有利于幼儿沉浸在情境和肢体表达的快乐中，在创编动作参与歌曲表现的过程中提高幼儿的创新思维和音乐审美能力。

【延伸活动】

区域活动：可以根据歌词内容创编动作进行表演活动，也可以延伸到语言或美术活动中，为教师或同伴书写、绘制"毕业纪念卡"。

下面是在活动实施中捕捉到的两个片段：

片段一

教师："今天老师带来了一首好听的《毕业歌》，它一共有三段，让我们一起仔细听一听！"

教师使用多媒体，第一次播放歌曲。在教师的带领下，幼儿一边听着歌、一边跟着节奏晃动着自己的身体和小脑袋。教师在歌曲播放过程中，提醒幼儿音乐播放的段落。

教师："好听的《毕业歌》听完了，那小朋友们从刚刚听的音乐里面，你们觉得这三段歌里面哪几段听起来比较像？"

幼儿A（站起来思考很久）："我觉得第三段和第一段有一点像。"

幼儿B："我觉得三段都比较像。"

幼儿C："我觉得第一段和第二段比较像。"

教师："看来每个小朋友都有自己的想法是不是？那接下来我们再仔细地听一听，看看哪几段比较像。"

教师使用多媒体，第二次播放歌曲。教师在展示板上写出歌曲的图谱。

教师："好，小朋友们，我们从图谱上面看到哪几段是比较像的？"

幼儿齐声回答："一段和三段。"

教师："是的，我们发现第一段和第三段的节奏是一样的，而第二段的节奏是比较慢的。有没有小朋友来分享一下，听第一段时是什么感受？"

幼儿A："好开心。"

幼儿B："好欢快。"

教师："那第二段的时候我们听到的感觉是什么样的？"

幼儿C："很慢，很感人。"

教师："是的，我们发现第二段节奏比较慢，有一定的不舍的情感在里面，而第一段和第三段，就像小时钟一样滴答滴答，很欢快。”

事件解释：

教师在课堂上使用多媒体向大班幼儿播放《毕业歌》，引导大班幼儿发现不同段落之间的节奏、旋律和表达情感上的不同。在教师播放第一遍歌曲的时候，大部分幼儿不能够仅通过听歌曲就发现段落间节奏和旋律的相似或不同，哪怕有的大班幼儿指出了正确答案，但他也需要思考很久并且不是十分坚定。在播放第二遍歌曲之后，教师向大班幼儿呈现了一个图谱，幼儿结合图谱能够比较坚定并且准确地找到段落间节奏和旋律的相似和不同。分清不同段落的节奏之后，幼儿能够进一步根据节奏明晰不同段落想要表达的不同情感。

支持性策略：

幼儿园音乐教育是引导幼儿从事各项音乐实践活动，并使幼儿在从事音乐实践活动的过程中发展其音乐能力的一种教育。幼儿的音乐发展集中体现在节奏、旋律与辨别音乐性质三种能力上。为了培养幼儿的这三种音乐能力，教师应该做到以下几点：首先，人们对节奏的感觉离不开肌肉活动，离不开动作。当人们听音乐时，需要投入的不只是听觉还有运动觉，不仅用耳朵听，还要用肌肉去感受它。教师应该提供给幼儿大量随乐做身体动作的机会，鼓励幼儿在听歌的同时身体也随之做出相应的动作。其次，教师应该多为幼儿提供各种参与音乐活动的机会，并在活动中有意识地引导幼儿进行旋律探究，从而提高幼儿听辨旋律的能力和自觉性。最后，音乐的不同特征与总体性质是通过音乐中声音的高低、快慢、强弱等音乐形式元素综合性地表现出来的。因此教师应该鼓励幼儿经常随着不同性质的音乐从事类似的音乐实践活动，从而让幼儿借助身体动作辨别音乐的不同性质，促进其辨别音乐性质能力的发展①。

片段二

教师：“如果用身体来表现欢快的音乐的话，你们会用什么动作？”

幼儿A：“我会用手快速地绕个圆圈。”

幼儿B：“我会张开手‘飞’得快一点。”

教师：“那我们表示比较慢的音乐的时候，可以用什么动作？”

幼儿C：“我会比个小爱心。”

幼儿D：“我会像滑滑梯一样将手从高处慢慢地滑下来。”

---

① 王秀萍，等.幼儿园音乐领域教育精要：关键经验与活动指导[M].北京：教育科学出版社，2021：1-3.

教师:“那我们结合着图谱,用这些动作来试试好不好?”

教师使用多媒体播放音频,教师用手指对应图谱,教师和幼儿一边唱一边做动作。

教师:“在我们幼儿园里面有很多让我们忘不了的事情,是不是?除了歌曲里提到的,还有哪些是事儿让你忘不了?试着唱进歌曲中去吧!”

幼儿分组讨论,在原有歌曲节奏的基础上,创编歌词。

教师:“听说有的小朋友已经编好了,我们一起来听一听。”

幼儿A:“忘不了老师带我们去玩,忘不了老师带我们去写作业。”

幼儿B:“忘不了老师带我们举行游戏,忘不了老师带我们画画插秧。”

教师:“大家编的歌词都很棒,那待会呀,请小朋友们一起去表演机将这首好听的歌唱一唱,表演出来好吗?”

幼儿们齐声:“好。”

事件解释:

了解了《毕业歌》的节奏、旋律和表达的情感后,在教师的一遍遍将歌曲结合图谱和合拍动作中,大班幼儿不仅能够自己唱出这首歌,还能够一边唱歌一边做相应的动作。在充分熟悉了歌曲之后,教师引导幼儿在原有歌曲旋律的基础上,重新对歌词进行创编,大班幼儿目前只能够做到对原有的句式进行简单词语的替换,幼儿创编结束后,能够结合旋律唱出自己的作品。

支持性策略:

歌词创编活动就是让幼儿换掉旧歌词,用新歌词把歌曲唱出来的一个过程。当换上新歌词歌唱时,幼儿需要能保持歌曲的速度、力度等原有情绪表现力,还需要能保持歌曲的旋律轮廓线。任何思维的成熟都需要一个时间量,任何创造都是有中生有。当幼儿熟练掌握一首歌曲的歌唱后,幼儿在记忆歌词与旋律方面就没有太大的负担,所有的注意力更多地集中在歌曲的速度、力度等情绪表达与音准上。鉴于此,创编歌词这种创造性活动,一方面需要给幼儿一个熟练掌握原有歌词与旋律的时间量;另一方面,基于对原有歌词与旋律的熟练掌握才能生发出创编新歌词的灵感。所以在幼儿园的歌唱教学活动中,幼儿创编歌词活动应该放在其熟练歌唱之后[①]。教师在让幼儿进行自我歌词创编前,可以提出相关的问题引发幼儿的思考,从而将思考的结果使用到歌词中。

---

① 王秀萍,等.幼儿园音乐领域教育精要:关键经验与活动指导[M].北京:教育科学出版社,2021:102-105.

第八章

“人与自我”生态课程：不能说的秘密

本章内容主要是针对“人与自我”主题中“不能说的秘密”这一具体问题的幼儿园班本化生态课程的个性化设计的基本思路，以及小班、中班和大班的个性化活动。

第一节　个性化整体设计的基本思路

主要包括“不能说的秘密”课程的知识结构、幼儿对此的学习轨迹、活动目标与幼儿发展重难点、幼儿发展的评估，以及活动的整体安排。

一、“不能说的秘密”课程的知识结构

“不能说的秘密”由“秘密”展开学习内容，包括帮助幼儿解决秘密“是什么”和“为什么”的疑问，以及通过“我有哪些秘密”“我该怎么做”两部分引导幼儿正确处理秘密，其相应的课程知识结构可参见图 8-1。

“我有哪些秘密”从幼儿的现实情况出发，重点发展健康、社会、语言领域。在解析秘密内容的过程中，了解大量“不能说”的秘密可以促进幼儿身心的发展，而同时也关注到，在外部条件发生特定变化的情况下，秘密是“可以说”的，这就需要在讲述秘密的同时讨论秘密可不可以说。

身体方面的知识与对秘密内容的认识直接相关。首先，幼儿需要了解自己的身体，认识各部位及其作用和重要性，学会身体管理。其次，要引导幼儿发现自己和他人在身体上的异同，激发隐私意识。继而，在分辨男女性之间的不同和

基于性别的隐私意识的基础上，可以初步建立性别认同，这一步也是连接认识身体与学习社会规范和性知识的重要中介。幼儿需要学会识别、分辨并正确选择男女厕所、男女浴室、男女更衣室等场所，获得相应社会规范经验，并接受有关身体认识与保护的性教育。尤其是，幼儿需懂得男女有别，不随意玩弄自己的生殖器，以免造成细菌感染；要学会保护自己的身体，不能让别人随便看、随便触摸，也不与陌生人随便谈论自己的隐私部位。"不允许别人触摸自己的隐私部位"[①]正是对幼儿最重要的，并且是最符合他们年龄特点的性教育内容[②]。

幼儿心理方面的发展是由"秘密不能说"而间接产生的。基于隐私意识，幼儿认识到并不是所有的事情都需要或能够坦诚地告诉所有人，这些"我不能说"的场景可以促进幼儿良好自我意识和自尊心、羞愧感等自我情绪的发展。同时，面对他人的"不能说"，幼儿需要识别和初步理解他人的情绪变化，体会他人的不愿，逐渐实现去自我中心，发展共情能力。继而扩展到更大的人群中，学会认识、尊重、接纳他人与自己在生活方式、习惯等方面的不同，逐渐学会尊重他人隐私。其间，幼儿也可能会面临"帮助他人保守秘密"的任务，从而发展道德意识和责任、忠诚等品质。

然而，秘密"不能说"的重要前提是幼儿保守的秘密本身不会对自己和他人产生危害或不触及某种规范要求。3～6 岁的幼儿还不具备分辨事物的好坏、对错和善恶的能力[③]，当危险来临时，若有心怀不轨的人哄骗、命令甚至威胁幼儿保守秘密，幼儿权衡局势的能力又较为薄弱，很可能产生不良后果。因此，需要提高幼儿的生命安全意识和法治观念。一方面，幼儿要认识到来自社会、学校乃至家庭的暴力与伤害，需对其进行提升自我保护能力的健康教育，帮助其远离危险人物与环境。另一方面，要逐步强化幼儿的规范与规则意识，促使其法治观念的萌发。

在讲述秘密和探讨秘密可不可以说的过程中，幼儿语言能力将得到很好发展。通过绘本学习秘密的相关内容时，可以培养幼儿独立构思与清楚、完整表述的意识、情感和能力，而围绕某个秘密（比如，我们有什么不一样）以及秘密可不可以说的讨论则可以促进幼儿独立思考、分析问题、表达观点。

---

① 中华人民共和国教育部. 3～6 岁儿童学习与发展指南[M]. 北京：首都师范大学出版社，2012：13.

② 叶平枝，等. 幼儿园健康领域教育精要：关键经验与活动指导[M]. 北京：教育科学出版社，2021：193.

③ 贾艳秋. 幼儿安全意识和自我保护能力的培养[J]. 学前教育研究，2022(11)：83-86.

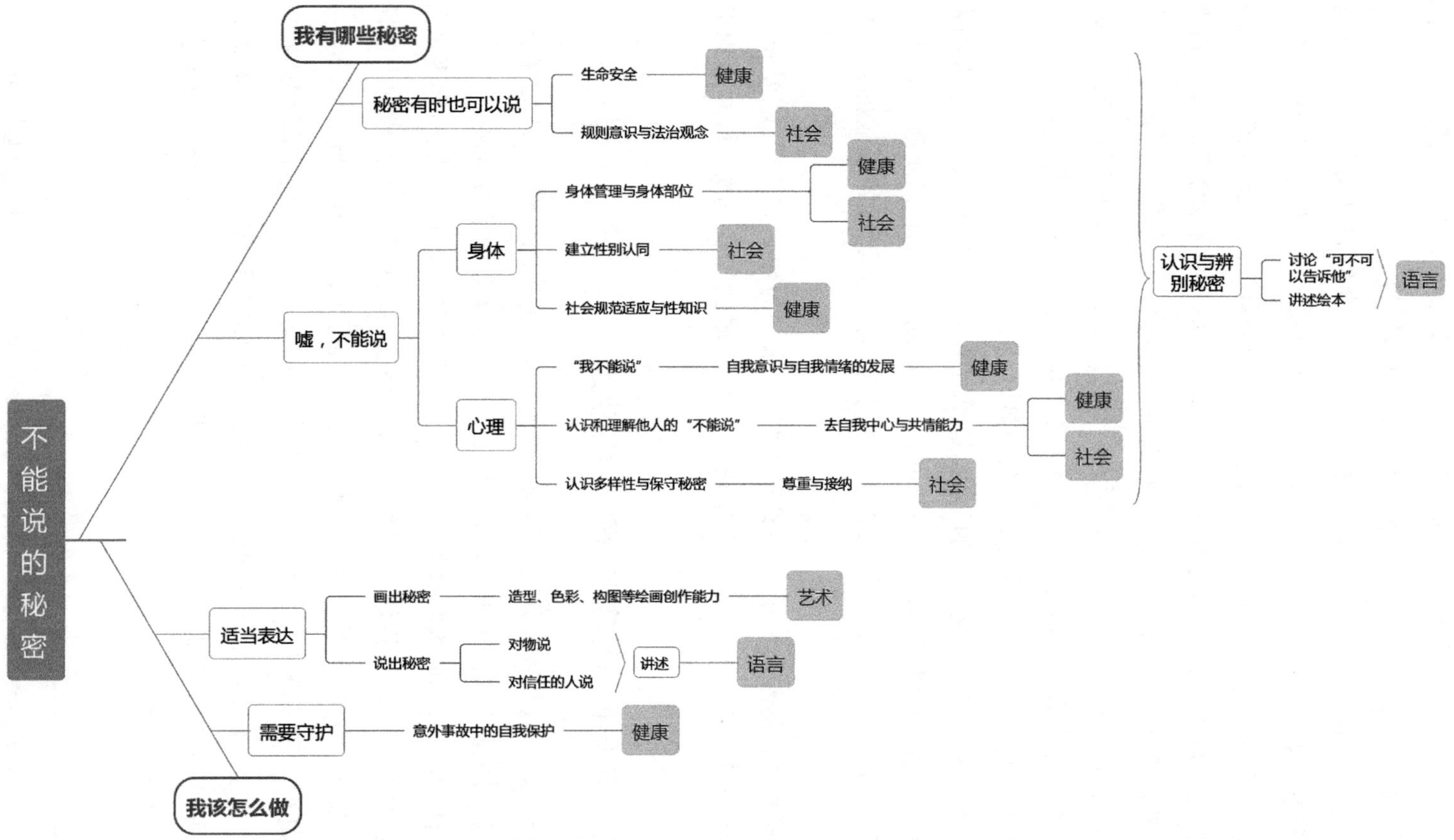

图 8-1 “不能说的秘密”课程的知识结构

基于上述对秘密的认识，能进一步展开“我该怎么做”的活动内容。既然秘密可以选择表达或保守，那么分别都有一定的处理办法。

当幼儿不愿意随意告诉他人秘密时，也需要教会他们以某种替代方法适当表达、舒缓情绪，以免让秘密对其造成困扰。画出秘密——把秘密当作一个故事画下来，是表达秘密的一种间接方式，强烈的色彩不仅能满足幼儿内心情绪的宣泄，而且也可以提高其创作能力。说出秘密——鉴于带有情绪的想象性占据着幼儿精神世界的主导地位，他们“万物有灵”的观点①会促使其将物体视为有生命的，于是可以将不愿意公开的秘密告诉自己的小玩具或家里的宠物。当然，也要引导幼儿将秘密说给信任的人，比如，关于自己身体上的变化可以和爸爸妈妈等信任的人说，有条理的讲述能力在此凸显。

一些秘密是需要严格守护的，尤其是面对陌生人。幼儿需知道个人和家庭的信息不能随意吐露，因为不法分子可能会利用幼儿防骗意识淡薄的漏洞，实施非法活动，所以幼儿需要掌握防走丢、防拐骗、防伤害等意外事故的自我保护知识。

“不能说的秘密”这一课程围绕秘密“是什么”“为什么”“怎么做”展开，以语言活动为统领，着力发展幼儿在健康和社会领域的知识与能力，并辅以艺术学习。

二、“不能说的秘密”课程的学习轨迹

基于课程知识结构，分别从健康、社会、语言、艺术四个领域，针对课程在各领域所涉及的具体知识维度，通过梳理已有研究成果建构学习轨迹。

需注意的是，不同内容维度在同一水平上的发展可能相互独立，水平划分的数量也因内容维度不同而异，故学习轨迹表格在使用时无须进行横向上的跨维度水平比较。譬如，在下面建构健康领域中安全意识与自我保护能力的学习轨迹时，做了“自我保护”“性知识”两个内容维度的划分，两个维度的发展路径没有一一对应的关系，即，在“自我保护”上达到水平 2，并不意味着“性知识”就应当达到水平 2，所以在跨维度的横向上无须做对照，其他学习轨迹表格中出现类似的情况，亦是如此。

---

① 孔起英. 幼儿园美术领域教育精要：关键经验与活动指导[M]. 北京：教育科学出版社，2015：87.

（一）健康领域的学习轨迹

我们将从自我意识、安全意识与自我保护能力两个维度上建构健康领域的学习轨迹。

1. 自我意识的学习轨迹

该课程中的自我意识强调心理健康，故归于健康领域，实际上与“不一样的幼儿园生活”课程所涉及的内容基本相同，故可参见第七章表7-5的相关内容。

2. 安全意识与自我保护能力的学习轨迹

从生命安全、自我保护及性知识三个维度来解读幼儿的安全意识与自我保护能力，其中，生命安全的学习轨迹参见第七章表7-3的相关内容。

这里的自我保护强调的是防走丢、防拐骗、防伤害等安全技能的习得，学会自我保护对幼儿相应的意识和经验基础以及身体水平都有一定要求[①]。有研究通过结构式访谈，让幼儿对认知判断类问题（如“如果你一个人在外面玩，有个阿姨说要带你去吃好吃的东西，你会跟她去吗”）、原因解释类问题以及开放性问题（如“你和家人到很远的地方去玩，不小心和他们走散了，你会怎么办”）做出回答，故而将自我保护知识的发展总结为四个阶段[②③]（参见表8-1）。幼儿最初是缺乏自我保护意识的，不知道也无法判断是否处在危险情境、所面对的是否是危险人物，也不知道走失或受到侵害后的应对措施。“记忆”水平上的幼儿可以初步意识到不能和陌生人离开、不能单独外出，但幼儿不知道这么做的原因，仅仅只是记住长辈的告诫。这一阶段的幼儿处在危险情境时，应具备一种至两种的应对方案，例如幼儿知道在走失时能够向警察求助。随着幼儿进一步“理解”自我保护行为的某些原因，他们能够做到在公共场合不远离成人的视线单独活动，但是还无法做出本质的归因判定，他们在危险情境的处理上也会具有稍多的备选方案。随着幼儿开始认识到不能与陌生人离开、不能吃陌生人食物等的本质原因，他们也会掌握更多的应急措施，表现出更强烈的自我保护意识，达到“深化”水平。

性是人的一种生物本能，幼儿阶段是性发展的关键期[④]。根据相关研究，将

---

① 贾艳秋.幼儿安全意识和自我保护能力的培养[J].学前教育研究，2022(11)：83-86.

② 朱静.幼儿自我保护能力及其培养现状的调查研究以湖北省×市为例[D].黄石：湖北师范学院，2015：32-33.

③ 王晓芬，杨莹莹，曹鹏艳.南通市4～6岁流动儿童安全认知水平状况[J].中国学校卫生，2016(7)：983-986.

④ 宋丽博，傅路军.3～6岁幼儿性发展的年龄特点[J].黑龙江教育学院学报，2018(2)：74-76.

幼儿性知识的发展总结为三个阶段[①②]（参见表 8-1）。处在"身体探索"水平的幼儿对自己与他人的身体很感兴趣，喜欢和他人进行身体接触（如，坐在他人的腿上），他们还经常研究其身体以及性器官，甚至向其他孩子或成年人展示。发展到"性别与生殖"水平的幼儿能正确认识所有的身体部位及其功能。他们知道自己的性别并将一直是这一性别，关于"男孩做什么""女孩做什么"也开始有清晰的想法。一定的隐私感是这一水平幼儿的最大特点，他们不允许陌生人触摸自己，拒绝他人接触自己的私密部位（即使在某些合理要求的情况下，也是如此）。此阶段的幼儿对生殖很感兴趣，他们会问无止境的问题，比如"孩子是从哪里来的"。到了"性语言与安全"阶段，幼儿具有基本的性别保护意识，能区分和拒绝不恰当的身体接触，遭遇侵犯时会告诉大人。他们意识到说某些词语会激起人们的反应，这让他们觉得很兴奋、很有趣，所以会重复这些词语。

表 8-1　健康领域的学习轨迹之安全意识与自我保护能力

	自我保护	性知识
水平1	**无意识的** 不知道危险情境或对危险情境做出错误认知判定；不具备应对危险情境的能力	**身体探索** 对自己和他人的身体感到好奇，有时甚至会在他人面前暴露身体部位；喜欢与他人进行身体接触
水平2	**记忆的** 能够正确认知危险情境，但对危险情境进行无关归因或无法做出理由判定；掌握1～2种应对危险情境的正确行为	**性别与生殖** 认识所有的身体部位及其功能；建立性别的恒常性，对性别角色有初步的认识；不让陌生人触摸自己，拒绝他人接触自己的私密部位；对生殖感兴趣
水平3	**理解的** 能够对危险情境进行正确认知，但做出非本质归因判定；掌握一部分应对危险情境的正确行为	**性语言与安全** 具有基本的性别保护意识，能区分和拒绝不恰当的身体接触，遭遇侵犯时能告诉大人；具备一定的性语言，但有时不能恰当地使用
水平4	**深化的** 能够正确认知危险情境，做出本质归因判定；掌握丰富的应对危险情境的正确行为	

① 桂文玲，吴晓晶. 欧洲性教育标准述评[J]. 基础教育，2014(5)：105-111+104.

② 桂文玲. 我国实施正式性教育的必要性和改进之处——基于儿童青少年性心理发展的视角[J]. 中国性科学，2015(2)：102-106.

（二）社会（与健康）领域的学习轨迹

以下从社会规则认知、身体意识与身体管理、共情能力三个维度上建构社会（与健康）领域的学习轨迹，其中，身体意识与身体管理、共情能力属于社会和健康的跨领域内容。

1. 社会规则认知的学习轨迹

参见第七章表 7-6 的相关内容。

2. 身体意识与身体管理的学习轨迹

参见第六章表 6-6 的相关内容。

3. 共情能力的学习轨迹

共情是一种积极的情感反应，是幼儿亲社会行为产生的重要内在动机[①]。从单纯的情绪感染到充分理解他人的处境，从以自我为中心的反应到做出指向他人的亲社会行为，幼儿共情能力的发展具有不同的层次[②]。总结相关研究，将幼儿共情水平的心理发展轨迹分为三个阶段[③]（参见表 8-2）。

处于初步水平的幼儿，其自我中心性逐渐减弱，开始觉察与辨识父母亲人、同伴等身边常接触的人的情绪，开始知道他人的情况与自己的情况有所不同，理解周遭常接触的人及其情绪产生的原因，能够站在他人的立场上体会其情感[④]，比如，知道同伴哭了是由于伤心。此外，处于这一阶段的幼儿也能通过适当的方式表达生活环境中他人的情绪，比如，能够说出妈妈今天是不开心的。

表 8-2　社会（与健康）领域的学习轨迹之共情能力

	共情能力
水平 1	**初步的** 开始觉察与辨识、理解常接触的人的情绪及其产生原因，区分他人与自己不同的情况，站在他人的立场上体会并表达他人的情感
水平 2	**复杂的** 能够察觉和辨识他人的情绪及其产生原因，包括故事和文本中主角的情绪，能根据先前的知识和经验初步推理他人的心理状态，理解更加复杂的共情感受，能以表情和肢体动作表达家人、朋友或动物的情绪

① 成苗苗，王艳芝. 近二十年来国内外幼儿共情研究述评[J]. 宁波教育学院学报，2021(1)：29-35.

② 黄翯青，苏彦捷. 共情的毕生发展：一个双过程的视角[J]. 心理发展与教育，2012(4)：434-441.

③ 刘晶波，等. 幼儿园社会领域教育精要：关键经验与活动指导[M]. 北京：教育科学出版社，2021：152.

④ 麦璟瑶，高健，段雯. 3～6 岁儿童共情能力与母亲共情能力关系的探讨[C]//国际中华应用心理学研究会. 国际中华应用心理学研究会第五届学术年会论文集. [出版者不详]，2007：6.

续表

	共情能力
水平 3	**系统的** 能从事件脉络中辨识、理解、推测他人的情绪及其产生原因，能适时地用语言或非语言的形式表达生活环境中他人的情绪

处于复杂水平的幼儿，其所能够共情的对象范围进一步扩大，他们一般是根据自己的已有知识经验来察觉和辨识生活环境中不同的人或故事中人物的情绪和心理状态，及其产生原因。幼儿此时能理解更加复杂的共情感受，甚至能对表象和现实不一致的情境产生共情①，理解情绪会因情境线索变化而变化②。相比上一水平，幼儿能进一步通过除语言之外的表情和肢体动作等表达家人、朋友或动物的情绪。

处于系统水平的幼儿可以不再需要依据外显行为就能判断他人的情绪，具有从事件脉络中辨识他人情绪的能力。一方面，他们可以根据发生了什么而推测他人可能产生的情绪；另一方面，他们的情绪推理更为客观化，减少了对个体经验的参照与依赖。

（三）语言领域的学习轨迹

从谈话、讲述两个维度上建构语言领域的学习轨迹，参见第六章表 6-7 与表 6-8 的相关内容。

（四）艺术领域的学习轨迹

参见第六章表 6-10 的相关内容。

三、“不能说的秘密”课程的活动目标与发展重难点

以课程知识结构为基础，以幼儿在各领域上的发展路径为依据，结合《指南》的相关要求，从健康、社会、语言、艺术四个领域分别确定小班、中班、大班的活动目标与发展重难点。

---

① 黄翯青，苏彦捷. 共情的毕生发展：一个双过程的视角[J]. 心理发展与教育，2012(4)：434-441.

② EIVERS A R, BRENDGEN M, et al. Associations between young children's emotion attributions and prediction of outcome in differing social situations[J]. British Journal of Developmental Psychology, 2010(2): 499-504.

（一）活动目标

如表8-3所示，四大领域覆盖了幼儿的学前教育全过程，而小班、中班、大班在同一领域上的活动目标又呈现出逐级提高的特征，以实现发展的连贯性与一致性。

表8-3　“不能说的秘密”课程的领域目标与阶段目标的双向细目表

	小班	中班	大班
健康	1. 知道并能处理常出现的负面情绪； 2. 知道并能对含有危险情境的秘密进行描述； 3. 具备一定的平衡能力和耐力，动作协调、灵敏，运动时会躲避他人； 4. 知道与陌生人保持距离，不吃他们给的东西，不跟他们走； 5. 能够记得自己的名字、家庭住址和家长的电话和名字，知道走失或遇到危险时需要呼救或者找警察； 6. 认识所有的身体部位及其功能，拒绝他人接触自己的私密部位； 7. 在提醒下，能够初步建立卫生健康习惯	1. 能够辨认复杂情绪并能通过等待、改变想法或与亲近的人分享秘密等策略调节自己的情绪； 2. 能准确说出含有危险情境的秘密并判别其中的危险行为； 3. 喜欢参加体育活动，运动时会主动躲避危险； 4. 在公共场所能够不远离父母玩耍； 5. 知道简单的求助方式； 6. 能认识常见的安全标志，遵守基本的安全规则； 7. 具有基本的性别保护意识，能区分和拒绝不恰当的身体接触，遭遇侵犯时能告诉大人； 8. 能够基本养成卫生习惯，方法基本正确	1. 知道引起自己某种情绪的原因，运用多种策略调节并恰当表达自己的情绪，且能感知和理解他人的情感； 2. 能正确认知含有危险情境的秘密，并做出本质归因判定，了解并正确采取避免伤害或减少伤害的具体措施； 3. 主动参加体育活动，运动时能够主动避免危险，同时也能不给别人造成危险； 4. 不会主动给陌生人开门； 5. 知道地震、火灾、煤气中毒等灾害的逃生和自我保护方法； 6. 能自觉遵守交通规则和安全规则； 7. 主动遵守良好的卫生健康习惯，且方法正确
社会	1. 了解自己身体的基本外部特征，能表达自己身体的基本需要； 2. 能判断自己的性别，了解男孩和女孩不同的秘密，从性别和外形等特征上初步比较自己与他人； 3. 认识幼儿园中的同伴和教师，初步了解自己与他们的关系； 4. 觉察与辨识、理解常接触的人的情绪及其产生原因	1. 知道自己的身高、体重与外貌特征，能够认识所有的身体部位及其功能，发现身体的秘密，采用适当的方式表达自己的生理或心理需要； 2. 建立性别的恒常性，对性别角色有初步的认识，建立性别隐私意识； 3. 知道自己和同伴有不同； 4. 辨认自己常出现的情绪及出现的原因，运用动作、表情、语言表达自己的情绪，运用等待或改变想法的策略调节自己的情绪； 5. 能够察觉和辨识他人的情绪及其产生原因	1. 了解自己身体与外貌变化的原因，表达自己的身体状况及其发生的原因； 2. 知道大班和中小班的不同，认识到自己是幼儿园里的哥哥姐姐； 3. 辨认自己常出现的复杂情绪，知道自己在同一事件中产生多种情绪的原因，掌握多种表达和调节情绪的策略； 4. 能从事件脉络中辨识、理解、推测他人的情绪及其产生原因，能适时地表达生活环境中他人的情绪，尊重他人的秘密

续表

	小班	中班	大班
语言	1. 愿意认真倾听他人的观点和故事，单次简单回应他人的观点； 2. 能表达心中存在秘密时的感受和想法，必要时能配以手势动作； 3. 愿意在物和信任的人面前说出自己的秘密； 4. 能口齿清楚地复述简短的绘本故事	1. 能在耐心倾听且大致理解他人的陈述后再发表自己的见解，并能结合情境感受到不同语气、语调所表达的不同意思； 2. 能围绕哪些秘密可以说和他人进行辩论； 3. 能清晰且较完整地讲述自己遇到的事及秘密，能够在讲述中抓住主要关系与内容； 4. 能大致讲出所听绘本故事的主要内容	1. 能依据所处情境使用恰当的语言积极主动地回应别人，能主动提出疑惑； 2. 清楚表述秘密能说和不能说的观点； 3. 了解并愿意遵守辩论规则； 4. 能根据事情的前因后果，清楚连贯地进行结构完整的秘密讲述； 5. 能说出自己对听过的故事的看法
艺术	能够进行涂鸦，并将所画的简单线条或实物与自己的经验建立联系	能够用不同的几何图形、线条和至少三种颜色表达自己的秘密，在运用色彩时能根据物体的固有色进行选择	能有目的、有意识地运用造型、不同色调的色彩等美术语言表达秘密和情感

健康领域的目标指向自我意识的发展以及安全意识与自我保护两个方面。幼儿在探究秘密是否能说的同时，需要了解自我，发展一定的自我保护能力。对于小班幼儿来说，他们需要了解自我，知道并能处理常出现的负面情绪；发展安全意识，知道并能对含有危险情境的秘密进行描述；要具备一定的平衡能力和耐力，学会躲避障碍；在防走丢、防拐骗方面，知道与陌生人保持距离，不吃他们给的东西，不跟他们走；能够记得自己的名字、家庭住址和家长的电话和名字，知道走失或遇到危险时需要呼救或者找警察。另外，小班幼儿要能够认识所有的身体部位及其功能，拒绝他人接触自己的私密部位。能够辨认复杂情绪并能通过等待、改变想法或与亲近的人分享秘密等策略调节自己的情绪是中班幼儿应掌握的。中班幼儿安全意识的发展包括能准确说出含有危险情境的秘密并能判别其中的危险行为，在自己活动时会主动躲避危险。在公共场所能够不远离父母玩耍、知道简单的求助方式以及认识常见的安全标志、遵守基本的安全规则是中班幼儿在自我保护方面需要发展的。另外，中班幼儿需要建立起基本的性别保护意识。大班幼儿则需要知道引起自己某种情绪的原因，运用多种策略调节并恰当表达自己的情绪，且能感知和理解他人的情感。在安全意识上，能够正确认知含有危险情境的秘密，并做出本质归因判定，了解并正确采取避免伤害或减少伤害的具体措施。在自我保护方面，大班幼儿的知识面会更广，可能涉及地震、火灾、煤气中毒等灾害的逃生和自我保护方法。在良好习惯养成方面，三个阶段

的目标分别以引导遵守、正确执行、主动养成为核心要点。

幼儿对社会关系的认识以自己为出发点，逐步扩展到认识他人以及群体的多样性，进而感受集体的变化，这些发展将在课程的一系列合作活动与集体游戏中实现。小班幼儿首先能够关注自己的身体特征、需要，从而逐渐认识到自己的性别，能够通过比较认识到自己和他人的关系与差异，在教师的引导与帮助下试图感知他人的情绪，初步发展人际情感能力。中班幼儿在自我认识和人际交往上都有一定发展，他们需要知道自己的身高、体重和外貌特征，建立性别恒常性，发展隐私意识。大班幼儿则需要对自己的身体、情绪以及在集体和幼儿园中的关系有更深入的认识，从群体活动的角度来习得相关的知识和策略，发展亲社会行为。

语言领域的目标指向辩论和讲述两方面。幼儿在学习哪些秘密不能说的同时，还需要学会在恰当的时候向信任的人和物讲述自己的秘密。对于小班幼儿来说，他们只需要认真倾听他人的故事，而理解不同语境语气的意思以及围绕秘密主题进行辩论则是中班幼儿应了解的，大班幼儿还需要清楚表达疑问和观点，并遵守辩论规则。在讲述方面，三个阶段的目标分别以乐于表述、清晰完整、清楚连贯为核心要点。

在艺术领域，幼儿应在认识、判断秘密是否能说的基础上不断增加对自我的认识，能够以恰当的方式疏解情绪、表达情感，其具体形式以绘画创作为主。小班幼儿只需要能够进行简单的涂鸦，并将所画的简单线条或实物与自己内心的秘密建立联系。中班幼儿的绘画能力需要进一步发展，需要幼儿能够用不同的几何图形、线条和至少三种颜色表达自己的秘密，在运用色彩时能根据物体的固有色选择。大班幼儿在绘画创作时的意图性要提高，整体水平要有所提升，能有目的、有意识地运用造型、不同色调的色彩等美术语言表达秘密和情感。

（二）发展重难点

根据课程知识结构的分析，健康、社会、语言是“不能说的秘密”课程的重点领域，而结合各领域学习内容及其发展轨迹的描述，可以认为健康、社会、语言是该课程的难点领域。下面就各领域分别确定其发展重点与发展难点。

健康领域的发展重点应是在以自我保护为内容的集体活动中获得的各种能力与品质。在主要受教师引领的小班活动中，应关注幼儿对隐私部位的认识，使其学会保护自己的身体。在走丢时正确选择求助对象对于此阶段的幼儿来说有一定难度,因为他们可能还无法很好地表达自己的现状,向他人求助。随着幼儿知识面的拓宽和经验的增加,辨别危险情境可以成为中班健康领域发展的重点。然而,由于幼儿年龄尚小,防备心弱,因此,对于此时的幼儿来说,拒绝不恰当的身体接触是一项挑战。进入大班后,幼儿的思维水平和行动力提高,重点是要让幼儿掌握逃生和自我保护的方法,但是该采取哪些措施才能最大限度地减少伤害是该阶段的发展难点。

社会领域的发展重点应是以隐私意识和人际情感为核心的各种能力与品质。对于小班阶段的幼儿而言,了解自己的身体特征,辨认不同性别,能够为后续的隐私意识的建立奠定良好的基础,所以,认识并辨识性别是小班阶段的发展重点。然而,由于幼儿年龄尚小,童真是他们的一大特点,因此,此时的幼儿自我保护意识较弱,难以建立隐私意识。随着幼儿年龄的增长,参与群体活动的机会和次数会逐渐增多,应重点让儿童掌握人际交往中的重要策略,学会调节自己的情绪,鼓励他们勇于面对生活中不顺心的事,所以掌握调节情绪的策略是该阶段的发展重点。

在语言领域,对于小班幼儿而言,他们可能还存在自我中心倾向,在与他人互动时,不习惯于关注对方,耐心倾听对方的观点,因此,耐心倾听是该阶段的发展重点。随着幼儿与他人对话的经验以及绘本阅读的增多,幼儿的讲述能力进一步提升,但可能只是进行较为碎片化的陈述,缺乏完整性,故而,清晰完整的讲述是中班语言领域发展的难点。进入大班后,幼儿所经历的语言表达的情境逐渐丰富,讲述和辩论活动增多,所以,重点是要培养幼儿清楚连贯地向他人表达自己观点的能力,既要让幼儿勇敢表达自己的观点,也要懂得对有疑问的部分进行发问,所以合理表达疑问是该阶段的发展难点。

艺术领域的发展重点与发展难点在小班、中班、大班三个阶段内的差异不大,尽管在内容上未做区分,但是对其程度的把控需视幼儿所处阶段而定。就该课程而言,绘画创作是可以重点发展的方面,认识不同的几何图形、线条和颜色不能完全依赖于幼儿的自然发展,需要教师的重点引导。同时,对于幼儿来说,运用美术语言表达秘密本身就是一项挑战,而看似自由发挥的艺术创作,实则是幼儿思维的外显和情绪的表达,是融合了健康和社会领域发展的艺术创作活动。

各阶段、各领域的发展重点与发展难点如表 8-4 所示。

表 8-4 “不能说的秘密”课程的发展重难点

		健康 [重][难]	社会 [重][难]	语言 [重][难]	艺术
发展重点	小班	认识隐私部位	认识并辨识性别	耐心倾听	认识不同的几何图形、线条和颜色
	中班	辨别危险情境	认识身体部位及其功能	多回合对话	
	大班	自我保护方法	调节情绪的策略	观点陈述	
发展难点	小班	正确选择求助对象	辨识和理解情绪	合理选择倾诉对象	运用艺术语言表达秘密
	中班	拒绝不恰当的身体接触	隐私意识	完整地讲述	
	大班	最佳保护措施的选择	理解和推测他人情绪	表达疑问	

四、“不能说的秘密”课程的活动评价

基于生态观的幼儿活动评价，应重视在活动过程中构建幼儿的真实反应，让幼儿在活动情境中充分表现自己。因此，选择对幼儿表现进行观察和记录的评价方式。

具体而言，首先，课程学习轨迹的刻画以及活动目标与发展重难点的确定，为活动评价提供了评价目标。评价并非结果导向，而是以发展为导向，将幼儿学习轨迹作为参考路径，基于最近发展区的理念，通过观察后的评价分析来提供进一步的支持策略，以评价促发展，而非将评价作为活动的终点。其次，课程知识结构的搭建初步预设了课程发展的可能维度，同时，评价内容又需要依据实际的活动设计进行调整，始终留有不确定的余地。最后，评价的实施主要体现观察记录的即时性，通过教师随堂记录或借助现代技术工具，尽可能多地获得关于幼儿表现的信息，用于后续的进一步分析。本章的后三节将选取小班、中班、大班的部分活动，以轶事记录的方法呈现活动评价，依据评价目标和评价内容对事件实录进行解释，并提供可能的支持性策略。

五、“不能说的秘密”课程的活动安排

基于对“不能说的秘密”课程的整体分析，试图对小班、中班、大班的活动进行整体规划，表 8-5 至表 8-7 仅是对该课程做出的一种可能的活动设计方案（扫描二维码可以查看具体活动设计）。在活动内容的选择与设计上，以前期的整体

分析为参照，却不受其限制，以充分体现生态课程的开放性与动态性；在活动的组织与安排上，突出单个活动所指向的重点发展领域，同时渗透其他领域的内容，逐步提升各年段的发展要求，以体现生态课程的整体性与层次性。

表 8-5 "不能说的秘密"课程的小班活动安排

活动主题	活动内容
身体妙妙妙 对于已经融入幼儿园生活的小班孩子们来说，身体是他们探索周围世界、促进自身发展的重要媒介，而认识自己的第一步便是认识自己的身体。围绕"我的身体"开展主题探究，可以帮助孩子们更好地认识自己身体的外部特征和功能，继而丰富对周围世界的认识、发展自我意识、促进身心健康成长	1. 认识五官； 2. 认识躯干
"我们"不一样 3～4 岁的幼儿开始形成严格的性别角色意识，对幼儿进行正确的性别角色教育是非常有必要的，性别教育的最终目的是帮助幼儿养成健全的人格	1. "我"是怎么来的； 2. 认识性别差异
保护我自己 孩子的全面成长不仅包括认识自己、性成长教育，还包括安全教育，应让孩子知道在遭遇危险时要敢于反抗，并积极想办法让自己获得安全	1. 感受情绪； 2. 学会拒绝、保护自己

表 8-6 "不能说的秘密"课程的中班活动安排

活动主题	活动内容
身体大揭秘 孩子每天都在发生变化，有的长高了，有的脚长长了，有的手变大了……身体的变化让他们觉得自己一下子长大了。人的身体就是一个小宇宙，充满了各种各样的秘密。探秘身体是一个非常贴近幼儿经验的活动，教师可以引导幼儿从自身出发去探索关于身体各方面的知识	1. 身体的活动； 2. 身体部位

续表

活动主题	活动内容
身体挑战王 通过对身体的探秘和挑战，促进孩子在运动中探究自己的身体、挑战自己的身体。从而掌握身体保健的技能和方法，获得健康的运动习惯，学会欣赏和保护自己的身体，懂得运动能使我们的身体更灵活、更健康	运动与身体挑战
健康小妙招 安全教育需结合幼儿生活实际进行，重在引导孩子知道保护身体的重要性，获得初步的经验方法及成长体验，萌发健康积极的自我意识	1. 自我保护； 2. 健康饮食

表 8-7 “不能说的秘密”课程的大班活动安排

活动主题	活动内容
身体“里”的秘密 升入大班的幼儿已经对自己的身体有了初步的认识，而身体“里”的很多器官都有不同的职责和本领，识别身体发出的信号是幼儿自我意识、自控能力发展的需要	1. 骨骼和关节； 2. 呼吸和消化
藏在心里的秘密 幼儿对于各种情绪充满好奇和兴趣。抓住这个兴趣点，并结合大班幼儿已有经验与本班幼儿情绪方面的需求，选择“情绪”这个幼儿感兴趣、有研究价值的问题作为主题。带着孩子们去看见不一样的自己，改掉总是喜欢和自己捉迷藏的情绪情感，学会理解和接纳自己	情绪的认识与调控
守护我的小秘密 自我保护意识是孩子们必备的一种安全素养。引导幼儿认识个人隐私的重要性和保护隐私的必要性，能识别并避免泄露自己及他人的隐私，保守秘密。遇到问题，学会用有效的方式与老师、家长沟通	1. 认识与辨别秘密； 2. 保护隐私

通过对课程进行整体化设计，将同一主题贯穿小班、中班、大班，根据幼儿发展的阶段性特征确定不同的活动内容与发展目标，有助于实现幼儿在各领域上发展的连贯性。横跨三个年段的课程覆盖了所有领域，这样在年龄段和内容领域上均一体化的设计是生态课程转化为教学实践的核心要义。

第二节　小班的个性化活动

以小班“男孩，女孩”“情绪小怪兽”“不要随便摸我”“不跟陌生人走”共四个活动为例，每个活动均先呈现活动设计，然后对活动实施后的典型片段实录、事件解释、支持性策略三个方面进行分析，以回应小班“不能说的秘密”课程的活动评价。

一、“男孩，女孩”

【活动目标】

1. 引导幼儿通过细心观察，能够区分出男孩、女孩的明显特征；
2. 知道自己是男孩还是女孩，培养幼儿的性别意识；
3. 愿意与老师同伴交流分享，喜欢表达自己的想法。

【活动过程】

(一) 猜一猜，激发幼儿兴趣

1. 出示动画课件——小哪吒，引起幼儿的兴趣。

教师：看，这是谁？小哪吒家要来客人了，猜猜是谁啊？

幼儿自由猜。

2. 出示男孩、女孩图片，揭示谜底。

教师：图片上的宝宝有什么不一样？你认为哪个是男孩，哪个是女孩呢？你能说说理由吗？（让幼儿了解自己身体的隐私部位）

环节评析：幼儿的思维特点是以具体形象思维为主，教师应注重调动幼儿的已有经验，引导幼儿通过直接感知进行学习。通过观察卡通人图片，引发幼儿思考男孩与女孩的不同。

(二) 说说男孩、女孩的区别

1. 引导幼儿从外貌特征和穿着上进行比较。

教师：你是怎么看出来的？

2. 出示男孩、女孩如厕图片。

教师：其实男孩、女孩还有不一样的地方呢，我们一起来看看！哪个地方不一样呢？谁来说一说？

3. 出示男女卫生间标志图。

教师：这是什么标志？你在哪里看见过的？你如果要大小便，应该进哪一个呢？为什么？

4. 引导幼儿按标记找朋友，进一步了解男孩、女孩的不同。

教师：你是男孩还是女孩？为什么？你喜欢做什么事？（鼓励幼儿大方地自我介绍："我是男孩，我有……，我喜欢……"引导幼儿发现：男孩、女孩都很可爱，激发幼儿为自己是男孩或女孩感到高兴的情感。）

环节评析：从幼儿的交流分享中，他们获取了有关性别的大量经验，教师将幼儿这些零散的关于性别的经验进行总结，出示相关标记图让幼儿进一步认识男孩、女孩的不同，并引导幼儿大胆用语言进行表述，培养幼儿的性别意识。

（三）玩一玩，进一步巩固认知

1. 游戏：送礼物。引导幼儿从男孩、女孩的喜好来进一步了解男女的区别。

教师：小哪吒还准备了好多玩具呢！他请我们来帮帮忙，把礼物分别送给男孩、女孩。你能做到吗？

幼儿边操作边讲述。

2. 排排队，比一比。

教师：我们班是男孩多还是女孩多，我们来排排队，比一比吧。

用一一对应的方法比较出谁多谁少。（活跃了气氛，巩固幼儿的性别认知。）

环节评析：在游戏情境中，他们使用新学到的有关性别的大量经验，将幼儿这些经验进行运用，进一步巩固男孩、女孩的不同之处，在轻松愉悦的氛围中强化性别意识。

【延伸活动】

1. 区域活动：在美工区画一画我喜欢的男孩、女孩。

2. 娃娃家游戏。

下面是在活动实施中捕捉到的片段：

片段

教师:“老师给你们带来了新朋友,我们一起来看一看。”

幼儿A:“是小男孩。”

幼儿B:“这是一个小女孩。”

教师:“那我想问一问你们是怎么发现的呀?”

幼儿A:“前面这张小男孩穿得很酷。”

幼儿B:“穿的是裙子,头发很长。”

教师:“你们是从他们的帽子、衣服和头发上发现的。”

教师通过“找不同”游戏引导幼儿说出男孩、女孩的区别。首先,引导幼儿从外貌特征和穿着上进行比较。

幼儿A:“男生的头发短短的,女孩子的头发是长长的。”

幼儿B:“女孩子可以穿漂亮的裙子,男孩子可以戴领结,穿裤子。”

教师请一个男生、一个女生上台,请幼儿观察他们衣着上的不同。

其次,教师出示男孩、女孩如厕图片。

教师:“其实男孩、女孩还有不一样的地方呢,我们一起来看看!哪个地方不一样呢?谁来说一说?”

幼儿C:“男孩子是站着尿尿的,女孩子是坐着尿尿的。”

教师总结男孩、女孩的不同之处。

再次,教师出示不同的礼物图片。引导幼儿从男孩、女孩的喜好进一步了解男女的区别。

教师:“老师还准备了好多玩具呢!请你们来帮帮忙,把礼物分别送给男孩、女孩。你能做到吗?”

幼儿边操作边讲述。

教师:“刚才呀我们发现,男孩子喜欢玩奥特曼、小汽车、手枪,女孩子喜欢的是芭比娃娃、魔法棒。”

最后,教师引导幼儿进一步了解男孩、女孩的不同。

教师:“你是男孩还是女孩?为什么?你喜欢做什么事?”

幼儿B:“我是女生,我有长长的头发,我喜欢娃娃。”

幼儿A:“我是男生,我的头发短短的,我喜欢手枪。”

事件解释:

性别概念,是幼儿自我概念认知发展的一个基本方面[①]。片段中的幼儿能

---

① 刘青青.3岁~6岁幼儿性别概念认知发展的实验研究[J].早期教育(教科研版),2012(10):33-36.

够根据教师的提示与引导辨别男生、女生，知道男生与女生的区别，包括衣着、头发和喜好的不同。还能够分辨出自己的性别，如“我是女生，我有长长的头发，我喜欢娃娃”“我是男生，我的头发短短的，我喜欢手枪”。说明幼儿处于身体意识发展的第二水平，幼儿对于身体特征的了解在此水平开始发展，幼儿逐渐能了解自己的性别、年龄和基本体貌特征。不仅能识别自己的一个或多个特点，而且还可以发现他人身上一个可见的特征①，能够从性别和外貌上与他人进行比较。

支持性策略：

性别概念包括三个因素②：性别同一性，指幼儿对自己和他人性别的正确标定；性别稳定性，指幼儿对人的一生性别保持不变的认识，即幼儿认识到人的性别是不会随着年龄和时间的变化而改变的；性别恒常性，幼儿认识到人的性别是不会随着服装、发型等外部特征的变化而改变的。片段中的幼儿已经有了性别的同一性，接下来的发展重点就是培养幼儿的性别稳定性及恒常性。另外，还需打破性别的刻板印象。这就需要教师在教学的过程中有性别的意识，可以通过男生、女生的优势、劣势等入手，以游戏、观看视频的方式，使得幼儿明白性别的恒常性和稳定性。如果要打破性别的刻板意识，教师自身需要更新观念，鼓励儿童在不分性别的活动中，尝试更多的活动体验。如，在“过家家”等角色扮演的游戏中，也可以适当鼓励男孩从事医生、教师等需要细心和耐心的角色，女孩扮演工人、驾驶员等传统意义上的“男性职业”，使儿童在游戏中习得社会对这些职业的性格要求③。

二、情绪小怪兽

【活动目标】

1. 知道快乐、伤心、生气、害怕、平静这五种情绪；
2. 能表达以上五种情绪并可以用色彩进行匹配；
3. 能在他人的帮助下保持良好情绪。

【活动准备】

纸、笔若干；音乐律动；情绪小怪兽（每人一份），情绪怪兽挂图。

---

① 爱泼斯坦.社会学习：关键发展指标与支持性教学策略[M].霍力岩，等译.北京：教育科学出版社，2018：43.

② 刘青青.3岁～6岁幼儿性别概念认知发展的实验研究[J].早期教育（教科研版），2012(10)：33-36.

③ 贺思宇.3～6岁儿童性别恒常性发展的相关研究[J].教育观察，2019(22)：119-120.

【活动过程】

(一) 音乐游戏导入,激发幼儿兴趣

1. 播放《if you are happy》做音乐游戏,幼儿跟着老师做动作。

教师:小朋友你们刚才在歌曲里听到了哪几种情绪?(引导幼儿结合自身生活经验,积极表达自己想法。)

环节评析:通过音乐和提问导入,鼓励孩子们大胆讲述自己听到的,在交流中激发兴趣。

(二) 分段讲述故事并提问

教师:你们喜欢这首歌吗?我的一个好朋友也十分喜欢这首歌,他想分享给我们班的每一个朋友,因为他听到这首歌的时候会感到快乐,你们想认识她吗?她的名字叫丽莎,我们一起叫她的名字吧!丽莎有话要跟我们说,小朋友想不想听?(播放课件配音)

提问:你们听到了什么?

教师:原来丽莎也带来了一位她的好朋友,我们一起猜猜它是谁吧?(让幼儿猜猜)

教师:听听它的自我介绍。

教师:下面我们一起来听一听丽莎和情绪小怪兽发生了什么故事吧?这个故事的名字叫《我的情绪小怪兽》。

讲述故事。

教师:这是情绪小怪兽。它今天起床以后,也不知道为什么,心里怪怪的,心情也乱乱的,于是他叫来了他的朋友丽莎,丽莎说:哎呀!又弄得一团乱啦!什么颜色都混在了一起,你得学会怎么整理才行。

提问:你们愿意帮他整理吗?怎样帮他整理?

教师:丽莎有个好方法,把你身上的颜色分别装到瓶子里。如果你愿意的话,我可以帮助你。

1. 利用魔法棒清理黄色到瓶子里。

提问:什么颜色到瓶子里去了。

教师:认识黄色的小怪兽,我是黄色快乐小怪兽,就像太阳一样明亮,和星星一样闪耀,能容易感染身边的人。

提问:小朋友们快乐时,你们想做什么?

幼儿上台表演快乐时的样子。

提问：黄色小怪兽快乐时，会做什么？

教师：黄色小怪兽说，它快乐时，就会把快乐分享给每一个人。

2. 利用魔法棒清理红色到瓶子里。

教师：我是红色生气小怪兽，生气像一团熊熊的火焰，想大吼大叫，想对别人发脾气。

幼儿上台表演生气时的样子。

提问：红色小怪兽生气时，会做什么？

教师：红色小怪兽说，它生气时，想大吼大叫，想对别人发脾气。

3. 利用魔法棒清理黑色到瓶子里。

幼儿猜一猜黑色的小怪兽是什么情绪。

教师：我是黑色害怕小怪兽，总是躲在黑漆漆的地方，不敢出来。

提问：你们害怕时是怎样的？（鼓励幼儿自由讲述，同时能够耐心倾听他人的想法。）

4. 利用魔法棒清理蓝色到瓶子里。

教师：我是蓝色伤心小怪兽，伤心像湿哒哒的下雨天，让人变得无精打采。

提问：你们伤心时是怎样的？

5. 利用魔法棒清理绿色到瓶子里。

教师：我是绿色平静小怪兽，像植物一样平平静静的，风来时候，叶子轻轻地摇摆，当你觉得平静时，呼吸会变得慢慢的，身体觉得很轻松，很自在。

提问：在什么时候我们是平静的？

环节评析：小班是幼儿学习和为终身发展奠基的重要阶段，也是幼儿做好入学准备的关键阶段。《3—6岁儿童学习与发展指南》在他原领域中指出，帮助幼儿学会恰当表达和调节情绪。教师通过提问，鼓励幼儿根据生活经验表达和谈论自己的情绪，拓展幼儿在日常生活中对于自我情绪的经验。在这个环节中，孩子们认真地观察，能够根据教师的提问，积极地思考、表达自己的观点，提高语言表达能力，同时提升自身的注意力及参与感。

（三）游戏“捉迷藏”

教师：小怪兽都藏在瓶子里，你们要喊对名字了，小怪兽才出来。小朋友有信心吗？（通过游戏学习，帮助幼儿直观地体验不同的情绪，丰富生活认知经验，激发孩子参与体验活动的兴趣。）

游戏开始：蓝色瓶子是谁？

提问：小怪兽的颜色都清理干净了吗？

教师：情绪小怪兽身上乱糟糟的颜色都被我们整理好了，但只有一种情绪被留了下来，你们猜猜是什么情绪？

提问：粉色是什么情绪的呢？

教师：我是粉色爱心小怪兽，我需要别人爱我，我也想爱其他人。

提问：你们有想爱的人吗？

环节评析：在游戏活动中，幼儿能够借助快乐的游戏氛围，自主思考，积极地表达自己的想法。

（四）辨情绪，学会调节情绪

提问：你们认识了那么多的小怪兽，想把谁留下来，哪些是好情绪，哪些是坏情绪？（引导幼儿分组讨论，并用语言表达自己的想法。引导幼儿保持良好情绪，赶走不良情绪。）

1. 出示各个情绪图片，幼儿举起相应的颜色情绪魔法棒。

2. 引导幼儿思考，在生活中遇到身边的人生气了，应该怎么去做。

环节评析：在情境中，幼儿能够通过与同伴的交流，根据自己的思考，做出对应的判断，积极地表达自己的想法。

（五）操作整理情绪小怪兽

1. 出示混乱情绪小怪兽，让幼儿操作整理，每个幼儿选一个自己喜欢的颜色，装到相应的瓶子里。

环节评析：在动手操作中，让幼儿感知情绪的不同，并且按照一开始的颜色进行对应的整理。

【延伸活动】

1. 家园合作：回家和爸爸妈妈一起讲讲这个故事。

2. 区域活动：在语言区提供《我的情绪小怪兽》绘本。

下面是在活动实施中捕捉到的片段：

片段

教师："今天老师给大家带来了一个新朋友，她的名字叫丽莎，我们一起和她打个招呼吧！丽莎有话要跟我们说，小朋友想不想听？"（播放课件配音）

教师提问:“你们听到了什么?”

教师:“原来丽莎也带来了一位她的好朋友,丽莎和情绪小怪兽发生的故事就藏在这个绘本里,名字叫《我的情绪小怪兽》。”

教师:“这是情绪小怪兽。它今天起床以后,也不知道为什么,心里怪怪的,心情也乱乱的,于是他叫来了他的朋友丽莎,丽莎说:‘哎呀!又弄得一团乱啦!什么颜色都混在了一起,你得学会怎么整理才行。’”

教师提问:“你们愿意帮他整理吗?有什么好办法帮他整理呢?”

幼儿A:“可以帮他去除一下、整理一下。”

幼儿B:“还可以帮他洗洗澡。”

教师:“丽莎说有个好方法,‘把你身上的颜色分别装到瓶子里。如果你愿意的话,我可以帮助你’。”

教师提问:“什么颜色到瓶子里去了?”

幼儿:“黄色。”

教师:“是黄色快乐小怪兽,就像太阳一样明亮,和星星一样闪耀,能容易感染身边的人。”

教师提问:“小朋友们快乐时,你们想做什么?”

幼儿A:“快乐的时候陪妈妈玩。”

幼儿B:“快乐的时候会笑一笑。”

请幼儿上台表演快乐时的样子。

教师提问:“黄色小怪兽快乐时,会做了什么?”

幼儿:“感染到大家。”

教师:“黄色小怪兽说,它快乐时,就会把快乐分享给每一个人。”

教师操作课件,利用魔法棒清理红色到瓶子里。

教师:“我是红色生气小怪兽,生气像一团熊熊的火焰,想大吼大叫,想对别人发脾气。”

教师提问:“小朋友们生气时,你们想做什么?”

幼儿A:“会跺脚。”

幼儿B:“会用小手打人。”

请幼儿上台表演生气时的样子,会“撅嘴”“叉腰”。

教师利用魔法棒清理蓝色到瓶子里。

教师:“我是蓝色伤心小怪兽,伤心像湿哒哒的下雨天,让人变得无精打采。”

教师提问:“你们伤心时是怎样的?”

幼儿A:“把小嘴巴撅起来。”

幼儿B:“会哇哇大哭。”

教师总结三种情绪小怪兽的名字以及对应的颜色。

教师："小怪兽都藏在瓶子里，你们要喊对名字了，小怪兽才出来。小朋友有信心吗？"

幼儿纷纷举手，希望让教师提问叫自己上台操作。在这个过程中，两个幼儿站立举手，一个幼儿挡住另一个幼儿，该幼儿将另一个幼儿推回座位上。下一轮教师提问时，一个幼儿向前走到教师身边，希望被提问，教师提问了其他小朋友后，该幼儿在前面徘徊一会，坐到了椅子上。

教师出示各个情绪图片，请幼儿分析原因。

教师："图片上的他们的心情是什么样子的，为什么会这样呢？"

幼儿 A："妈妈在大喊大叫，是因为她生气了。"

幼儿 B："小朋友过生日，他们都觉得很开心。"

幼儿 C："因为伤心小怪兽进了她的肚子里，她哭得很伤心。"

教师提问："你们认识了那么多的小怪兽，想把谁留下来，哪些是好情绪，哪些是坏情绪？"

幼儿齐声回答："开心是好情绪，生气是坏情绪，伤心是坏情绪。"

教师："在我们的生活里还有很多很多情绪小怪兽呢，老师就把这本好看的绘本放在我们的语言区。到时候喜欢看的小朋友可以继续去看一看哦！"

事件解释：

反社会行为是对他人或集体造成损害的行为，又称消极的社会行为。尽管许多研究者认为，攻击行为不等于反社会行为，但是仍可将其看作反社会行为的构成部分或一种形式[①]。片段中，在教师提问环节，一个幼儿为了防止另一个幼儿阻挡教师对她的关注，动手推另一幼儿回到座位上。身体攻击是幼儿最普遍的攻击形式，并且往往是以抢夺和占有物品为目的的、主动的工具性攻击。该幼儿的行为属于身体攻击。

支持性策略：

攻击行为在幼儿中比较普遍，因其与其他反社会行为和问题行为有共发性[②]，所以需要予以重视。幼儿攻击行为的发展在形式上遵循着由身体攻击为

---

① FRICK P J, LAHEY B B, LOEBER R, et al. Oppositional defiant disorder and conduct disorder: A meta-analytic review of factor analyses and cross-validation in a clinic sample[J]. Clinical Psychology Review, 1993(13): 319-340.

② 纪林芹，张文新. 儿童攻击发展研究的新进展[J]. 心理发展与教育，2007(2): 122-127.

主，到言语攻击为主，最后演变成较为复杂的心理攻击（也称关系攻击、间接攻击），这种发展是累积性的，即幼儿攻击行为会变得多样[①]。片段中的教师也许是忙着进度，也许是未发现这一情况，并未对该行为进行理睬。在幼儿发生攻击行为时，要对其进行干预。教师应保持冷静，弄清原因，而不要急于介入，更不要代替幼儿解决矛盾。教师要为幼儿搭建自主解决矛盾的平台，为幼儿提供自己解决问题的机会。处理幼儿间的矛盾冲突时，教师应使幼儿掌握解决问题的社会技能，并与幼儿社会认知的提高、社会情感的丰富和行为习惯的培养结合起来[②]。

三、"不要随便摸我"

【活动目标】

1. 能区分陌生人与熟人；
2. 了解身体的隐私部位，知道要保护自己并尊重他人的隐私；
3. 掌握保护隐私部位的方法，增强自我保护意识。

【活动准备】

故事《不要随便摸我》；幼儿安全自护图片；男女孩卡通人体图。

【活动过程】

（一）创设情境

1. 师幼随着音乐律动自然地玩"碰一碰"的游戏。
2. 幼儿说一说碰了身体的哪些部位。

（二）感知理解，操作体验

1. 说一说

观看卡通人体图片，幼儿自由交流，说一说身体的哪些部位不能给别人随便看、随便摸。

教师：小朋友知道吗？我们身体有些部位是不能让别人随便看的，看了很难为情，更不能让人随便摸，你们猜猜看是哪些部位呢？（让幼儿了解自己身体

---

① DODGE K A，COIE J D，LYNAM D. Aggression and antisocial behavior in youth[M]// DAMON W，EISENBERG N. Handbook of child psychology：Social，emotional，and personality development (Vol.3). Toronto：Wiley，2006：719-788.

② 梁玉华，苏丽．幼儿攻击性行为的应对策略[J]．教育探索，2012(2)：129-132.

的隐私部位）

环节评析：幼儿的思维特点是以具体形象思维为主，教师应注重调动幼儿的已有经验，引导幼儿通过直接感知进行学习。通过观察卡通人图片，知道哪些地方是隐私部位。

2. 贴一贴

每组一张卡通人体图片，幼儿自由讨论进行小组合作，将不能让别人随便看、随便摸的部位用“小花”贴纸贴上。（让幼儿进行具体的操作）

环节评析：先讨论再操作，避免幼儿操作的盲目性和随意性。幼儿贴一贴的过程就是帮助他们认识身体的隐私部位，并建立保护隐私部位的概念的过程。

3. 辨一辨

展示操作结果，幼儿观察讨论并纠错改正。

（三）拓展经验，丰富知识

教师：小朋友们都知道了身体的隐私部位，那怎样保护我们的隐私部位呢？（讨论如何保护自己的隐私部位）

环节评析：对孩子进行身体方面的保护教育必不可少。

1. 幼儿自由讨论并分享。

2. 观看课件《不要随便摸我》，了解故事中小羊是怎样保护隐私部位的。（听故事，了解故事中的小羊保护自己隐私部位的办法。）

环节评析：师幼一起分析小羊的做法，自然地将幼儿经验迁移到现实生活中，引导他们想办法。

3. 讨论：如果是你，你会怎么办？

4. 小结：我们要学会如何保护我们的隐私部位，如果有人要摸你的隐私部位，不要让他摸、大声地喊大人、赶快离开。自己也不要去看别人、摸别人的隐私部位。

（四）结束活动

下面是在活动实施中捕捉到的片段：

片段

教师和幼儿一起随着音乐律动自然地玩“碰一碰”游戏。教师询问幼儿：在刚刚的游戏中都触碰了小伙伴身体的哪些部位？

小朋友们：“鼻子、眼睛、手、脚。”

教师：“小朋友们，我们身体的哪些部位是不能让别人随便看的，更不能让人随便摸的。”

小朋友们争先恐后地回答:“肚子、肩膀、咪咪、眼睛、屁股、小便的地方。”

教师在课件上展示卡通人体图片,请小朋友们指出不能随便看、随便摸的地方。

小朋友A、B、C、D分别指出屁股、手、男性生殖器、脚。

之后,将幼儿随机分为四组,幼儿在自由随机分组的过程中出现乱序的状况。每组一张卡通人体图片,自由讨论,进行小组合作,将不能让别人随便看、随便摸的部位用“小爱心”贴纸贴上。教师巡回指导。在操作的过程中,出现了部分幼儿跟着教师“走组”的情况,部分幼儿和伙伴讨论时出现争论的状况,以及对于谁贴“爱心”出现了争执的情况。教师提出解决方案,一起合作完成,一个小朋友贴,其他小朋友思考应该贴在哪里。随后,教师在课件上展示幼儿操作结果。

教师:“小男孩的胸、小鸡鸡被遮住了,小女生的胸和小妹妹被遮住了,还有这个小娃娃的屁股,也是不能被人家看和摸的,对不对?”

幼儿观察讨论并纠错改正。

教师继续追问:“小朋友们都知道了身体的隐私部位,那怎样保护我们的隐私部位呢?”

幼儿自由讨论并分享。

幼儿A:“不能摸。”

幼儿B:“要跟他说不。”

幼儿C:“告诉爸爸妈妈。”

教师:“为什么这些部位不能给别人看、给别人摸?”

幼儿回答:“会被嘲笑,会害羞。”

教师:“因为会难为情的,会不好意思的。”

教师总结:“被小背心、小裤衩遮住的地方都是不能给别人看,给别人摸的。”

观看视频《不要随便摸我》,教师要求幼儿在观看的时候了解故事中小羊是怎样保护隐私部位的。

看完视频后,教师问道:“如果是你,你会怎么办?”

幼儿A:“我会拒绝他。”

幼儿B:“我大声叫。”

教师总结:“我们要学会保护我们的隐私部位,如果有人要摸你的隐私部位,不要让他摸、大声地喊大人、赶快离开。自己也不要去看别人、摸别人的隐私部位。”

事件解释:

幼儿的自我保护能力是防止受到侵害的关键能力。在片段中,幼儿能够知道被人摸、看隐私部位是危险的行为,掌握了“拒绝”“说不”以及“告诉爸妈”两种面对危险情况的方法,处于“记忆”水平。当教师问及为什么这些部位不能给别人看、给别人摸时，幼儿的回答是会害羞、会被嘲笑，没有涉及问题的本质。说明此水平的幼儿不知道这么做的原因，仅仅只是记住长辈的告诫。

当教师问小朋友们我们身体的哪些部位是不能让别人随便看的，更不能让人随便摸的，片段中的幼儿回答肚子、肩膀、咪咪、眼睛、屁股、小便的地方，不能准确地说出隐私部位，说明他们对于隐私部位的认识不够准确。但是当教师询问如果有人摸、看隐私部位应该怎么办时，幼儿给出了两种可靠的解决方法。说明幼儿具有一定的隐私感。

支持性策略：

学会自我保护对幼儿相应的意识和经验基础以及身体水平都有一定要求。随着幼儿年龄的增加，其自我保护能力会有一定的发展，但这是在教师增强幼儿相应的意识和经验的情况下形成的。幼儿安全意识培养的主要目标和基本内容是引导幼儿感受和认识危险①。教师可以通过视频、绘本等方式让幼儿感受到他人遇到的危险，从而过渡到幼儿自身，以正确认识危险，掌握更多的应对危险情况的方法，更好地保护自己。

幼儿阶段是性发展的关键期②，此阶段的幼儿需要正确地认识性，注意个人的隐私。教师需要引导幼儿正确认识到隐私部位，如，通过相关科普动画进行讲解。科普动画不仅具有科学性，而且采用动画的形式，幼儿更易理解。另外，幼儿还应具有基本的性别保护意识，区分和拒绝不恰当的身体接触，这就需要教师以不同情境为例，向幼儿讲解如何区分和拒绝，从而让幼儿迁移到各个情境中去。

四、“不跟陌生人走”

【活动目标】

1. 知道不能随便相信陌生人，更不能跟陌生人走；
2. 理解故事内容，明白不能让陌生人随便进门；
3. 有初步的自我保护意识。

【活动准备】

课件、图片。

---

① 贾艳秋．幼儿安全意识和自我保护能力的培养[J]．学前教育研究，2022(11)：83-86．

② 宋丽博，傅路军．3～6 岁幼儿性发展的年龄特点[J]．黑龙江教育学院学报，2018(2)：74-76．

【活动过程】

（一）倾听歌曲，激发幼儿兴趣

播放幼儿熟悉的《小兔乖乖》的音乐，幼儿倾听欣赏。

教师：原来你们都会唱这首歌啊，那这首歌里面唱了什么？

教师：歌曲中是谁在敲门？那小兔子给大灰狼开门了吗？

教师小结：因为大灰狼是陌生人，小兔子不认识它，所以不给大灰狼开门。

（二）师幼讨论，了解什么是陌生人

1. 讲述《聪明的皮皮猴》

教师：我们一起来听一听皮皮猴是怎么和陌生人对话的？（吸引幼儿注意力。）

2. 说说为什么不能跟陌生人走

教师：有人来敲皮皮猴家的门，皮皮猴认识他吗？他是怎么和皮皮猴说的？皮皮猴直接开门了吗？他相信陌生人的话吗？当陌生人要求皮皮猴开门时，皮皮猴是怎么说的？皮皮猴为什么没有给陌生人开门？（引导幼儿在现有经验的基础上谈谈对陌生人的理解）

环节评析：帮助幼儿了解和掌握一些和陌生人相处的办法。

教师小结：陌生人是我们完全不认识的人，也包括我们可能见过，但不熟悉的人。

（三）初步了解陌生人的拐骗手段

教师：有一个小朋友，名字叫丢丢，丢丢遇到了什么人？发生了什么事？我们一起看一段视频。

教师播放视频，幼儿安静观看。

教师：丢丢遇到了什么人？结果怎样？

幼儿根据视频内容回答。（丢丢遇到了陌生人被陌生人带走了）

教师：陌生人是怎样诱骗丢丢的？（对丢丢说了什么？）

幼儿根据内容回答。（我是你妈妈的同事，带你去找你妈妈。）

教师：丢丢被陌生人骗走，结果可能会怎么样？

幼儿猜想后回答。

教师：如果我们轻信陌生人的话，被陌生人骗走，结果会非常危险。陌生人除了会用带你去找妈妈这种方法来拐骗小朋友，还可能用什么方法骗我们，让小

朋友们上当受骗?

教师引导幼儿一起学一学大姐姐说的话和做的动作。帮助幼儿梳理不接受陌生人的东西、不跟陌生人走的方法。(告诉幼儿不能随便接受陌生人的礼物。)

环节评析: 对待陌生人要有礼貌。但是不能轻易相信陌生人的话,尤其不能跟陌生人走。

观看课件。

教师提问:小哥哥遇到陌生人给糖,谁做得对?(进一步帮助幼儿提升不跟陌生人走、不吃陌生人给的东西的意识)

环节评析: 培养和提高幼儿自我保护的能力和安全意识。

(四)活动结束,感受安全

教师:小朋友真棒呀,你们知道了不接受陌生人的东西、不跟陌生人走是最安全的。现在我们一起去外面玩吧。

在音乐的伴奏下,教师带孩子们排队出去玩。

【延伸活动】

1. 户外游戏时要跟好老师,不掉队,不跟陌生人走。

2. 家园共育:独自在家不随便给陌生人开门;跟爸爸妈妈外出时,要拉好大人的手,防止走丢;不随便拿陌生人给的食物,不随便跟陌生人走。

下面是在活动实施中捕捉到的片段:

片段

教师播放幼儿熟悉的《小兔乖乖》的音乐,幼儿倾听欣赏。

教师:"原来你们都会唱这首歌啊,那这首歌里面唱了什么?歌曲中是谁在敲门?"

幼儿A:"大灰狼。"

教师:"那小兔子给大灰狼开门了吗?"

幼儿:"没有开。"

教师:"因为大灰狼是陌生人,小兔子不认识它,所以不给大灰狼开门。"

教师讲述《聪明的皮皮猴》的故事:有一天皮皮猴的爸爸妈妈都出去玩了,有个人在门外说,我是你爸爸的朋友,给你带了糖果。皮皮猴想,妈妈说过,不能随便给陌生人开门的。于是,它就搬了一个小椅子,从猫眼往外面看。它看到陌生人的眼睛时不时往四处看。皮皮猴灵机一动喊道:"爸爸,爸爸你不要睡了,快点起来吧,有人找你。"坏人听到后就逃走了。等爸爸妈妈回来的时候,皮皮猴把有陌生人来敲门的事情告诉了爸爸妈妈，爸爸妈妈夸皮皮猴很聪明。

教师通过提问，引导幼儿说说为什么不能跟陌生人走。

教师："有人来敲皮皮猴家的门，皮皮猴认识他吗？他是怎么和皮皮猴说的？皮皮猴直接开门了吗？他相信陌生人的话吗？当陌生人要求皮皮猴开门时，皮皮猴是怎么说的？皮皮猴为什么没有给陌生人开门？"

幼儿回答："不认识；我是你爸爸的朋友；没有。"

教师总结："陌生人是我们完全不认识的人，也包括我们可能见过，但不熟悉的人。陌生人来敲门，我们不能给他开门。"

观看短片，初步了解陌生人的拐骗手段。

教师："淘淘遇到了什么人？结果怎样？"

幼儿A："丢丢遇到了陌生人，被陌生人带走了。"

教师："淘淘被陌生人骗走，结果可能会怎么样？"

幼儿B："卖掉。"

教师："淘淘是怎么被救出来的？"

幼儿C："有个小女孩喊了警察叔叔帮忙。"

教师："警察叔叔问了一个什么问题？"

幼儿D："淘淘妈妈叫什么名字。"

教师："我们不能随意相信陌生人的话，如果我们轻信陌生人的话，被陌生人骗走，结果会非常危险。"

事件解释：

防走丢、防拐骗是幼儿自我保护的重点。教师播放《小兔子乖乖》儿歌、《聪明的皮皮猴》以及现实拐骗短片，通过提问的方式向幼儿介绍防走丢、防拐骗的知识。幼儿能够很好地回答教师的提问。一方面，幼儿能够识别出简单的拐骗行为，比如，儿歌中的大灰狼，皮皮猴故事中的坏叔叔，短片中的坏叔叔。另一方面，幼儿能够应对简单的拐骗行为，提出一定的自我保护措施，比如，不让小兔子开门，赞赏皮皮猴喊爸爸的行为，知道短片中小伙伴被拐骗了要去寻求警察的帮助。说明片段中幼儿达到了自我保护中的第三个理解水平。

支持性策略：

幼儿的安全是社会关注的重点，拐骗行为是危害幼儿安全的一大因素。教师要在幼儿园一日生活中潜移默化地将防拐骗安全意识传达给幼儿，让幼儿能够深刻地认识到防拐骗安全意识的重要性①。片段中幼儿下一步发展的重点要

① 曹然.幼儿防拐骗安全意识培养策略[J].幸福家庭，2020(20)：65-66.

放在引导幼儿识破更多的、伪装不易察觉的拐骗手段，正确认知危险情境，做出本质归因判定，掌握丰富的应对危险情境的正确行为。这就需要教师尽量通过事例分析、情景模拟问题的方法，让幼儿掌握更多的有关防拐骗的自我保护方法。教师可以结合有关新闻报道中的案例和幼儿一起分析，借此询问：如果你也碰到同样的情况，你会怎么做？也可以在日常生活中通过创设情景性问题的方法，增强幼儿自我防范的意识。例如，询问幼儿：当家长带你游乐场游玩时，如果有陌生人说，他的宠物狗丢失了，希望你能帮他找一找，你怎么办？另外，还应避免将“坏人”模式化。故事形象或一些艺术化的形象刻画，很容易导致幼儿产生思维定式，对缺乏经验的孩子在“坏人”判断上造成误导。因而，教师要引导幼儿打破思维定式，更深刻、全面地理解“坏人”的含义，并教会幼儿辨识和应对真正的“坏人”。

第三节　中班的个性化活动

以中班“皮肤国的大麻烦”“有趣的指纹”“我喜欢的运动”“保护牙齿”共四个活动为例，每个活动均先呈现活动设计，然后对活动实施后的典型片段实录、事件解释、支持性策略三个方面进行分析，以回应中班“不能说的秘密”课程的活动评价。

一、“皮肤国的大麻烦”

【活动目标】

1. 倾听并理解故事，了解对付炎热和晒伤的办法；
2. 通过探索交流能完整地讲述故事，大胆表达如何保护自己的皮肤；
3. 知道皮肤是身体的第一道防线，知道要爱护自己的皮肤，提高防晒的意识。

【活动准备】

人体模型；纸笔每人一份。

【活动过程】

(一) 提问导入

教师：小朋友们，大家都去过海边吗？那大家都玩了些什么？开心吗？（开心。)可是老师有一个朋友叫米基,他假期也去了海边,但是他有点难过,我们一起来看一看他发生了什么事。

(二) 欣赏故事

1. 欣赏故事第一部分:米基晒伤了。

教师:米基怎么啦?(晒伤了)

2. 继续欣赏故事第二部分:皮肤国的特使们召开紧急会议。

3. 幼儿自主学习,运用已有经验看图讲述皮肤国特使提出的防晒方法。(幼儿都有基本的生活经验,讲述的时候各抒己见。)

4. 完整欣赏故事。

环节评析:此环节让幼儿知道皮肤上有细细的毛孔和绒绒的汗毛,热了,毛孔能帮助身体排汗、散热;冷了,毛孔就缩小,不让冷空气进入体内。手上有指纹和手纹,而且每个人的指纹和手纹是不一样的;它还能感觉出冷、热、痛、痒,感觉出物体的软硬、光滑和粗糙;皮肤还具有弹性。

(三) 讨论防晒的方法

教师:小朋友们,除了故事里讲的方法,还有什么方法能保护皮肤不被晒伤呢?请小朋友画一画你想到的方法。(启发幼儿从以下几方面进行讨论:要勤洗澡、洗脸、洗头、换衣,防止尖利的器具损伤皮肤,伤了要及时擦药,要加强锻炼使皮肤变得更健康。)

1. 幼儿记录自己想到的防晒方法。

2. 个别幼儿分享自己的记录结果。

教师小结:我们可以用遮阳伞、遮阳帽、太阳镜、防晒衣、防晒霜等保护皮肤,同时我们也可以寻找树荫躲避阳光,或者减少外出等。

环节评析:故事背景下,幼儿了解到防晒措施,用幼儿感兴趣的故事引入,更能让幼儿记忆深刻,有助于皮肤的相关知识的掌握。让幼儿有较大的收获,在潜移默化中提升幼儿的知识。

【延伸活动】

家园共育:让幼儿思考晒伤后可以怎么做?(冰敷、吃药、看医生)

下面是在活动实施中捕捉到的两个片段:

片段一

教师在教学绘本的过程中与幼儿进行谈话。

教师:“米基怎么了呢?”

幼儿A:“被晒了。”

教师:“米基在去海边玩的时候玩得太开心了,结果怎么样?”

幼儿B:“晒红了,晒伤了。”

教师:“米基的脸怎么样? 手臂和身体怎么样?”

幼儿C:“通红。”

教师:“那该怎么办呢? 请你想一想,与旁边的好朋友讨论一下。”

……

教师:“你有什么好方法?”

幼儿A:“用冷水冲身上。”

幼儿B:“喝凉水。”

幼儿C:“用凉水泡毛巾。”

幼儿D:“冰棒。”

……

片段二

幼儿将防止皮肤晒伤的方法以图画的形式画下来,教师请幼儿上台分享自己的画,讲述其绘画的内容。

教师:“哪位同学愿意来分享一下你的好方法?”

幼儿A:“我画的是小朋友们要在家里提前涂好防晒霜,要不然脸上就会被晒伤的。”

教师:“这个方法真不错,难怪你的皮肤又白又漂亮。”

幼儿B:“又嫩。”

教师:“还有谁来说一说? 请C同学来。我看到C同学画了好多个方法,请你一样一样说一下。”(教师指着幼儿画里的图案)“这个是什么方法?”

幼儿C:“雨伞。”

教师:“哦,打一把遮阳伞。这个呢?”

幼儿C:“防晒霜。”

教师:“还有吗?”

幼儿C:“帽子。”

教师:“这个呢?”

幼儿:“电风扇。”

事件解释:

中班幼儿的谈话能力已经从不能恰当回应的“基础的”阶段发展为“能够获取对话中的有效信息并作出适当回应”。幼儿能够根据对话的内容提供给对方需要的相关信息，能够结合自身的经验积极回应对话，比如在谈论绘本中人物被晒伤后的处理办法时，能联想到在现实生活中的解决方法。语言能力处于“过渡的”阶段的部分幼儿也表现出较为高级的“全面的”语言水平的发展特点，如他们懂得在谈话中尊重他人，按照次序轮流讲话。但中班幼儿的谈话能力还是较为机械的，陈述也较为简单。

在片段二中，幼儿讲述自己的绘画内容。可以发现，不同幼儿的讲述能力呈现出不同的特点。水平较低的幼儿讲述的表现性较低，只是在教师的引导下使用词组或短句罗列出事物，而水平较高的幼儿能够较为清晰且完整地讲述自己画下的内容，讲述内容的完整性和关联性较强。

支持性策略：

幼儿谈话活动可以帮助幼儿发展倾听他人谈话的能力，培养与人交往的能力。谈话应当是一个双向互动的过程。教师在利用绘本进行教学时除了采用较为简单的一问一答的方式，还应当关注幼儿语言表达的内在动机，使对谈和交流成为幼儿自发的行为，鼓励幼儿尽可能多地表达自己的见解。比如教师可以调整绘本阅读的顺序，问孩子们“主人公在假期的时候去海边玩了一趟，回来后身上的皮肤非常疼，他怎么了?”激起幼儿的好奇，从而促进他们产生表达的欲望。此外，教师也可以运用换位猜测的方法拓展话题，进一步启发幼儿思考和表达。如可以问孩子“你以前用过这样的办法吗?”“你用完了有什么感觉?”“这位同学说的方法你赞同吗?”等延续话题，在谈话中多给孩子表达的机会。

尽管个别幼儿的讲述能力较低，教师也不应当将讲述活动简化为谈话活动，应当关注幼儿的自主讲述。教师可以给幼儿进行示范讲述，给幼儿讲述提供思路和方法，引导幼儿运用类似于“首先……然后……”这样的句式有序完整地表达情境内容，在这个过程中让讲述表现性较差的幼儿也拥有讲述的获得感。

二、“有趣的指纹”

【活动目标】

1. 通过自主探索了解指纹的种类，知道每个人的指纹是不一样的；

2. 知道指纹大体可分为斗形纹、箕形纹和弓形纹三种，初步理解指纹的独特性和它的运用；

3. 愿意探索指纹的秘密。

【活动准备】

印泥;放大镜;白纸若干。

【活动过程】

(一) 谈话导入

教师:今天老师带你们了解一下我们身体部位中比较隐秘又特殊的部位,它叫指纹!但是它非常害羞,一般我们是看不见它的,你知道它在哪里吗?

环节评析:要和幼儿一起发现并分享周围新奇、有趣的事物或现象,一起寻找问题的答案。

(二) 认识指纹

1. 什么是指纹

教师:指纹到底藏在哪里?指纹是什么呢?

教师小结:我们的手指上那些有的像螺旋,有的像花纹的就是我们的指纹。每个人的指纹都是不一样的,有的长,有的短,有的大,有的小,花纹也各不一样。它就像我们的名字一样代表着我们每一个人。

2. 自由探索指纹

(1) 教师:你们想知道自己的指纹长什么样吗?老师给小朋友们准备了印泥和放大镜,请小朋友们6个人为一组,把自己最喜欢的一个指纹记录在这张白纸上,并用放大镜来观察每个小朋友的指纹是不是一样的。

(2) 说说自己的指纹是什么样的,像什么?

教师小结:指纹分为三类,斗形纹、箕形纹、弓形纹。

(3) 说说每个人的指纹有什么不同?

教师小结:每个人的指纹的形状、纹形的长短和多少都不相同。而且指纹是永远不会变的,它可以识别人。

环节评析:本环节通过有趣的探索和合作交流,循序渐进地了解自然科学,满足孩子对人体指纹奥秘的好奇心。在这一环节中,孩子们通过自主观察、交流分享,在互动中理解了指纹的秘密。

(三) 指纹的作用

1. 生活中指纹的作用

教师:警察叔叔可以利用指纹破案;指纹可以增加摩擦力;生活中指纹锁、

签到机、刷卡机、签合同、手机解锁等也是运用到了指纹。

2. 结束活动

教师：人们通过自己的智慧，运用科学制造了一些方便于人们生活的科技产品，厉不厉害？那你们还知道关于指纹的哪些知识，下次继续探索吧？

【延伸活动】

1. 区域活动：将多种材料投放至美工区，供孩子们操作。

2. 家园共育：在日常生活中，幼儿可以观察比较自己和父母的指纹差别。

下面是在活动实施中捕捉到的片段：

片段

教师在课前准备了放大镜、印泥、白纸等材料，在通过谈话导入新课后，让幼儿使用印泥在白纸上印上自己的指纹，并且使用放大镜进行观察。在活动中，幼儿互相之间议论、比对各自指纹的不同。

自由探索环节结束后，教师询问幼儿：你的指纹是什么样的？它像什么呢？

幼儿A回答时用手比画自己的指纹的形状(像波浪)，没有使用语言描述。幼儿B使用语言描述观察到的指纹的特点：我的指纹旁边有长长的线条。

接着教师进行小结，对指纹进行分类。在小结的过程中，教师在幼儿观察和思考之前就先描述了指纹像什么。

事件解释：

科学观察活动中，幼儿主要运用单一的视觉对指纹的特点进行观察，关注事物表面的特征。观察活动结束后，幼儿在教师的引导下，在班级范围内传达自己观察到的某些信息。幼儿A还不能运用口语来描述观察到的信息，幼儿B在科学领域的表达交流能力发展到了“简单表征”水平，使用简单的口语描述自己的发现。

支持性策略：

幼儿探究，尤其是有关科学方面的探究，均以观察为起点。早期幼儿的科学探究是没有明确的问题意识的，观察时只是发现事物的明显特征。教师可以在幼儿开展观察活动之前借助问题引导幼儿的观察方向，如启发幼儿观察指纹的纹理、大小、形状等，让幼儿带着一定的目的性开展观察活动。另外，针对幼儿观察不系统的特点，教师需要正确指导，促进幼儿掌握有效的观察方法，如教师可以让幼儿采用绘画的方式做观察记录。

科学探究活动结合表达交流能够促进幼儿思维能力的提高。教师在活动中应当给予幼儿更多的交流表达的机会，而不是在幼儿思考表述之前就率先给出答案。教师可以借助图画、模型等放大不同类型指纹的特点，引导幼儿从事物中获得更多信息，进行更复杂的表达。

三、"我喜欢的运动"

【活动目标】

1. 能在集体面前大胆讲述自己喜欢的体育运动；
2. 学习用绘画等方式表现自己所喜爱的或参加过的一项运动；
3. 了解到运动的好处，养成经常运动的好习惯。

【活动准备】

各种运动项目的图片；蜡笔、纸每人一份。

【活动过程】

（一）游戏导入活动

教师：今天我们来玩一个运动猜谜活动。在游戏中，老师先做一些运动的动作，请小朋友们猜猜这是什么运动。（开始部分通过游戏表演吸引幼儿注意力，勾起幼儿的兴趣，也可以再请几个幼儿来做动作，其他小朋友猜。）

环节评析：幼儿园应该以游戏为基本活动，寓教育于各项活动之中。

（二）谈话讨论

1. 小朋友，你们喜欢运动吗？你们喜欢参加什么运动？你们听说过奥运会吗？知道2008年的北京奥运会吗？奥运会有哪些运动项目呢？我们一起来了解一下。

2. 观看课件说说学学。

说一说你看到了哪些运动？学一学你喜欢的运动项目。（请小朋友学一学自己喜欢的运动动作。）

教师：小朋友，你想不想也把自己喜欢的运动记录下来呢？好，先来看看老师的画，好吗？

环节评析：要理解幼儿的学习方式和特点。遵循课程游戏化的原则，我们可以选择画画或者其他的各种各样的表现形式，比如也可以用黏土创作，或者用积木拼出来。

(三) 观察、讨论表现人物不同体态的方法

教师(出示拍球和跳绳)：这两个是什么运动？拍球和跳绳的动作一样吗？那老师是怎么样画这个拍球的小朋友的？正面和侧面的小朋友有什么不一样？(可让幼儿讨论一下，讨论时，教师请个别幼儿上台表演，如拍球，让幼儿讲讲他拍球的姿势。提问：他的手和脚分别是什么样子的？)

(四) 幼儿创作：《我喜爱的运动》

1. 我们每个小朋友都有喜欢的运动是吗？那你和好朋友说说，你最喜欢的是什么运动？

幼儿做一个运动姿势不动，教师进行范画，讲解绘画创作的注意事项。

2. 幼儿创作。(可以选择其他的形式进行创作，给幼儿准备好黏土、颜料、积木等材料，自由创作。)

环节评析：幼儿的学习是以直接经验为基础，在游戏和日常生活中进行的。同时要尊重每个幼儿，如有的小朋友经验不多，不能够很好地完成作品，要以鼓励、引导为主。

(五) 展示作品，结束活动

【延伸活动】

区域活动：将运动图片投放到美工区，幼儿根据图片来绘画。

游戏活动：根据动作来玩"你做我猜"游戏。

下面是在活动实施中捕捉到的片段：

片段

教师在课件中呈现出两张人物运动的图画，第一张图的内容是两个小朋友侧着脸打排球，第二张图从正面画了一位小朋友在跳绳的样子。教师引导幼儿仔细观察两张图片。幼儿发现两张图片中幼儿脸部的不同，一张是正脸，一张是侧脸。

教师询问幼儿："正脸和侧脸有什么不同之处呢？"

幼儿 A："侧脸是一只眼睛在前面，半个嘴巴。"

幼儿 B："正脸是两个眼睛一个嘴巴。"

教师提醒幼儿在画画的时候也要注意到正脸和侧脸的不同。

接着，幼儿开始画画。绘画活动结束后，教师请个别幼儿上台展示他们的画。

教师展示幼儿 C 的画："你画的是这个小朋友在抢他的球对吗？大家看，他还注意到了抢的时候转过来是侧脸。你们喜不喜欢他的画？"

学生全体："喜欢。"

教师展示幼儿D的画："你画的是两个好朋友一起跳绳。她还想到了小朋友们跳绳需要把脚抬起来，注意到了小细节。"

事件解释：

中班幼儿在教师的指导之后能有意识地在绘画之前将自身经验与图画需要呈现的内容进行比较，在绘画中能够关注到与现实生活相关的细节，如注意到需要画出跳绳时脚部与地面的距离。他们的图画使用了较为完整的线条来表现目标对象，但图画在透视关系的表达及色彩表达的张力上还较为欠缺。在作品展示环节，教师较早地说出了对幼儿作品的观察结果，在一定程度上剥夺了幼儿观察、发现和表达的机会。

支持性策略：

开展美术活动能够强化幼儿的观察力和创造力。教师应当在美术活动中有意识地让幼儿学会观察，给幼儿更多的机会展现自身的想法。例如，在幼儿作品展示的活动中，教师应该以"你为什么喜欢这幅作品"这样的原因类问题取代"你们喜不喜欢他的画"这样的相对来说缺乏延伸度的问题。教师可以通过问题引导幼儿观察优秀作品，自主发现他人作品的长处，并结合自身的理解进一步开展创作。

四、保护牙齿

【活动目标】

1. 在品、看、听等活动中，了解牙齿的功能；
2. 学习正确的刷牙方法，知道简单的保护牙齿的方法；
3. 体验刷牙的乐趣，愿意早晚刷牙。

【活动准备】

课件《护牙行动》；操作音乐、律动音乐《刷牙歌》；橘子若干；牙签每人一份；刷牙杯、牙刷每人一份；纸巾若干。

【活动过程】

（一）品尝饼干，感知牙齿

1. 品尝饼干

教师：小朋友，你们好，今天老师给你们带来了好吃的饼干，请大家到桌子旁边去品尝一下吧。

2. 感知牙齿的本领

(1) 饼干好吃吗? 是什么味道的呢?

(2) 你刚才是用什么把饼干咬碎的?

(3) 我们的牙齿除了能把饼干咬碎,还能把什么东西咬碎呢?

环节评析: 通过幼儿自己尝试,让孩子回想牙齿的本领,引发幼儿参与活动的兴趣。

教师小结: 原来,方方的牙齿可以把食物切断、咬碎,帮助我们更好地吸收营养,让身体长得更加结实健康。

(二) 初步了解龋齿形成的原因及危害

1. 观看多媒体动画片《护牙行动》之《爱吃糖的大老虎》。(通过视频《爱吃糖的大老虎》,让幼儿了解龋齿形成的原因及危害。)

教师: 健康的牙齿使小朋友看起来更好看,可是,牙齿有时也会生病的哦,就连威武的大老虎也会得牙病,你们想知道是为什么吗?

2. 提问,引导幼儿初步了解龋齿形成的原因及危害。

(1) 小朋友都知道狐狸害怕大老虎,那你们知道狐狸最怕老虎的什么吗?

(2) 原来尖尖的、健康的牙齿是大老虎有力的武器,会把狐狸吃掉的。狐狸是个坏蛋,它一定会想办法对付大老虎,它后来想了一个什么办法呢?

(3) 后来老虎的牙齿怎么样了?

(4) 小朋友,你们有蛀牙吗? 有蛀牙的感觉是怎么样的? (请个别幼儿谈谈蛀牙牙痛时的感受)

(5) 你们知道为什么会有蛀牙吗? (播放课件《护牙行动》之《牙齿的秘密》。)

教师小结: 原来,吃完东西如果不及时刷牙、漱口,塞在牙缝里的东西就会引来牙病菌,牙病菌就会在牙齿上钻洞,于是就形成了黑黑的蛀牙。

环节评析: 教师要帮助幼儿不断积累经验,并运用于新的学习活动,形成受益终身的学习态度和能力。

(三) 幼儿现场刷牙

1. 师幼讨论刷牙前的准备及注意事项。(请小朋友先集体讨论下,再个别提问。)

2. 幼儿现场刷牙，播放《护牙行动》之《三分钟》，体验刷牙三分钟。

3. 集中幼儿，展示白白的牙齿。

教师：哇！现在小朋友的牙齿真是又白又香，快来给我看一看、闻一闻。

4. 交流小结，巩固知识经验。

教师：刚才你是怎么刷牙的呢？小朋友知道我们每天要刷几次牙吗？

(四) 随着《刷牙歌》做律动

1. 随音乐《刷牙歌》做律动，活动结束。

教师：小朋友的牙齿刷得那么干净，心里感觉怎么样？（开心！）让我们随着好听的音乐，一起来跳个快乐的刷牙操吧！

环节评析：要注意孩子的实践活动，尽量通过直接体验创造条件，让孩子充分感受快乐。幼儿对"刷牙"的动作很有兴趣，活动中孩子都沉浸在了欢乐愉快的氛围之中。同时也在快乐的学习中懂得了怎样保护牙齿，并掌握正确的刷牙方法。

下面是在活动实施中捕捉到的片段：

片段

在正式上课前幼儿在教师的指导下品尝饼干。幼儿吃完饼干后教师对幼儿进行提问："你们是用什么来吃饼干的呢？由此引入本节课的主题——保护牙齿。"

教师问幼儿："我们的牙齿除了可以吃饼干外，还能用来干什么？"

幼儿结合自己的生活体验纷纷举手回答，发现牙齿还可以嚼碎很多其他的食物，且健康的牙齿看起来也更加美观。

接着，教师通过绘本故事中的人物让幼儿讨论保护牙齿的措施以及长蛀牙的感受。随后，师幼一起观看视频《牙齿的秘密》。观看结束后，教师总结不及时刷牙的危害。最后，幼儿讨论刷牙前的准备及注意事项，幼儿现场刷牙。

事件解释：

中班幼儿已经具备了一定的个人卫生和健康相关的生活经验，能够进行自身的清洁工作，具有一定的清洁能力。幼儿在成人的提醒和帮助下，可以理解养成良好卫生习惯的原因和意义，幼儿的卫生意识和卫生习惯逐步增强。

支持性策略：

中班幼儿尽管已经具备一定的个人卫生清洁方法，但像刷牙这类在日常生活中已经模式化了的动作技能，教师应当多多给予关注。在幼儿现场刷牙时，教师应当仔细观察，介入指导，纠正幼儿错误的刷牙姿势。教师可以利用幼儿模仿能力较强这一特点，进行示范，引导幼儿在模仿的过程中多多地予以实践应用，巩固正确的刷牙姿势。

第四节　大班的个性化活动

以大班“我的消化系统”“高高兴兴少生气”“小阿力的大学校”“薇薇的秘密”共四个活动为例，每个活动均先呈现活动设计，然后对活动实施后的典型片段实录、事件解释、支持性策略三个方面进行分析，以回应大班“不能说的秘密”课程的活动评价。

一、“我的消化系统”

【活动目标】

1. 让孩子了解人体消化食物的过程；
2. 教育孩子从小养成讲卫生的习惯；
3. 激发幼儿初步了解人体奥妙的兴趣。

【活动准备】

《我的消化系统》多媒体课件；《食物的旅行》动画视频；操作材料每人1份。

【活动过程】

(一) 引起探索兴趣

1. 教师：我们每天都要吃东西，那么吃下去的食物到哪里去了呢？食物在人体中是怎样旅行的，经过了哪些地方？（第一次完整地看课件整体演示）

2. 教师：食物的旅行，先经过哪里，再经过哪里，最后经过哪里？（第二次完整地看课件整体演示）

环节评析：大班幼儿开始逐渐对有一定挑战性的内容或问题表现出探究兴趣，喜欢关注事物的变化、奇特的现象，以及事物的细节特点与功用等。

(二) 深入了解食物旅行的过程

进一步知道食物旅行的过程，并初步了解口腔、食管、胃、小肠、大肠的作用，提高幼儿的自我保护意识。

1. 食物旅行的第一站是什么地方？食物在我们的口腔里有什么变化？怎么变化的呀？（引导幼儿在吃食品的过程中，相互观察、诉说感受。）

2. 牙齿的作用真大，我们应该怎样来保护牙齿？

3. 经过口腔后，食物到哪里去旅行了，它是通过什么到胃里的？（引导幼儿在喝水的过程中，感觉食管的作用以及在人体的位置。）

4. 食物在胃里，会发生什么变化？怎么变化的呀？（丰富词：蠕动）

教师小结：胃就像一个口袋，胃的蠕动是为了把口袋里的食物磨得更细、更烂，便于人体消化。

5. 小朋友想一想，如果这个口袋里装得食物太多了，会有什么后果呢？你以前有没有遇到过胃不舒服呀，怎么不舒服的？生活中我们要注意些什么？怎样来保护胃？

教师小结：不要吃太烫的食物，吃饭要定时定量，饭前饭后都不能做剧烈的运动，食品的种类也要丰富，还不能吃太多的冷饮和零食等。

6. 刚才食物的旅行经过了口腔、食管、胃，它又要旅行了，下一站是哪里呢？（引导幼儿了解小肠的作用）

教师小结：小肠就像一个加工厂，把食物的营养都吸收了。

7. 最后食物要到哪里去旅行呢？（引导幼儿了解大肠的作用）

教师小结：食物废渣进入大肠，最后排出人体。

环节评析：大班幼儿在成人支持下，能展开持续性的探究活动，对所研究的问题或观察到的事物、现象进行简单的推理，解决问题或发现事物明显的规律与关系，建构前科学概念。此外，在持续探究过程中，兴趣相同或相近的大班幼儿喜欢结成探究小组，这使大班幼儿的科学探究活动的深度与广度及其组织形式都更为复杂化。

(三) 应用练习

1. 判断食物在哪里旅行，进一步了解口腔、胃、小肠的作用。

2. 通过操作排列图片，巩固食物旅行的过程。

(四) 拓展

教师：在我们人体，除了食物的旅行，还有许多秘密，只要我们认真学本领，长大一定能探索到更多的人体秘密。（激发幼儿爱科学，长大后探索科学的欲望。）

环节评析：对于大班幼儿，教师应重点支持和引导幼儿间、幼儿与富有经验的成人间基于事实的相互交流、分享和讨论，引导他们聆听别人的观点，并通过广泛的交流与讨论，拓展幼儿个体对事物与问题的关注点及认识、探究和记录的方式方法等，在争论、辨析和反复验证中进一步学习倾听、表达、合作、探究，推进其学习的深入。

【延伸活动】

区域活动：在科学区提供《食物的旅行》纸面教具，让孩子按照正确的顺序排列，并向同伴讲述不同身体部位的作用。

下面是在活动实施中捕捉到的两个片段：

片段一

教师播放视频。

教师："刚刚我们看了视频，食物在你肚子里的奇妙旅行都经过了哪些地方？"

幼儿A："经过了肠道和小肠。"

教师："肠道可以分为？"

幼儿A："大肠和小肠。"

教师："还经过了哪些地方？"

幼儿B："有食道、胃、小肠、大肠。"

幼儿C："有口腔。"

教师："其实老师这里有一张食物的旅行地图，从图中我们能够非常清晰地看到食物进入你的身体之后每一个停靠站都在哪里。"

教师："请你告诉我，食物旅行的第一站是哪里呀？"

幼儿："口腔。"

教师："通过这张旅行地图我们可以很清楚地看到食物旅行的每一站都是哪里。第一站是我们的嘴巴，当我们吃进食物后，坚固的牙齿可以将食物咬碎，口腔中的口水帮助食物碎块变软再被吞下去，有助于消化。这时候仔细咀嚼能让食物的旅行更顺利哦！嘴巴里有一个厉害的东西可以把食物变碎是什么？"

幼儿齐声："牙齿。"

事件解释：

幼儿都能够注意观看教师播放的视频和图片，认真听教师的提问，并积极主动地回答教师的问题。在课堂情境中回答问题声音较为洪亮，语气适当，回答内容与教师提问对应，懂得举手回答问题，能够按顺序轮流回答问题，有关日常交谈的规则已发展完善。在教师进行追问时，幼儿A都能够通过语言以较为适当的语气做出正确、有意义的回应，但声音有所减小，在日常交谈中的语言发展基本完善。

支持性策略：

当幼儿回答教师的提问后，教师可以引导其他幼儿继续追问，帮助幼儿之间形成轮流对话①。教师也可将视频内容与幼儿日常生活经验联系起来继续追问，在追问后鼓励和支持幼儿与同伴一起交谈，相互讲述相关的见闻、趣事或看过的图书、动画片等。对于幼儿A这类在追问时声音减小的幼儿，教师可先认真倾听并对其回答给予积极回应和肯定，再进行追问，在回答追问的问题后再次给出积极的回应，鼓励和支持幼儿表达更多以丰富自己的答案，激发幼儿谈话的积极性②。

片段二

教师："我们知道了有的食物是不健康的，不能多吃，那现在请一个小朋友来帮老师分分类。"

一幼儿在希沃白板上拖拽食物图片，将食物分为健康、不健康两类。

教师："你们同意他的分类吗？"

幼儿："同意。"

教师："健康的食物有哪些呢？"

幼儿："有水果、蔬菜、玉米、牛奶、鱼肉、坚果。"

教师："这些是健康的食物，我们要？"

幼儿："多吃。"

教师："那不健康的食物有哪些呢？"

幼儿："薯条、棒棒糖、巧克力糖、可乐。"

教师："这些食物可以多吃吗？"

幼儿："不能。"

教师播放PPT课件。

教师："那我们再来看看健康的食物都有哪些呢？"

幼儿："水果、蔬菜、肉、牛奶、鸡蛋、鱼、腰果、板栗、虾、米饭、面条。"

教师："这些都是我们要多吃一点的健康食物，不健康的食物有？"

幼儿："甜甜圈、巧克力、棒棒糖、可乐、汉堡、烤串、油炸食物。"

教师："这些是不健康的食物，我们要？"

幼儿："少吃。"

---

① 爱泼斯坦.语言、读写和交流：关键发展指标与支持性教学策略[M].李敏谊，等译.北京：教育科学出版社，2018：72.

② 余珍有.幼儿园语言领域教育精要：关键经验与活动指导[M].北京：教育科学出版社，2015：83.

事件解释：

在教师的引导下，幼儿能够了解食物对帮助他们健康、茁壮成长的重要性，能辨别蔬菜、水果、坚果等是比糖果、油炸食品等更健康的食物。幼儿能够有意识地判断、希望执行健康饮食的步骤，在身体管理方面较为积极，但未体现卫生、运动等方面的健康行为。

支持性策略：

教师可引导幼儿将健康和不健康的食物与自身生活经验相结合，引导幼儿在回忆和表达食物色香味形的基础上，了解健康食物具体的营养价值，如喝牛奶有助于长高、吃水果可以提高抵抗力等，激发幼儿对健康食物的兴趣，帮助幼儿进一步形成表象层面的关键概念或经验[①]。

二、"高高兴兴少生气"

【活动目标】

1. 知道生活中每个人都会有多种情绪的变化；
2. 能够大胆地与同伴交流各种调节情绪的方法；
3. 在活动过程中，充分享受情节表演带来的乐趣。

【活动准备】

相关的绘本 PPT；幼儿会唱歌曲《拉拉勾》。

【活动过程】

（一）故事导入，激发幼儿兴趣

1. 观察图片说一说

教师：今天我给大家带来了一位新朋友，看，她的名字叫苏菲。（出示图 1）仔细看一看，苏菲是什么样的表情，这样的表情说明苏菲怎么了？（出示图 2）（引导幼儿仔细观察图片上苏菲的表情，大胆猜测故事内容。）

2. 大胆猜想故事内容

教师：平时苏菲的脾气很好的，不轻易发火哦，猜一猜苏菲今天为什么这么生气呢？（幼儿结合自己的经验猜想）

教师：苏菲到底为什么生气？下面就让我们我们一起走进这个故事中去看

---

① 爱泼斯坦. 身体发展和健康：关键发展指标与支持性教学策略[M]. 霍力岩，等译. 北京：教育科学出版社，2018：125.

一看。

环节评析：大班幼儿对有一定挑战性的内容或问题表现出探究兴趣。

(二) 欣赏故事,体会人物心理

1. 教师结合图片内容讲故事

教师：苏菲遇到了这样的事,心情是怎么样的?

教师：你像苏菲这样生气的话会是什么表情？你会做什么样的动作？请到前面来表演给大家看一看。

请两三个幼儿表演过后集体表演。(教师引导幼儿揣摩苏菲的心情并进行表演)

2. 了解生气时的反应与做法

教师：你们会这样做,那苏菲生气的时候是什么样的呢?(出示图5,三种发火的画面。)

第一种：了解跺脚动作和红色影子。

第二种：苏菲的怒火一喷出来整个屋子都充满了怒火,家里人都不高兴了。

第三种：苏菲身上充满了怒火,就像一座快要喷发的火山一样。

(三) 欣赏歌曲,体会调节情绪的方法

教师：看这样子,苏菲真的是太生气了。生气好吗？为什么?

教师小结：生气真的很不好,它会让我们心情变得很坏,让我们的皮肤变差、人变老,还会让我们生各种各样的病,身体受到伤害,也会让我们周围的人也不高兴,从而失去一些朋友。(教师和孩子们一起互动并进行小结,加深幼儿的理解,在交流和讨论中进一步学习倾听、表达。)

教师：让我们一起唱一唱《拉拉勾》,想一想我们如果生气了,可以怎样来解决呢?

播放音乐《拉拉勾》,幼儿在歌曲中和同伴互动,边唱边尝试各自的好方法。

环节评析：大班幼儿通过广泛的交流与讨论,拓展幼儿个体对事物与问题的关注点及认识、探究和记录的方式方法等,在争论、辨析和反复验证中进一步学习倾听、表达、合作、探究,推进其学习的深入。

【延伸活动】

区域活动：在表演区提供《拉拉勾》曲目进行表演;在美工区可以画一画解决生气的好方法。

下面是在活动实施中捕捉到的两个片段：

片段一

教师："小朋友们，我们一起来看看图片，说一说他们是什么情绪。"

教师放出一张笑的图片。

幼儿齐声："开心。"

教师放出一张皱眉头和鼻子、张着嘴的图片。

幼儿齐声："生气。"

教师："为什么你们可以看出来这个是生气，这个是开心呀？"

幼儿 A："因为生气的人眉毛是皱起来的，开心的人眉毛和眼睛都是弯弯的。"

幼儿 B："因为生气就会大吼大叫，开心的人嘴巴是咧开的。"

教师放出一张哭泣的图片。

幼儿齐声："难过。"

教师又放出一张儿童打针时紧紧抱着母亲的图片。

幼儿齐声："害怕。"

教师："那你们又是怎么看出来的呀？"

幼儿 C："那个人他很害怕，眼泪都流出来了。"

幼儿 D："难过的时候就会撇着嘴。"

幼儿 E："他在打针，他的眼神和动作都很害怕。"

事件解释：

班内所有幼儿都能够在观察图片后辨识出图片中人物的情绪，并适当地用语言表达出图片中他人的情绪。其中幼儿 A、B、C、D 能够根据自己的已有经验通过表情和外在表现初步推测他人的情绪和状态，理解多种情绪感受，共情能力达到大班幼儿发展的一般水平。幼儿 E 能够从图片中发现事件，结合自己的已有经验推测他人情绪并理解情绪产生的原因，理解相对复杂的情绪感受，共情能力发展相较其他幼儿更为完善。

支持性策略：

教师可充分调动幼儿已有经验，帮助幼儿换位思考，尝试理解并推测他人情绪产生的原因，从而唤起幼儿更加深层系统的情感共鸣。在培养幼儿共情能力的同时，教师还应进一步引导儿童发展共情能力，使幼儿能够在情感共鸣的基础上做出安慰、关心等适宜的行为。

片段二

教师："小朋友们，你们喜欢什么样的情绪？"

幼儿 A："我喜欢开心的情绪。"

幼儿 B："我喜欢快乐的情绪。"

教师："大家都喜欢开心的情绪，不喜欢难过的情绪，那如果有一天你们不开心了要怎么做呢？小朋友们说一说，你们是怎么想的？"

幼儿 C："可以先自己把气消掉，再去跟小朋友们道歉。"

幼儿 D："可以安安静静地坐着，自己消化。"

幼儿 E："可以先跟好朋友去玩一会。"

教师："那老师这里有一份情绪防疫包，我们一起来看看，这些小瓶子里装了些什么，会给我们哪些建议呢？"

幼儿 F："我喜欢那个装着巧克力的瓶子。如果我不高兴了，可以吃一块巧克力，就会很开心。"

幼儿 G："如果我生气的话，我会选择旅行箱的瓶子，和我的好朋友一起去旅行，我就不生气了。"

幼儿 H："我喜欢上面第一个和第二个瓶子，我很喜欢小动物，当我生气的时候，我去摸一摸小动物就会好起来了。"

事件解释：

班内幼儿都能够注意听教师的讲话和提问，并积极主动地回答教师的问题。在课堂情境中回答问题声音较为洪亮，语气适当，回答内容与教师提问基本对应，懂得举手回答问题，能够按顺序轮流回答问题，有关日常交谈的规则已发展完善。幼儿 C、D、E 能够结合情境理解教师提出的结构相对复杂的问题，并做出有实际意义的回应。其中幼儿 C 不仅能够站在自己的角度看待问题，而且可以考虑到他人的想法并表达出来，相较其他幼儿发展更为完善。幼儿 F、G、H 则能够在理解教师逻辑相对复杂提问的基础上自主运用逻辑词，使用结构相对复杂的句子表达假设关系，回答教师的提问。

支持性策略：

在幼儿回答问题后，教师可给予幼儿一定的回应和评价，如重复和整理幼儿的谈话内容、点评幼儿的表现等，帮助幼儿提高谈话的兴趣，并引导幼儿发展轮流对话[①]。

---

① DICKINSON D, MCCABE A, CLARK-CHIARELLI N. Preschool-based Prevention of Reading Disability: Reality versus Possibilities[M]//STONE C A, SILLIMAN E R, EHREN B J, et al. Handbook of Language and Literacy. New York: Guildford Press, 2004: 209-227.

除了使用反映假设关系的句子，教师还可根据大班幼儿的理解水平，有意识地使用一些反映因果、条件等逻辑关系的句子，扩展幼儿的语言经验范畴①。

三、“小阿力的大学校”

【活动目标】

1. 体验小阿力即将入学时的心情，知道担忧是件正常的事；

2. 观察画面，在感知小阿力成功消除担忧的过程中，产生积极乐观的入学心理；

3. 在交流过程中有长大的自信心和自豪感。

【活动准备】

记号笔；一个大红爱心、若干个粉红小爱心；自备的图形符号。

【活动过程】

(一) 交流导入

教师：孩子们。今天老师给大家准备了一本绘本书，它的名字是《小阿力的大学校》。

1. 出示绘本课件，了解小阿力的担心。

(引导幼儿通过观察故事中人物的表情、动作等特征来了解人物性格特点，并产生共情。)

提问：小阿力要上小学了，他是什么心情？你是怎么知道的？

出示爱心图片表示开心的表情。

提问：除了开心还有什么心情？从哪里可以看出来？为什么不开心？

2. 引导幼儿找出小阿力的担心，出示担心的各个图片。

(教师鼓励幼儿大胆猜想小阿力不开心的原因，担心什么。)

提问：他有一点点不开心，还有一点点担心。他到底在担心什么呢？

担心想念自己的爸爸妈妈；担心自己迷路，找不到自己的教室；担心被同学欺负；担心自己不会绑鞋带……

提问：你们也快要上小学了，你担心的是什么？

3. 幼儿用简单的图画或者符号在小爱心图片上记录自己的小担心。

环节评析：教师可以鼓励幼儿用数字、文字、图片等多种形式进行观察记录，并

---

① 余珍有.幼儿园语言领域教育精要：关键经验与活动指导[M].北京：教育科学出版社，2015：83.

在活动上分享观察经验。幼儿观察的角度不同，形成的观察记录也不同。在活动中幼儿表达自己的想法，其他幼儿提出不同见解，不仅可以锻炼幼儿的表达能力，还能够促进幼儿观察经验的交流，对观察能力的提升有重要作用。

（二）讲述故事

1. 放飞孤独的小鸟

教师：接下来会发生什么事情呢？在小阿力家的花园里，忽然来了一只小鸟，这是一只很小很小的麻雀，它还不会飞，连站都站不稳，不懂得怎么照顾自己，旁边有许多大鸟在欺负它。

提问：这是一只什么样的小鸟？

提问：小阿力遇到这样的一只小麻雀会怎么做呢？

（教师出示4幅画面，引导幼儿对其进行仔细观察，并提出相关问题。）

提问：小阿力是怎样照顾小麻雀的？

教师：小阿力用软绵绵的棉花做了一只盒子，还给它准备了很多好吃的。

2. 共同进行讨论、交流“把小麻雀放飞好还是不放飞好？”

教师：小阿力把这只小麻雀放飞好呢还是不放飞好呢？放飞之后如果小麻雀再受到伤害怎么办呢？其他的大鸟再来啄它怎么办呢？

教师：于是，小阿力温柔地捧起小麻雀，打开窗户。小阿力轻声地说：“小麻雀，你该飞走了。要像我一样，好好照顾自己。”小麻雀仰头看着小阿力，好像听懂了小阿力说的话，一转身跳上窗台，乘着风飞上了天。

提问：小阿力是怎么决定的？

教师：小阿力决定放飞小麻雀，让小麻雀自由地在天空中翱翔，让它勇敢地去面对未来任何的事情和困难，对于小阿力自己呢？他是选择勇敢地面对困难，还是继续担心呢？

（三）小阿力解除担心

提问：你们觉得小阿力应该勇敢地去上学，还是选择在家里担心呢？

（引导幼儿仔细观察画面给小阿力介绍新环境，鼓励幼儿帮助小阿力解除担心。）

环节评析：大班幼儿在语言方面能结合情境理解一些因果、假设等相对复杂的句子。在说话时，教师应注意语气、语调，让幼儿感受语气、语调的作用。教师应引导幼儿仔细观察画面，结合画面讨论故事内容，学习建立画面与故事内容的联系，幼儿依据画面线索讲述故事，并能大胆推测、想象故事情节的发展。

(四) 解除幼儿自己的担心

教师：那天晚上，小阿力又做了一个梦，但这次的梦一点儿也不可怕。在梦里小阿力就像小鸟一样飞过屋顶，飞过花园，飞过城市，而且一直飞过小阿力的大学校。小阿力和小鸟们高高地飞在天上，还翻了个跟头，越过了月亮。

(结合故事中小阿力做的美丽的梦，引导幼儿解除自己的担心。)

提问：小朋友你们是怎样解除自己的担心的？可以用什么办法来解除掉？

(师幼共同讨论交流)

教师小结：刚才小朋友们都说了自己的担心，并消除自己的担心，老师很开心。如果你的担心还不能消除的话，也没有关系，这是很正常的事情，我们可以问问大哥哥大姐姐，他们是怎样消除自己的担心的。只要我们勇敢地面对，相信总会有办法去解决的。

下面是在活动实施中捕捉到的四个片段：

片段一

教师："孩子们。今天老师给大家准备了一本绘本书，它的名字是《小阿力的大学校》。小阿力要上小学了，他是什么心情？你是从哪里看出来的？"

幼儿 A："我觉得他很开心，因为他的脸上在笑。"

幼儿 B："我觉得他有点不开心，他有点害羞也有点紧张，他的手是握在一起的。"

事件解释：

幼儿能够较为专注地跟随教师进行绘本阅读，能够细致观察人物状态和细节，并据此对人物的心理状态进行推测，在回答问题时能够对人物的状态给出原因，前阅读经验发展较好。幼儿 A、B 都能够辨识并用语言表达绘本故事中主角的情绪，但幼儿 B 还能够用"害羞""紧张"等语言表达绘本故事中人物相对复杂的情绪，在共情能力的发展上更为完善。

支持性策略：

教师可以主人公情绪为抓手向幼儿提出问题，激发幼儿阅读绘本故事、寻找问题答案的兴趣。在提出问题后，教师可鼓励幼儿带着问题自主阅读绘本故事，在寻找答案的过程中完成阅读，引导幼儿形成初步的独立阅读能力。在完成自主阅读后，教师可引导幼儿通过讲述、表演等方式，再次完整理解故事内容[①]。

片段二

教师："从小阿力的动作、表情，你们看出了他的开心和担心。那小阿力在担心什么呢？"

幼儿看 PPT 图片。

幼儿 A："学校太大了，他会迷路走丢，找不到教室。"

幼儿 B："担心被别人欺负。"

幼儿 C："担心自己不会绑鞋带。遇到自己不会做的事情怎么办？"

幼儿 D："他担心自己交不到好朋友。"

幼儿 E："他到了一个新环境，对于环境不熟悉。"

幼儿 F："他担心小学的题太难了他答不上来。"

事件解释：

幼儿在教师的引导下围绕"小阿力担心什么"的主题进行谈话活动。所有在场幼儿都能够注意倾听教师讲话，理解教师提出的问题并积极举手回答，对教师的提问做出有实际意义的回应。幼儿能够主动举手回答问题，并在未叫到自己时倾听他人的回答，懂得按次序轮流讲话，不随意打断别人。他们已经能够意识到轮流讲话这一交谈的规则，有关日常交谈的礼貌和规则已经发展完善。

支持性策略：

在提问引导幼儿讨论后，教师可以结合情景使用更加丰富的语言，促进幼儿的理解，根据大班幼儿的理解水平，有意识使用一些反映因果、假设、条件等逻辑关系的句子，扩展幼儿的语言经验范畴[②]。教师还可以通过继续提问或追问的方式引导幼儿谈话的思路，帮助幼儿在谈话中适当运用简单的逻辑词表达逻辑关系[③]。

片段三

教师："小阿力担心的事情真不少，那孩子们，你们马上也要上小学了，你们会有什么担心的事情吗？请你们用简单的图画或者符号在小爱心上记录自己的小担心。"

幼儿找到座位开始绘画。幼儿使用黑色马克笔在心形纸张上描绘单一场景的

---

① 余珍有. 幼儿园语言领域教育精要：关键经验与活动指导[M]. 北京：教育科学出版社，2015：156.

② 余珍有. 幼儿园语言领域教育精要：关键经验与活动指导[M]. 北京：教育科学出版社，2015：83.

③ 同①79.

线条画，教师巡回指导。

幼儿 A 绘制一个人手中持有一张和人等身大的纸。

幼儿 A："我担心小学的题太难了，我回答不出来。"

幼儿 B 在纸张中间绘制一个书包。

事件解释：

幼儿 A 能够较好地用线条表示和自己具有联系的事，但不能较好地体现人物与纸张之间的大小关系，画面中的内容全部为二维的平面绘制，未体现远近关系、遮蔽关系和三维立体关系。

幼儿 B 基本能够用线条表示和自己具有联系的事物，但在画面中主要以物体代指事件，画面与自身经验联系相较幼儿 A 弱。在非常规几何图形的纸张上，该幼儿能够较好地分布画面位置，绘画图案大小适中且位置居于纸张中间，但画作仍主要是二维的平面绘制，未体现远近关系、遮蔽关系和三维立体关系。

支持性策略：

除了黑色马克笔外，教师还可以为幼儿提供多种颜色的水彩笔，引导幼儿运用不同的色彩表达自己的意象，并逐渐训练幼儿用方向一致的线条均匀涂上与物体的固有色相似的颜色①。在进行绘画前，教师可引导儿童进行审美感知，引导幼儿关注事物的色彩、形状、空间排布等形式因素及对称、均衡等形式美的模式，感受生活中事物的大小、远近、遮蔽和三维立体关系②。

片段四

教师："小阿力无微不至地照顾着小鸟，小鸟很快就长大了，小鸟该回到大自然了。可是小阿力又遇上了问题，他是把这只小麻雀放飞好呢还是不放飞好呢？小朋友们，如果是你们，你们会怎么做？现在你们可以和身边的好朋友讨论一下。"

幼儿自由结组讨论，教师巡回了解幼儿讨论情况。幼儿讨论后回答。

幼儿 A："应该放飞，说不定小鸟可以帮他实现愿望。"

幼儿 B："我觉得应该，小鸟应该回到朋友们身边，朋友也可以保护它，这样它才能越来越勇敢。"

幼儿 C："应该，如果一直在小阿力家里，别的小鸟就会欺负它，它不强大。"

幼儿 D："应该把它放了，一直把它关在家里他会憋死的。"

幼儿 E："应该放飞，如果它一直待在小阿力家，它就感受不到大自然，这样太残忍

---

① 孔起英.幼儿园美术领域教育精要：关键经验与活动指导[M].北京：教育科学出版社，2015：195.

② 同①189.

了。一直把它关在小阿力家里，他就没办法找到自己的家，慢慢也不会飞了，它会退化。”

幼儿 F：“应该放飞，它长大了应该自由了。”

教师总结：“大家都觉得应该放飞小麻雀，因为放飞了小鸟，它才会成长。”

事件解释：

幼儿愿意与他人讨论问题，敢于在众人面前说话，能使用合适的语言清楚表达自己的观点，有意识地说明自己的理由。在讨论后逐个进行课堂发言时，幼儿能够主动举手回答问题，并在未叫到自己时倾听他人的回答，懂得按次序轮流讲话，不随意打断别人，愿意并能集中注意力倾听、正确理解并尊重他人的观点，了解并遵守基本的辩论规则，有关辩论活动的礼仪与规则发展较为完善。其中幼儿 E 能够尝试用不同的理由解释自己的观点，并能够使用“残忍”“退化”等相对复杂的词语，辩论经验相较其他幼儿发展更为完善。

支持性策略：

教师可通过重复、补充、总结幼儿的发言，引导幼儿使用推理性语言，有意识地使用“因为……所以”“如果……就”“只有……才”等逻辑词，并以提问的方式继续拓展谈话范围，引导幼儿就相关联的新的话题展开辩论，鼓励幼儿使用推理性的语言说明自己的观点[①]。

四、“薇薇的秘密”

【活动目标】

1. 认识自己身体上的隐私部位；
2. 懂得保护自己的隐私部位并且不去触碰别人的隐私部位；
3. 具有初步的性保护意识。

【活动准备】

幼儿身体图片，录像等；绘本《邪恶的秘密》；警示标记、小花卡片若干。

【活动过程】

（一）玩游戏，认识隐私部位

1. 游戏：“摸摸你是谁”

教师：首先，我们来玩个游戏，叫作“摸摸你是谁”？不过我有要求哦，不离

① 余珍有．幼儿园语言领域教育精要：关键经验与活动指导[M]．北京：教育科学出版社，2015：87.

开位置相互之间摸一摸，用手轻轻地温柔触摸，可以摸摸脸上的五官，也可以是身上的衣服等，我说停，大家就停止触摸，马上转过来坐神气，能做到吗？

环节评析：*游戏是幼儿最喜爱的活动，以游戏的形式导入活动，能调动幼儿的积极性，活跃课堂的气氛，为自然过渡到下一环节做好铺垫。*

教师小结：好的触摸让我们感觉舒服又安安，握握手、拉拉手是好的触摸，摸摸头也是好的触摸。

2. 认识隐私部位

教师：可是，我们身体有些地方别人是不能随便摸的，你们知道是哪里吗？（引导幼儿说出被泳衣遮住的部位叫作隐私部位，隐私部位不能露在外面，要把它们遮起来，更不能随便乱摸。）

3. 遮住隐私部位

教师：老师这里呀，有这样两位小朋友，你们看他们怎么了？他们的隐私部位露在了外面，羞不羞呀？那我请两位小朋友上来帮助他们遮遮羞。

教师小结：这两个小朋友呀，贴上了小花，真是漂亮极了，现在我们都知道，不能把隐私部位露在外面，否则，不仅会有危险还会影响我们的身体健康。下次，我相信他们俩一定会先遮住隐私部位再出来的！

环节评析：*先讨论再操作，避免了幼儿操作的盲目性与随意性。幼儿贴“小花”遮盖的过程，其实也就是帮助他们认识身体的隐私部位，并建立保护隐私部位概念的过程。*

（二）阅读绘本《薇薇的秘密》

1. 阅读故事第一部分：薇薇的秘密是什么？

教师：有一个小女孩叫薇薇，她有一个秘密。你们看，这个小女孩，她怎么样了？好似不怎么快乐。到底是什么样子的秘密，让她这么难过呢？让我们一起去看一看。那如果你是薇薇，你会怎么做？（引导幼儿通过薇薇的故事，思考拒绝坏人的方法。）

2. 阅读故事第二部分：薇薇的秘密该不该保守？

教师：薇薇的心里也不想玩这个游戏，她一点都不快乐，可是叔叔说，允诺别人的事情要做到！你们都帮薇薇想想，到底应该怎么办呢？（引导幼儿懂得自我保护，勇敢地说出来，告诉自己的爸爸妈妈，还能找警察叔叔帮助。）

3. 阅读故事结尾：坏秘密说出来之后没有想的那么可怕，大家会帮助你。

教师小结：平时生活中，如果你不愿意的话，别人不能随便亲你、摸你或者抱你，当然更加不可以随便碰你的隐私部位。而且还要明白一件事情，我们可以向比我们年龄大的人说“不”“不愿意”“我不快乐”，这并不是不礼貌，这是在保护我们自己。

环节评析：通过阅读绘本故事，师幼一起分析薇薇的做法，自然地将幼儿迁移到现实生活中，引导他们想办法。

（三）正确看待和保护隐私部位

1. 日常行为判断对错

教师：在生活中呀，有些小朋友这样做对不对？让我们来看一下。（播放视频）

教师小结：我们不能随便让别人碰我们的隐私部位，也不能去碰别人的隐私部位，我们自己也不能随便摸自己的隐私部位，这样不卫生，很容易生病。

【延伸活动】

区域活动：引导幼儿用自己的方法把保护隐私部位的经验记录下来，并装进自制的“自我保护”系列小画册。

下面是在活动实施中捕捉到的四个片段：

片段一

教师：“小朋友们，我们身体有些地方别人是不能随便摸的，你们知道是哪里吗？”

幼儿 A：“胸部不能随便摸。”

幼儿 B：“我们的隐私部位不能随便摸。”

教师：“那哪里是我们的隐私部位呢？”

幼儿 C：“上厕所的地方不能随便摸。”

幼儿 D：“屁股也不能随便摸。”

教师总结：“我们穿泳衣，被遮盖的部位叫隐私部位，隐私部位不能随便摸。”

事件解释：

幼儿 A、C、D 对“隐私部位”能够产生模糊的概念，能认识到胸部、屁股、上厕所的地方等部位他人不能随意触摸，具有与大班幼儿年龄相符的基本性知识与自我保护常识。幼儿 B 对“隐私部位”的概念相较其他幼儿更加清晰，能够在语言中正确使用“隐私部位”这一词语，并能够认识到自己的隐私部位他人不能接触，在性知识与自我保护方面的发展更为完善。

支持性策略：

教师可引导幼儿对身体上的隐私部位进行进一步的认识，了解嘴唇等除胸部和屁股外其他的隐私部位，并帮助幼儿对已经有初步认识的胸部、屁股等私密身体部位进行进一步细化了解，认识男女隐私部位的不同[①]。

片段二

教师讲述绘本故事《薇薇的秘密》第一部分。幼儿围成半圆端坐认真听老师讲故事。

教师："这位叔叔和薇薇做了什么游戏呀？"

幼儿齐声："摸她的隐私部位。"

教师："那你们觉得这位叔叔怎么样？"

幼儿齐声："他很坏。"

教师："如果你是薇薇，你会怎么办？"

幼儿 A："我会大声地拒绝。"

幼儿 B："我会说'我不要和你玩'，然后跑开！"

幼儿 C："我会说'叔叔我不要玩，我们去玩其他游戏吧！'"

幼儿 D："我会转身跑开。"

事件解释：

在教师讲述绘本故事的过程中，班内幼儿能够保持专注，认真听教师的讲述，关注情节的发展与变化，合理地评价绘本中的人物特质。

在教师提问时，幼儿能够注意倾听教师的问题，结合情境理解教师提出结构相对复杂的问题并积极主动地回答。在课堂情境中，幼儿回答问题声音较为洪亮，语气适当，回答内容与教师提问对应，懂得举手回答问题，能够按顺序轮流回答问题，有关日常交谈的规则已发展完善。

支持性策略：

在完成一部分的绘本讲述后，教师可组织幼儿进行故事表演游戏，再现绘本故事中的对话、动作和表情，帮助幼儿进一步理解、体验绘本故事中的内容。引导幼儿进入角色后，教师可帮助幼儿在角色扮演的过程中将活动中习得的间接

---

① Guidelines for Comprehensive Sexuality Education. Sexuality Information and Education Council of the United States[EB/OL](2014-8-28)[2023-4-2]. http://www.gsu.edu/www.che/Sex%20ed%20class/guidelines.pdf,2014-8-28.

经验与自己的直接经验结合①。

片段三

教师引导幼儿阅读绘本故事《薇薇的秘密》第二部分。

教师："薇薇的心里也不想玩这个游戏，她一点都不快乐，可是叔叔说：'允诺别人的事情要做到！那薇薇真的要保守住这个秘密吗？'"

幼儿齐声："不要。"

教师："你们帮薇薇想想，到底应该怎么办呢？如果你是薇薇，你会怎么做？"

幼儿A："我要告诉妈妈这个叔叔对我做的事。我不会保守秘密，因为叔叔是坏人。"

幼儿B："我要告诉我的好朋友，然后一起去找好的保安叔叔保护我们。"

幼儿C："告诉认识的阿姨，这个坏人要跟我玩游戏，向阿姨求助。"

幼儿D："我会告诉我的爸爸，有一个坏叔叔摸我的隐私部位。"

教师总结："对的，我们小朋友要懂得自我保护，勇敢地说出来，告诉自己的爸爸妈妈，还能找警察叔叔帮助。"

事件解释：

班内幼儿具有基本的性别保护和自我保护意识，能够辨别对自己有危险和伤害的"秘密"，对性侵犯的危险情景具有正确认知，明白遭遇侵犯时需要告诉大人，掌握正确的应对行为。其中幼儿A能够在正确判断情景和采取措施的基础上，进行合理但非本质的归因，相较幼儿B、C、D发展更为完善。

支持性策略：

教师可通过与幼儿家长的联络，实现性教育中的家园共育。教师可通过各种方式提高家长对幼儿进行性教育的技巧，在家长的配合下让幼儿充分理解和相信，父母和老师可以在幼儿面临性侵犯的危险时提供帮助，帮助幼儿预先充分了解和认识可能具有性侵害危险的情况以及应对行为，通过早期性教育增强儿童自我保护的意识和能力②。

片段四

教师："在生活中有这样一些小朋友，让我们来看一下他们这样做对不对。"（播放图片）

---

① 余珍有. 幼儿园语言领域教育精要：关键经验与活动指导[M]. 北京：教育科学出版社，2015：134.

② 李燕. 儿童性教育发展的瓶颈及对策[J]. 教育理论与实践，2008(33)：43-45.

幼儿 A:“妈妈的拥抱和亲吻是可以的,这是妈妈爱我的表现。”

幼儿 B:“不可以让陌生人随便碰我们,这是错的。”

幼儿 C:“如果遇到不好的事情,我们要告诉警察叔叔。”

事件解释:

幼儿 A、B 具有基本的性别保护意识,能够区分和拒绝不恰当的身体接触,有关性别与性安全的知识发展较为完善。幼儿 C 对危险情景具有一定的认知,面对危险情景知道向警察求助,能够掌握正确的应对行为,具有与大班幼儿年龄相符的自我保护意识。

支持性策略:

教师和家长可以给予幼儿更多情绪情感上的安全经验,让幼儿感受并确信家人和老师对他的爱,从情感和经验入手帮助幼儿区分恰当和不恰当的身体接触。教师还可以通过给予幼儿安全感的方式,逐步引导幼儿充分相信警察、消防员、医生等除父母、老师外可以提供帮助的群体,明白在不同的情况下可以向不同的人求助,掌握更多求救应急措施[①]。

① 叶平枝等.幼儿园健康领域教育精要:关键经验与活动指导[M].北京:教育科学出版社,2021:203.

后　记

什么是儿童？什么是学前教育？通过本书的思考，我们在学前教育研究的生态主义转向之路上得到了一些启发。童年期的独特，每一个幼儿的鲜活生命，指引着我们真正关注儿童本身，关注儿童作为一个人所需要完善的自然生态、类生态、内生态体验。

本书自筹划至撰写一年有余，其间得到了广泛的支持。感谢南京师范大学课程与教学研究所徐文彬教授在书稿撰写全程中提出的诸多宝贵建议；感谢南京师范大学教育科学学院硕士研究生崔爱萍、鲁佳璇、田雨、杨萝萝、朱婷、周文静为本书第六章至第八章课程设计的理论建构作出的贡献；感谢张家港市金港中心幼儿园在任教师杨静、陈丽、郁丽、丁菁、宣晓雅、刘香等在活动设计与实施中付出的努力；感谢每一位幼儿，是你们带给了我们无数惊喜。

本书是对我们过去经验的一次重要总结，也是一个新的开始，我们将继续努力，为孩子们守护、创造一个个纯粹而美好的童年。最后，由于我们水平有限，本书一定存在不少错误或疏漏之处，敬请专家、读者批评指正。

黄静　潘禹辰

2023 年 8 月 22 日